U0067153

弱勢家庭的處遇

——系統取向家庭中心工作方法的運用

劉瓊瑛　譯

Working with Families of the Poor

By Patricia Minuchin, Jorge Colapinto,
and Salvador Minuchin

copyright ©1998 The Guilford Press
by arrangement with Mark Paterson

致　謝

　　這本書代表許多人的努力與經驗。首先我們要先致上誠摯的謝意，感謝家庭研究中心的朋友和同事。這個訓練諮詢中心提供經費並協助推展本書所提到的大部分方案。該中心的工作人員，除了本書三位作者之外，還有 Evan Bellin, Anne Brooks, Ema Genijovich, David Greenan, Richard Holm, Daniel Minuchin, George Simon，及李維榕等人。當然我們也要謝謝傑出的秘書，Loretta Duke 女士的全力協助。

　　雖然不管是在工作人員會議或走廊上的討論，並沒有明顯劃定個人的特定研究領域，不過團體中的成員都分別參與了不同的方案；他們的工作成果對本書的某幾章特別有貢獻：包括 David Grreenan, Ema Genijovich 和 Daniel Minuchin 對第六章的貢獻；Daniel Munichin 對第七、九章的貢獻；Anne Brooks, Evan Bellin,和 Ema Genijovich 對第五章的貢獻。Richard Holm 和 George Simon 所參加的方案雖然沒有獨立成為本書的章節，不過他們也提供許多想法、案例，並且豐富了我們的思緒。這些団体成員加上本書作者，運用工作上的經驗及氣氛，努力改變了原來的助人体系。我們非常感激所有的夥伴。

　　我們也要感謝邀請我們進入機構，並跟他們一起工作的所有人士，還有對我們的工作取向感到興趣的所有機構行政主管及工作人員；當我們侵犯到他們的界限時，願意忍受我們的舉動，其

實他們指導我們的，跟我們給他們的不相上下。為了保護隱密性，全書內容都沒有標示這些機構的全名及所在地點，當然此處我們還是要貫徹這個原則。我們還要感謝來自不同機構，所有對我們的工作和思緒有很大幫助的人士。當然還有參與訓練計畫，服務於各個不同機構的許多工作人員，雖然我們無法一一指出他們的姓名，仍然要表達我們對他們的謝意；並且為訓練時帶給他們的困擾感到抱歉，同時期待本書內容能夠獲得他們的贊許。

我們也要謝謝兩位編輯 Kitty Moore 和 Michael Nichols，針對初稿給我們的中肯建議。他們的付出更提高了本書的參考價值。

最後，我們也要感謝所有前來接受協助的家庭，還有我們自己的家庭。協助面臨多重危機的弱勢家庭，必須同時注意到他們的問題及具有的優勢；他們不只該得到同情，也值得尊敬。至於我們自己的家庭，則提供給我們靈感、激勵和支持；當然他們也擁有我們無限的愛意及感激！

譯者簡介

劉瓊瑛　美國密西根大學社會工作碩士

從事兒童及家庭心理衛生工作二十多年，

目前在大學兼課以及擔任社工督導工作。

譯者序

　　筆者數年前服務於某家醫院時，曾經參與發展遲緩兒童的評估鑑定工作；當時曾就所評估過的五十一個兒童個案，針對其家庭背景資料做了一個小小的統計，結果發現有一半的家庭（二十五個）呈現除發展遲緩問題之外的其他問題，且亟需多元的專業服務。這些問題包括(1)父母本身特性：例如父（母）罹患身心疾病或能力不足。(2)家人情緒適應不良：例如對孩子的問題採否認、不合理期待的態度。(3)家庭功能不良或支持系統薄弱：例如來自經濟條件較差的低收入家庭或單親家庭、父母婚姻關係惡劣、家庭暴力等。(4)家庭面臨多重壓力：例如家中同時有多位成員罹患疾病、父親失業等問題。

　　國內這幾年積極推展發展遲緩兒童的早期療育服務，期望能達到「早期診斷、早期介入」的目標，以能及時協助這些孩子建立正常的發展能力。不過在極力發展早療資源以滿足孩子療育需求的同時，前面所提到的調查結果也提醒著我們，若無法兼顧這些家庭的問題及需求，那麼再多的早療資源及專業人力，可能都無法直接順利提供給這些孩子；因為他們的家庭面臨更多其他待解決的問題，也還存在著其他更迫切被滿足的需求！因此，早期療育工作不能只是以發展遲緩的兒童為主要服務對象，而必須考量到整個家庭的狀況及需求；也因此，以「家庭為中心」的工作方法一直是早療服務的工作取向。兒童與家庭二者之間絕對環環相扣、息息相關，無法獨立看待！

　　本書重點就在強調「系統取向、家庭中心工作方法」的運用，以弱勢家庭的問題作為主要的討論對象。書中提到以弱勢家庭為對象的服務工作常是分散且彼此缺乏協調，而且處置重點常放在個人和問題本身，並沒有考慮到家庭和社區的需求，因此工作的結果常是事倍功半。在第一章前言中，安琪就是一個很好的例子。我們看到這位命運多舛的年輕女孩，多年來浮沉於生命逆境的河流當中；作為一位協助者，必須先了解她到底是自己跳進河裡（因為藥癮、本身缺乏責任感或憂鬱情緒）、或根本是被別人推下水的（因為貧窮、教育程度低或遭受多重創傷的結果）？也或者二者都是肇因！因此必須同時考慮所有這些可能原因，並探討這些因素之間的相互關係，才有可能提供最有效的處置策略。另一方面，協助者還必須思考：正在水中掙扎的安琪，是單獨一個人、還是有其他人跟她綁在一起，浮沉在水流之中？了解這些連結關係的實際狀況，以及學習如何解決他們之間的問題，正是本書所要探討的重點。

　　本書作者之一米紐慶醫師是結構派家族治療的大師，因此書中內容仍沿襲家庭系統的結構概念，強調系統思維觀點。全書分成兩大部分，第一部分闡釋系統取向、家庭中心工作方法的理論基礎（第二章），並提出一套具體的工作模式，說明各種家庭支持技術及協助家庭改變的工作流程及實務技巧（第三、四章）。第二部分則討論如何將此一工作方法運用在不同的領域，分別以寄養照顧（第五章）、物質濫用問題合併懷孕（第六章）、機構住宿兒童（第七章）、精神科住院兒童（第八章）、及到家服務（第九章）為例，介紹實際執行的方案，並輔以個案實例，以提供給讀者更清晰的學習效果。

　　由於弱勢家庭常面臨多重危機的狀況，因此在他們的生命過程中，接受不同機構的介入協助，成為一種自然也必然的現象（本書第二章稱之為「機構型家庭」）；而他們的故事也就成為公開的資料，甚至編撰的責任不再由自己掌控，而無奈地移交給整個社會！這其間所發生的一個負面影響是家庭常疲於應付並周旋在各個不同的助人機構之間，必須同時承受許多不同、甚至互相矛盾的要求，使得家庭易於被冠上「抗拒、不合作」的罪名；或者就此甘於「缺乏自主」的依賴角色！國內近年來努力推行「個案管理制度」，旨在打破此一負面現象，能夠協調並整合資源，同時以「充權」的觀點協助家庭自立、自助。不過弔詭的是，同一個家庭內，可能因為不同成員的不同問題，而同時出現好幾位不同的個案管理員介入其間。如何整合這些個案管理員的服務工作，成為另一個新的議題；而此一現象卻又將「系統取向、家庭中心工作方法」的目標推得更遠了！

　　最後要感謝心理出版社許總經理的支持，吳總編的主動邀約及肯定，張毓如小姐及陳衣凡小姐的編輯。這幾年來投入翻譯工作，一方面是個人的一種興趣，同時也已經視為是自己的一項志業。面對這項吃力不討好的工作（既得不到學術上的肯定，也無法以此糊口），我的動力應該是來自一些專業伙伴的鼓勵、先生的包容以及女兒們的貼心！我相信自己還會繼續走這條路，也期許自己能交出更好的成績！

劉瓊瑛　謹識

目　　錄

第一部分
理論與實務的基本原則

　　以弱勢家庭為對象的服務工作隨處可見，且大都出自善意，不過卻也常常具有缺失。究其原因，實因這些服務常是分散且彼此之間缺乏協調，因此經常事倍功半；而且因為處遇的重點都放在個人和問題本身，並沒有考慮到家庭和社區的需求。

　　本書中，我們要提出一種新的思考和工作模式，目的在提供一個比較有效率且更具統整性的人性服務。這個取向建基在兩個基本原則：以家庭為重點，以及系統取向的處遇方式。

　　第一部分，我們要討論系統的概念，以及我們對於家庭的觀感；接著再探討以這個架構為工作模式所必須具有的技巧和工作模式。第二部分，我們要更具體探討這個取向，並以下列各種服務模式做為討論範例：包括寄養照顧、物質濫用、兒童住宿中心和精神科服務，以及以家庭為重點、居家為基礎的服務。

　　不過，開始介紹相關原則、技巧，以及實際運用狀況之前，必須先了解弱勢家庭常碰到的問題。因此，我們要先引用一段開場白，描述處在某種特殊狀況之下的人，他們面對的議題，以及社會福利機構的處置方式。安琪和她家人的案

2

例，當然就像其他任何案例一樣，都是獨一無二的，不過卻
也是一個很典型的例子，它呈現出一個多重危機弱勢家庭內
的複雜生活狀況，各種自願性或強制性服務所帶來的正、反
面結果，以及所有相關人士的反應。我們用這個故事做為本
書的開始，並且強調我們對於安琪一家人的看法，以及所有
用來滿足他們各種需求的處遇方式。

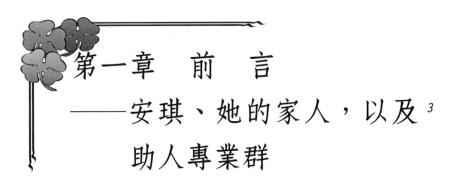

第一章　前　言
——安琪、她的家人，以及 ³ 助人專業群

安琪和她的家人

　　安琪是這個案例中的核心人物，不過她並不是單獨一個人。在她的世界中，包括了親密的伴侶——也是她兩個幼兒的父親；三個小孩，每一個孩子分別寄居的三個寄養家庭；安琪的父母、手足，和一些親戚。如此簡單描述安琪的生活網絡，雖然也可以傳遞出其中的一些複雜特性，不過卻沒有觸及到她那充斥著貧窮、藥物、困境和不良健康狀況的悲慘生活。我們可以從協助這個個案的所有相關機構以及專業協助者的名單，比較清楚感受到這樣的真相。安琪和她的家人經驗過法院、醫院、庇護所、居住方案、藥癮中心、復健診所、日間照顧中心，以及寄養照顧機

構；而他們所接觸過的專業協助者包括律師、調查人員、假釋官、社會工作者、醫師、藥物諮詢師、寄養照顧工作人員和治療師。這些協助者都能盡其職守，且期待大部分的受助者都能有一個很好的結局。不過無可避免的，他們彼此之間、或與個案家庭之間，易出現互相競爭推擠的現象；又常常不知如何互相配合。

4   安琪是一個二十歲出頭、命運多舛的女子，她的童年生活充滿紛雜混亂的經驗，就像大多數有多重危機的弱勢家庭一樣，我們根本不需收集太多她的個人資料，就可以揣摩勾勒出她的過去史。她住在寄養家庭的日子裡，曾斷斷續續遭到虐待及強暴。她來自一個成員眾多、功能瓦解的大家庭，有時不免受到疏忽，有時又必須擔負照顧別人的責任。過去幾年，她曾住過庇護所，染有藥癮，接受過勒戒，跟男友的關係時好時壞。安琪親眼見著自己三個親生孩子被安置到不同的寄養家庭，也曾努力想要改變自己，達到法律所規定的要求，讓孩子們能夠返家與她同住。她曾在不同的機構和治療團體分享過自己的故事，也找過不少諮商師，也曾確實得到幫助，不過卻也不乏受到二度傷害的慘痛經驗。根據不同的解釋架構，有人認為安琪個性難以捉摸、抑鬱不樂、沒有什麼責任感——但是也有人認為她果斷、具有現實感、且有彈性。其實，這些特質她通通都有。所以，我們該如何了解她的人生及周遭環境，還有，最重要的是——我們該怎麼協助她？

有這麼一個古老故事，提到有人不慎跌入河中，順著河水載浮載沉，岸上兩個觀看者面對此恐懼景象時，出現不同的反應。其中一人在溺水者飄流經過時，伸手想要拉他上來；另一人則在

思索之後，跑到上游溺水者落水之處，想要找出溺水的原因。其中的道理顯而易見：事前預防終究強於事後補救。這是絕對正確的真理，但是如果我們回到前面提過的例子，這個寓言故事給我們一個很好的啟發，幫助我們進一步思考安琪以及其他類似個案的問題。就這些個案而言，問題狀況的上游常複雜難測，且常引發出一些問題：安琪或有類似問題的人是自己跳進河裡（由於藥癮、缺乏責任感或沮喪心理）或被別人推下去的（由於貧窮、教育程度低或遭遇多重創傷所致）？或許二者皆是。因此任何一種處遇策略都應該接受所有可能的原因，並且詳細了解這些因素之間的交互關係。至於站在岸邊，想要伸手拉起溺水者的助人者，也會面對另一個重要難題：正在水中掙扎的溺水者是單獨一人或有其他人跟他綁在一起？以安琪為例，是否有人跟著她沉浮於水流之中？拯救者一定要解開這個單獨個人和問題之間的聯結嗎？了解這些聯結的實際狀況，以及如何解決問題，正是本書所要探討的重點。

　　讓我們來看看跟安琪連結在一起的那些人。雖然她和男友沒 *5* 有婚姻關係，整個家庭也沒有住在一起，不過還是有一個主要的核心家庭存在。這個家庭包括一對父母，以及兩個孩子：安琪、哈倫（她的男友）、三歲半的賈思琳，和剛滿兩歲的佳爾。哈倫是這兩個孩子的父親，雖然他和安琪的關係一直反反覆覆，但他們仍然認為自己像是一對夫妻。

　　哈倫身染慢性疾病，但出乎意外，他很勇敢地適應自己的嚴重殘障。他沒有固定住所，靠著行乞討生活。雖然他說話常常令人不知所云，但對於他們是一家人這件事倒是十分肯定。哈倫希

望孩子能跟安琪同住，對賈思琳更是特別關心，因為她遺傳到他的痼疾，而他一直認為自己可以協助她克服疾病。

賈思琳接受寄養照顧已經兩年了。她還不會走路，生長狀況也不佳，語言和智力的發展都比實際年齡慢。不過她會玩，能獨力做一些事，且個性溫和。賈思琳被安置在一家障礙兒童的日間照顧中心，固定接受物理治療。她的寄養媽媽維拉，為了賈思琳的需要，曾接受過特殊訓練。賈思琳和寄養家庭相處得非常融洽，不過因為賈思琳在一歲半以前（妹妹尚未出生前）一直跟安琪住，因此安琪認為賈思琳跟她之間有很強的情感聯結。

佳爾一直都比賈思琳幸運，因為她沒有遺傳到父親的疾病，不過她的生活卻不怎麼安穩。佳爾出生時，安琪正染上毒癮，因此佳爾很快被安置寄養照顧。寄養家庭跟佳爾的情感關係非常緊密；安琪知道她不可能有機會和佳爾建立關係，不過她和哈倫都希望佳爾能回來跟她住在一起。佳爾是一個漂亮的小女孩，大眼睛、文靜，跟親生父母和親姊姊相處在一起時，顯得相當憂鬱且防備心強。

雖然這個家庭分居各處，不過他們四個人仍然能保持聯繫。他們跟兩個寄養家庭，以及安琪的父母也都有聯絡。安琪的爸媽幫忙照顧她的大兒子已經五年了。未來他們會有什麼發展，一切按照現狀或該有改變……這些都沒有清楚的答案。不過，在打算將安琪從急流中拉上岸時，應該了解一定還有其他人也跟著她一起在河流中沉浮。雖然這些人的未來都不確定，不過他們都確實存在且互相連結在一起，他們之間的關係值得我們深思。

助人專業群

　　社會福利機構已經多方努力，提供各種服務給安琪和她的家人，保護他們並防止進一步的傷害。當然，最大的不幸已經避開了。政府提供了庇護，賈思琳和哈倫也都接受了醫療照護，孩子們都得到適當安置，物質濫用方案也幫助安琪戒除藥癮問題，不同的階段都安排了不同機構的諮商服務。

　　不過這些處遇卻也造成了許多複雜的副作用。整個體系塑造出安琪的標準反應，有時卻反而鼓勵她維持較差的表現。整個家庭因四處安置而四分五裂，團聚在一起的目標似乎遙不可及。如果我們想要幫助這些狀況，必須了解的不只是好的企畫和有效的結果，同時也必須清楚傳統的處置策略可能帶來的系統問題。

　　我們可以思索福利機構提供的四個服務領域，並提出相關問題：專業的援助、居住安排、寄養照顧，以及藥癮的復健治療。這些議題會在本書不斷出現，且會有更深入的討論。不過我們可以先開始了解這些處遇模式的實際運作狀況，以及被這個家庭搞得筋疲力盡的困境。這裡，我們只先簡略瀏覽這四個領域，雖然不能涵蓋全貌，卻也能指出整個助人體系的優、缺點。

專業的援助

　　過去幾年當中，介入安琪生活的社會福利工作人員不計其數。有這麼多人力提供協助固然是一件好事，但是投入這麼多的時間和金錢在一個個案身上，不免流於浪費；更重要的關鍵是這

7　些投入的力量，彼此之間並沒有協調。就拿跟安琪會談這件事來說，工作人員都做同樣的工作並抄襲彼此的內容。安琪記得資料文件上的數字都是匿名方式，每當換一位新的工作人員時，她就必須重複回答相同的問題，這種現象讓她相當不耐（「我實在很厭煩再對這些人重複報告我的事情。」）她曾提到，由於某個機構的人員流動，她曾經在短時間內接觸到六個不同的工作人員。

　　或許，安琪已經學習到該如何面對這個系統，以及如何成為「我們」（指接受服務的人）的辯護者，以對抗「他們」（指整個系統與工作人員）。工作人員發現她有時頗難纏——他們形容她是「一個頗有自己意見的女人！」雖然庇護所裡的工作人員也會開會詢問這些受庇護婦女的意見，不過，安琪總是這麼說：「反正妳必須做他們要妳做的，那麼又何必多此一問呢？」或許因為工作人員必須遵守固定的機構規範，所以無法重視安琪的意見；他們可能在情況允許之下，願意誠懇參考團體的意見。同時，我們可以體會到她的挫折感，以及認為整個體系沒有效率且雜亂無章的感覺。她談到，除了夢娜——她現在的諮商員——是個特例之外，她不信任其他任何一位工作人員。夢娜是一位有經驗且聰慧的社工人員，她的工作方式讓人覺得受到尊重且被關心，因為她的同理心以及純熟的協調技巧，使得受助者受到尊重；此外，她幾乎參與了安琪的所有生活事件，由此可感受到她的關心。雖然安琪排斥且厭惡接受社福體系及其工作人員的協助，但是她對他們的依賴卻逐漸加深。

居住安排

　　都市中的流浪漢和藥癮患者（其中不乏女性，就像安琪一樣），他們的子女都必須被帶離開並安置在寄養照顧。夢娜和安琪都清楚了解，由國民住宅、法律，和寄養照顧體系共同制定的不合理政策：「除非你有孩子，你才可能有住的地方……而除非你有住的地方，否則孩子就不能跟著你。」

　　安琪一直都很幸運。她住在只有單人房的婦女庇護所時，孩子無法跟她同住。之後有一個婦女倡導團體主動跟她聯繫，然後她就搬到她們的宿舍。住在這個宿舍的婦女都在等候法院的判決，她們的子女可以前往探訪自己的母親。一旦法院裁決孩子可以回到媽媽身邊，他們就可以住到家庭式公寓，不只孩子有日間托育，媽媽也可以繼續接受心理諮商。

　　這個新的居住安排雖然解決了安琪的一部分問題，卻也帶來一些新的問題。舉個例子，機構政策並不接受男伴或父親同住，因為這樣的角色對寄居在此的人而言，大都不存在或不受到歡迎。但是對安琪來說，卻意味她不但無法和哈倫重聚，也無法在此整合他們的小家庭。

寄養照顧

　　若將寄養照顧視為是破壞這個家庭的原兇，實在是一種誤解。因為孩子不但都得到妥善的照顧，賈思琳也獲得需要的特殊服務。不過，這種單獨的服務使得家庭成員各奔東西，他們之間的關係也就隨著時間愈來愈疏遠。賈思琳和佳爾各住在不同的寄

養家庭；負責的機構各不相同，且相隔很遠，彼此之間沒有聯繫，安排家人探訪的方式就猶如處理一個複雜的數理邏輯問題。針對由保護服務所安排的會面地點，安琪這麼描述：「這個地方就像倉庫……舊衣服、廢棄物、雜亂堆積在整個空間……顯得髒亂……玩具都很破舊……我不敢讓孩子坐在地上玩。」或許沒有人必須為這個狀況負責任；不過，顯然家庭探訪根本不受到重視。父母親很難確實執行他們原先擬定的探訪計畫，可是日後決定監護權的公聽會上，這卻是認定父母是否關心孩子的一個重要指標。

即使父母能夠按照計畫探訪，家庭團聚的步驟順利進展，我們卻不了解，經過了這麼多年的分離，加上與寄養家庭所建立的依附關係，一旦要有改變，會是多麼複雜的事！而且，我們也不曾分析過，若想要他們能夠成功改變，需要那些條件？安琪很清楚，她上過的強制性親職教育課程效果有限，她怎麼可能有能力回答自己該如何管教孩子，或孩子根本沒有跟她同住，卻要她說出孩子常玩的遊戲是什麼。若有機會觀察安琪在探訪時的表現，會發現她確實是關心孩子，想要和他們接近，而她也真的有一些好的想法；不過她也明顯缺乏好的管教技巧以處理相處時所碰到的問題，更何況其中一個孩子還是嚴重殘障，需要特殊照顧呢！安琪有強烈意願想要和孩子住在一起，不過她也非常耽憂自己是否已具備足夠能力應付一切問題，這樣的矛盾心情很能讓人理解的。

其他一直沒有被提過的問題還包括：哈倫的父親角色；安琪和哈倫如何能克服萬難，成為一對有默契的父母，可以同心協力

教養他們的孩子；以及親生父母與寄養家庭之間的關係對孩子的意義。本書第二部分將以系統及家庭取向的觀點，討論在不同結構和工作模式之下的寄養照顧。

藥癮復健治療

化學物質依賴問題，特別是育有子女的婦女，會在本書第二部分有專章討論。這裡先特別提到，因為安琪的案例中，也存在這個問題。同時，因為成癮問題有各種懸殊的處遇策略，我們也可以看到安琪面對抉擇時表現出來的猶豫不決。

安琪留置在藥癮住宿中心，一方面是應法庭規定，一方面也是她自己有決心想要戒除藥癮。她認為這個方案能夠幫忙她面對自己、了解自己的生命，以及控制她自己的壞習慣。不過雖然有這些好處，她還是提早離開了這個機構。她說：「如果一直留在那兒，我會學到即使生命中沒有哈倫和孩子，也可以自己一人堅強生活下去；……但是我關心的是我的家人，他們絕對是我的優先考慮。」

依照安琪的看法，戒癮方案雖然能夠碰觸到她的個人問題，卻也威脅到她跟家人的關係，因此使她陷入兩難。不過這樣的迷惑不只出現在內心，也呈現在她目前的生活當中，各種互相矛盾卻又同時存在的處置措施所帶來的影響作用。

藥癮諮商人員和寄養照顧工作人員共同參與一次協商會議，*10* 會中清楚呈現這兩個服務體系有各自堅持的重點，且傳遞出不同的訊息。寄養照顧機構關心他們的家庭關係，工作人員想要協調安琪和孩子們的接觸機會；而藥癮戒除方案則強調安琪是獨立的

個體,堅持她應該先能自我認識及了解自己的問題,誠實面對自己的欲望,先能強壯自己的力量之後,再去處理別的問題。

某次經由寄養照顧機構安排,探訪孩子的計畫,讓安琪非常不快。因為藥癮戒除方案的工作人員做了暫緩實施的決定。此時,安琪面對兩難的局面,她自己做了決定,選擇繼續和孩子接觸。安琪靠著自己的力量,面對兩種對立的局面,做出自己的決定,這樣的經驗成為她生命中一個永續的特質。安琪離開了住宿機構,希望藉由諮商的協助戒除藥癮——她帶著一種不安的心情面對不可知的未來!

我們要在這個不確定的時刻停住。其實我們只想給大家一個印象,認識這個助人體系裡的工作人員,且強調在助人過程中常常出現的議題。這本書要討論其他可能的解決方法,探討像安琪和她的家人這樣的人,當他們被拉出湍流並接受服務時,會有什麼不一樣的結果呢?

第二章　理論基礎
系統取向和家庭中心工作方法

11

　　這本書要討論多重危機家庭和協助他們的各種社會福利機構。我們先從一個特殊個案談起，安琪和她的家人所需要的服務都已經被設定好目標，並由不同的系統負責協助。安琪、哈倫、賈思琳和佳爾都是這個家庭的一份子，不過他們卻都無法影響機構自己設定的服務目標及方式。

　　這種分散方式是一種標準的工作模式，沒有例外，不過卻缺乏效率，也很難被接受服務的家庭接受。這裡要提出來的是一種全然不同的方法，具有統整、系統化的特性，且更能支持被服務的家庭。實際的運用會在以下各章介紹，不過我們先要介紹基本的理論基礎，討論系統理論的基本要素，並描述我們對家庭概念的看法——特別是與多重危機弱勢家庭的關係。

系統取向

　　何謂系統思想家？廣泛的看法是怎樣？與社會福利機構之間的關係如何？與家庭之間的關係又是如何？

12　　我們全都知道「系統」是什麼，談話當中常常會提到這個詞，它富有相當多的內涵。我們討論社會系統、神經系統以及太陽系。這是一個耳熟能詳的名詞，顯然它與結合有關，用比較詩意的話，當你摘下一朵花放在手中時，你會發現它與這個世界已經連結在一起。

　　沒錯，系統觀點的確與結合有關，不過是以一種特殊的方式存在。它強調部分與部分之間，用一種特殊的方式互相連結，因此具有可預測的特性。宇宙是一個系統，所以科學家可以預測什麼時候月亮會走到太陽和地球中間，出現月蝕的景象，也能描繪出地球及人類所受到的影響。我們已經了解系統內的各部分彼此之間互相影響，而這些影響又會重複出現在它們身上，因此，系統成為有趣的探討焦點，也可以預測它的可能發展。

　　不同種類的系統有獨特的特性，不過每一種系統都是由重複出現的模式組合而成的。太陽系、福利系統，或家庭系統……，所有系統的運作方式都不是偶然形成的。太陽會在每天的清晨升上來，福利系統會順著固定的工作模式協助失依兒童，而家庭則會遵循著自己有結構且可預測的模式運作。

　　這裡我們要先暫停一下，討論一個矛盾的現象。生命有機體之間的聯結似乎被認可為一種宇宙的真理。生態學家告訴我們，

野狼和鹿以一種生態平衡的方式相互連結時，我們都接受了這個說法；大家都了解，如果太多鹿死亡，野狼就會挨餓，除非兩者的比例重新得到平衡。僅管我們用的是一種近乎組織結構的觀點了解系統的運作方式，不過在歌頌國家的風雲人物時，仍然會將他們的作為和成功視為是個人的成就；不管是英雄或受害者，都與他們周遭的環境和人物不相干。這種井底之見完全忽略了聯結關係，對於服務輸送產生重大的影響。舉一個例子，安琪的藥癮諮商師堅持先把治療目標放在安琪身上，而沒有體會到她的「個人問題」其實牽涉到其他的重要家人。

　　如果我們想要了解系統概念如何應用到人類身上，必須先牢記聯結和重複模式的概念。此外，也必須留意系統的其他共同特性，包括次系統，各部分之間互相影響的方式，以及每一個系統都會經歷穩定與變動的階段。要了解家庭如何運作，以上這些特性都是重要的概念，不過這些概念也適用於會影響家庭生活的大社會系統，諸如醫院或社會服務機構。 *13*

　　醫院中的外科、門診部、社工部門都是大機構之下的次系統，每一個部門都有其獨特的功能，且與其他部門相聯結，同時接受醫院政策和工作模式的規範；或許各部門之間複雜且循環的互動方式並不明顯；也許社會工作者的工作取向擴大了外科醫師的思考方式，而不再只認為「X 病人有腎臟問題。」外科醫師也可能教導社會工作者如何判斷急診狀況。我們都知道政策是由上往下的，不過卻常常忽略各部門對醫院政策由下往上的影響力。其實有很多意見是由下傳達給行政單位的；而各部門是否遵照執行或抗拒指示，對於政策的擬定也有重要的影響力。

　　當然，相互並不一定就是平等。醫院中次系統對整個政策的影響力決定於系統的彈性程度；在任何結構之內，不同的部分所擁有的權力各不相等。舉個例子，大部分的醫院，社會工作部門的影響力絕對小於外科部門。同樣的觀點也會出現在家庭氛圍中，特別是那些屬於弱勢且須依賴機構協助的家庭。這些家庭很少有能力去影響那些幫助他們的福利體系運作模式，而所謂建設性的處遇策略又常常被視為是矯正這種不平衡狀態的最佳手段。

　　不管系統如何具有結構，絕對沒有一個是靜止不動的。任何一個系統都會經歷穩定與改變的不同階段。在穩定階段，系統藉由熟悉的模式行使功能，大部分時候，重複被視為是一種適應的行為，譬如醫院不需要為每個新病患重新建立一套住院流程，家中不須每天規定新的上床時間。不過牽涉到有生命個體的所有系統都屬於開放式。新的事物時時會發生，因而干擾到穩定的模式。例如，醫院跟別家醫院合併，改由健康維護組織（Health Maintenance Organization）經營，那麼改變之前的工作模式就會受到挑戰，即使醫院以往的運作一直都很順利，也必須重新整頓結構與14 工作模式。工作人員勢必經歷一段混亂的轉換期，既要尋求過去值得保存的模式，又要能順利適應新環境。

　　社會福利機構也跟醫院一樣，都是有結構的系統，內涵幾乎都很複雜。一般來說，它們都附屬於較大的社會或政治結構當中，再分成內在的次系統，並且與服務相同對象的其他機構並存。譬如：收養機構置身於制定收養規範的社會政治氛圍之中，這些規範包括官方公開制定或隱含的，範定不同種族之間收養事務的政策、對於同性戀伴侶想要收養孩子這件事的態度，以及一

旦疏忽事件被檢舉之後，可以多快中止父母的親權。這種種因素會影響到符合收養資格的孩子人數。

　　機構內，這項工作通常分成幾個部分進行。不同的部門有各自負責的任務，例如接受有意願收養子女的夫妻提出申請並評估其資格，處理法律相關事宜，或透過追蹤訪視以監督安置後的情形。每個部門有各自的工作模式，各部門之間必須彼此協調，也必須與其他相關的機構保持聯繫。理論上，負責挑選合格收養父母的部門和負責監督安置後情形的部門之間的溝通應該延伸，有助於接手的工作人員能儘快熟悉個案的狀況。收養機構也必須持續與其他相關機構聯繫，譬如孩子在被收養之前曾經待過兩年的收容中心、或因應孩子的特別需要安排的方案。聯繫工作不應只是書面資料的往返，特別是面臨複雜的轉換階段——譬如正在進行收養的工作流程時。

　　不同次系統之間及各機構之間的整合工作雖然耗時，但絕對不會比處理因協調不良所帶來的負面效果更麻煩。同一個機構中，不同次系統之間的「地盤」問題常帶來負面影響。訓練是促成改變的有效方式，不過，假如訓練的內涵只注重這個複雜系統中的一小部分，它所產生的正面效果就相當有限。舉個例子，我們都知道，第一線的工作人員要有能力證實新概念和工作模式的可行性，必須有督導的全力支持，以及制定有影響力的機構政策，這樣他們才可能同心協力。*15*

　　系統取向並不是一種遙不可及的學術理想，它是一種必要的工具。藉此了解各種機構都是網絡內具有互相影響的力量，因此促使家庭成為共同合作的基礎，同時也是解決互相矛盾的處遇目

標必備的武器。如果專業人員能夠接受他們之間的聯結關係，且找到變通方法解決他們之間的差異；那麼整個系統的工作績效必會提高，也可以改善提供給案主的服務品質。

簡單介紹了這個提供服務的體系之後，我們要更詳細討論服務接受者——也就是家庭的部分。

家庭

家庭是一種特殊的系統，具有獨特的結構、模式，和特性以形成穩定性和促成改變。家庭也是一個小型社會，成員採面對面的互動，具情感的聯結，且擁有共同的過去。我們更要特別認識接受社會福利機構服務的家庭。想要了解這些家庭，最好的方法是採用一般性的討論方式，先從家庭的系統特性談起，然後再討論家庭做為一個小型社會的特性。

家庭是一個系統

模式

這裡討論的家庭結構，不只是指家庭成員的組合；我們指的是家庭中重複出現，且可預測的互動模式。這些模式反映出人類社會非常重要的聯結、緊張和階層關係，同時也詮釋出各種行為和關係的意義。

大部分家庭都有複雜的結盟模式，表現出情感親密及相互支

持的人際關係。布朗夫婦結褵二十多年，喜歡一起參與休閒活動、同心協力處理家中事務，及解決家庭的各種問題，這些行為清楚顯示他們之間穩定的結盟關係。不過也有一些家庭會出現不明顯的結盟關係，譬如祖母和潔妮之間的特殊情感聯結，她們經常相處在一起，祖母是潔妮的知己，她們都喜歡聽到別人說她們很相像。

　　有時結盟也會以不同的方式出現，他們因共同反對家中的某個成員而湊在一起，這樣的結盟，應該稱為聯盟（coalition）。這種聯盟關係通常都是暫時的，且相當溫和。例如某個家庭，每當媽媽提議週末全家一起到不太有人緣的伯父家探訪時，幾個大孩子就聯合反對媽媽的建議。另一個家庭的聯盟關係比較穩定，但也比較不愉快。雖然家中幾個女兒平常並不親近，但為了想出各種方法反對繼父，她們可以形成一個聯盟。

　　每個家庭都會出現由權力分配結構組成的模式。這些模式訂出家庭的決策過程，以及操控成員行為的方式。家中權力的表現方式是家庭結構中很重要的部分，這些方式會影響到家庭氣氛的和諧或衝突，家庭成員在成長和改變的過程中也同時會經歷到各種挑戰。

　　清楚且有彈性的權力表現模式通常具有不錯的功能。布朗夫婦結婚多年後發展出一套實際的作法。他們不同的事情上各自握有決定權；家中要做重大決定時，會參考孩子的想法；孩子邁入青春期後，也會賦予較多的權力與自主。不過也有些家庭缺乏好的決策方式，對於不同的意見，無法取得共識。通常會來接受治療的家庭，大都因為他們的決策過程老是繞著輸贏打轉，而且又

沒有能力改變經常引發衝突的決策方式。不過，權力表現的問題也不全是這種僵化不變型，有時也可能以不穩定的型態出現，夾雜著沒有被覺察到的不良附帶影響。再舉個例子，某個三代同堂、育有年幼子女的單親家庭，權力大都集中在媽媽一人身上，不過有時也可能在祖母手中，或可能是舅舅、年紀較大的姐姐……，就看當時是什麼人在場。面對這樣的權力分配型態，許多訊息變得模糊且互相矛盾，孩子們常感到困惑，難以了解那些才是正確的行為。

17　　　有些模式源自民族性。大體來說，拉丁民族在情感表達、討論衝突、安撫幼兒的方式，與北歐民族相比，有非常不同的表現模式。不過大部分家庭的模式都是家人間經由時間和經驗累積所產生的獨特方式。譬如，某位媽媽總是介入孩子之間的紛爭，以保護幼小的弟弟不受到姊姊欺負。可是每當十二歲的兒子與她的男友起衝突時，卻總是令她大怒。不管面對什麼事情，她的行為反應模式都維持著固定不變的方式。無論姊姊對弟弟做了什麼，不管吵架的對象是家中的姊姊或公園裡的玩伴，媽媽絕對袒護著自己的小兒子。不過由於她自身的問題，只要十二歲的兒子與她的男友爭吵，不管是不是男友的錯，或根本不是孩子的錯，她的處理方式都一概只是對兒子發脾氣。

　　　有結構的模式就是指隱含規則的具體表現。這些模式清楚訂出期待和限制，家庭成員藉此了解什麼可做、什麼不可為。麗娜是單親家庭中的老大，她知道媽媽不在家時，她必須照顧弟妹，且有權指揮他們，不過大家都清楚她不可以打人或恐嚇他們。然而再好的模式也會受到限制，模式一旦形成，就會成為習慣，他

們不希望改變，也不想去動用其他的家人。如果麗娜常常被媽媽要求當弟妹的保姆，一定會影響到她的社交生活，且內心可能屯積怨恨，到那時，這個家庭就必須打破這個不再有效的模式。這時或許他們會把焦點慢慢轉移到十三歲哥哥的身上，或改變媽媽的工作時間，或考慮請鄰居幫忙。

次系統（Subsystems）

家庭就跟其他的複雜系統一樣，擁有各種次系統。根據年齡和性別，以及其他因素，家庭會形成各種次系統。成年人具有獨特的功能與關係，以區隔出跟孩子的不同；青少年因特殊的興趣而形成一個團體；男生常因「臭」味相投而形成一國、女生則常另組一國。在繼親家庭中，常會出現「他的孩子」、「她的孩子」，以及「他們的孩子」等各種次系統。不同次系統之間存有各種公開及隱含的規則以規範成員之間的關係：青少年兄姊的房門關著時，弟妹不可以去打擾；孩童只有在受到不公平待遇時才可以向大人告狀；除非有特別安排，否則繼父和他的親生孩子在週末安排的外出活動通常不包括再婚太太的親生孩子；孫子吵架時，祖母可以袒護某個孩子，不過父母在管教小孩時，她絕不插手。

次系統中有一個重要的概念——界限（boundary），它同樣也是整個家庭系統中的重要概念。界限雖然看不見，不過就跟風一樣，藉著外在事物的移動，讓我們覺察到它的存在。上一段提到的所有案例都與界限有關，標示出不該跨越的門檻，以及比較具有彈性的情況。界限的彈性表現出可接近或隱密的現實狀況。

次系統界限的堅固程度隨著家庭的特殊模式而有不同。史密斯一家的感恩節晚餐向來是三代同堂,所有家人共聚一起,滿室喧嘩。但是這樣的安排對貝萊一家而言,則感覺不合情理;他們總是把孩子安排在另外房間,萬一太吵的話,還會被大人喝止。不過這兩個家庭都會隨著家庭生命周期的發展而產生適當的改變。大人和孩子之間的界限必然會因孩子進入青春期而更堅固。如果五歲男孩的頑皮讓弟妹大哭不已,父母就會干涉處理;不過年屆青春期的孩子總是希望自己處理彼此之間的爭吵,也希望畫出來的界限能夠讓自己有較多的隱私。雙親這一代邁入老年之後,界限會再一次改變,以因應年老父母的需求,以及因為為人子女者對雙親健康和生活的關心而有更多的介入。

若是家庭模式的運作不理想,最好先單獨檢查個別的次系統。譬如,先只跟家中的孩子會面,採取由下往上,而非由上往下的觀點來看家庭的階層關係以及家庭中的非主流意見。此外也應該弄清楚每一個家庭成員的本領,他們之中有些人在不同次系統中的行為表現會有很大的差異。舉一個例子,十二歲的馬利歐與手足共處時,常常表現出富有創意且公正的領袖特質;不過當他與父親相處時,卻變得沉默不語且態度陰沉。這樣的觀察能幫助家庭探索自己的功能,並建立以特定家庭成員需求為考量的模式。

19 個人

個人是家庭系統中的最小單位──雖是一個獨立的實體,卻也同時是整體中的一個部分。系統取向的架構,認為每一個個人

對家庭模式的建立都有貢獻，不過個人人格和行為的培塑也是在家庭的期待和允許之下產生的。

這個觀點其實蠻具有革命色彩，它挑戰了社會福利服務的共通理論及常見的組織型態，過去一向強調個人是一個天賦的、且有足夠能力的單位。我們在本書不斷強調：只注重個人歷史、動力，和治療絕對不夠，必須把個人放在家庭氛圍及其周遭的網絡內來討論。

如果我們認為個人是系統的一部分，就必須用一個不一樣的觀點看待個人自我形象的形成過程，以及個人行為的約束方式。家庭對其成員的定義，有一部分是根據其他成員的特質和角色而定。藉由這樣的方式，產生預期的結果，並影響到每一個個人的自我形象和行為。家人一直認為喬比其他孩子害羞，而他自己也一直這麼認為；安妮是家中的長女，一向被要求幫忙烹飪及家中瑣事，直到青少年時期之前，她也一直無異議地接受「親職化孩子」（parental child）這個角色；媽媽一直是家中對外的聯繫窗口，負責聯絡學校或其他機構。家庭培塑其成員的行為，常常根據它所認可的個人特質，不過這樣的作法卻也常將該成員鎖定在固定位置，限制了自我概念的探索和內涵。

系統觀點解釋「行為」是：一組共同分擔的責任，源自範定個人行為舉止的模式。慣常的思考方式如「我的小孩違抗我」、或「我的伴侶嘮叨不堪」。不過這些都是單方面、直線型的描述方式，不管是孩子的違抗或伴侶的嘮叨，都只是整個關係狀態的一部分；其實整個過程應該是循環的，且行為是互補的；也就是說，行為是由所有參與者共同維繫的。他們共同引發行為，又共同對這些

行為產生反應。不過,行為的真正起點或確實的因果關係並不太可考證。我們可以用比較正確的方式說明:桃明子反抗媽媽,媽媽大聲吼她,桃明子哭了起來,媽媽就打了她……;或者,媽媽對女兒大吼,桃明子哭泣,媽媽打了她,桃明子出現反抗。她們之間的互動形成固定模式,要解釋其中一項行為,絕對不能不談到其他的相關行為。

20

互補的概念雖然有些危言聳聽,卻能提供出一個有效的方式,用來檢視診斷的內容和因果關係,不過也同時發出警戒訊號。行為可以反映出一種循環的模式,不過有些行為卻具有危險性或違反道德,利用某些成員的弱勢地位並危及他們的安全。女性主義者以男性對婦女的暴力行為來說明這個論點,同時所有社會都一致譴責兒童虐待。面對這些狀況,主要任務在保護受害個人,並以倫理為考量;另一方面則協助家庭改變具有危險性或違反道德的一些循環模式。

轉換

所有家庭都會經歷不同的過渡時期。成員不斷成長及改變,加上生活中的大小事件,不斷修改家庭的現實狀況。家庭也跟其他系統一樣,處在改變情境時,會面臨解組階段。過去慣用的模式不再適用,可是新的模式又還沒產生;這時,家庭必須經歷一段嘗試錯誤的過程,嘗試在過去適用的習慣模式和需要新模式的現實狀況之間,取得一些平衡。這段過程常常令人感到痛苦,同時充滿不確定與緊張。

有些轉換起源於正常的發展周期。孩子出生後,新生嬰兒因

為無助，需要一種新的照顧行為，因而改變了家庭內大人之間的
關係；孩子逐漸長大，愈來愈需要隱私、自主，和承擔責任，整
個系統被弄亂了，因此需要建立新的模式。中間這一代逐漸衰
老，浮現年老和身體衰弱的問題，某些功能就必須從這一代移轉
到下一代已長大成人的孩子身上。當然，某些轉換與發展的議題
完全無關，表現出來的是現代生活的變化無常，以及任何家庭都
可能發生的非預期事件：譬如離婚、再婚、非預期生病、忽然失
業、水災或地震等。

　　無論是那一種刺激，要切記一點：這些發生在轉換階段的困 *21*
擾行為並不一定都是病態或永久存在。它們的出現代表家庭需要
進一步了解且重新自我調適。焦慮、憂鬱、焦躁都是危機中的情
感成分，雖然表現出來的行為似乎是不正常或功能不良，但是過
份強調病態的部分，用以凸顯家庭的反應，並非一種好的作法。

　　這個觀點對多重危機的家庭非常重要，我們會在後面章節繼
續強調。這些家庭常常面對重複不斷且戲劇性的轉換經驗，而這
當中，有許多是來自一些強勢的社會福利服務體系干預後產生的
結果。家庭成員震驚和混亂的反應程度並不一定會被視為是轉換
過程中必定存在的部分。這些行為是否會永久存在，以及最後是
否會造成障礙，是最常被提出來判斷的兩個重點。

家庭是一個小型社會

　　討論「家庭是一個系統」這個議題，或許因為它規避了人類
互動的各種感受和複雜情緒，通常採用的是非個人的觀點。如果
我們採更近距離的眼光，就會注意到人們緊緊連結在一起，以及

使他們分開的情緒力量。

家庭中的成員彼此之間有一種特殊關係的感覺，即依附關係（attachment），一種家庭的情感結。它同時具有認知和感受兩層意義。他們知道「我們是一家人」，且彼此互相關心。我們協助家庭時，知道它的成員彼此之間互相保護、支持——而我們會依賴這種情感結協助他們改變。我們也知道這種緊張、衝突，和忿怒之所以不可避免，一部分原因就出自於他們結合在一起的情感結。就像前面提到的一些例子，家庭會限制及挑戰它的成員，即使是對它有支持功能的成員也不例外。

家庭成員透過感受和認知，以及對自己家庭的歷史、態度、風格——也就是某些人所稱的「家庭故事」——採用的描述方式，表達出家的感覺：「我們一家人都不跟別人交往，我們不想在這附近惹上什麼麻煩」；或「從島上搬來之後，我們有一段艱辛的適應期，不過現在已經都沒問題了」；或「我們解決問題一定要經過一場爭論」；或「我們家中的每個女人都患有憂鬱症」。當然，這些不同的故事都是由不同的成員說出來的，不過對於他們是誰以及他們的運作方式等議題，家人之間會有一些共通的默契。

22　　家庭情感的對應是家庭衝突。家人之間會有不同的意見，必須協調彼此之間的差異，同時發展出解決衝突的方法。問題是這些方法是否有效：譬如解決的方法與問題之間的相關程度如何、參與者的滿意度如何，以及他們如何能在可被接受的界限內，表達自己內心的憤怒情緒。

家人之間若找不到適當方法解決彼此的不同意見，即使彼此仍然互相關懷，卻有可能面臨分裂。大部分家庭都有一個信號系

統，若是超過可忍受的門檻，鬧鐘就會響起，指示家庭成員需冷靜下來以避免危險。重要的是：警告必須在多早之前傳達出來、家庭是否具有機制，可用來協調彼此之間的不同意見和控制衝突，或只是讓衝突升高到極限而出現暴力。

　　衝突和暴力，是服務多重危機家庭時的兩個主要關注焦點。下一段會更深入討論這些議題，採用家庭的一般概念探討多重危機的弱勢家庭。

「機構型」家庭：多重危機的弱勢家庭

　　家庭結構和家庭功能的原則偏重在一般家庭，不過若運用在接受法院、福利體系和保護系統服務或控制的家庭，就有不同的特性。首先舉一個例子，這些家庭的情感和結合關係常被忽略。我們聽到，這些人因為吸毒而精神恍惚，以致無法形成依附關係，母親疏忽孩子、父親虐待子女；這些家庭成為暴力型，並且被社會排斥。所有這些真相確實符合某些家庭的特性，不過只有小部分是在強調個人及家庭悲慘境遇的最顯著部分，同時忽略了人們互相感受到的忠誠與情感。舉一個例子，哈倫希望孩子們可以回去和安琪住在一起，因為他意識到他們是一家人，而不管是否需仰賴別人的幫忙，或因為接受不同的干預而造成他們妻離子散。觀察敏銳的寄養父母告訴我們，不管是否受到親生父母的疏忽或毆打，這些寄養孩子仍然深愛著自己的父母，且希望可以再回去和他們住在一起。雖然這是一個不合邏輯的狀態，卻說明了家庭依附關係背後深層的感情和矛盾的情緒。

23 　　這樣的家庭都有一個一再出現，且令人不安的現象：他們都沒有書寫自己故事的習慣。這些人一旦進入社會福利機構網絡，從此他們的故事就成為公開的資料，且由整個社會擔負起編撰的責任。安琪的檔案從一個地方傳遞到另一個地方，內容包括官方認定的一些資訊，譬如她的出生地、家裡的成員等。以一種比較友善的方式激發出他們對自己的看法，包括重新思索他們是誰、他們關心什麼人，以及他們對自己問題的看法等。

　　家庭結構就跟關係與情感一樣，不容易被確認出來。所謂家庭結構，指的是家中的真正成員以及實際的運作模式。接受社福機構服務的家庭常常顯得混亂；成員來來去去，彼此之間有情感切斷的現象。這種不穩定狀態，有一部分是因為生活型態，貧窮、藥物、暴力參雜在其間，不過它也是社會服務干預之後的副產品。孩子被帶離開家，安置到其他機構；大人則被關進牢裡或住到醫院；他們接受的盡是一些不完整的服務。其實關鍵點並不在是否確實需要這種處遇，而是因為這種處遇方式常常破壞了家庭結構。專業人員在執行這些處遇方式時，並沒有意識到可能也會破壞家庭的正面情緒聯結和有效的資源。某個家庭，因為小嬰兒生長遲滯，以致所有的孩子都被安置到其他的「適當」地方；原來一直保護著媽媽，幫助她對抗男友暴力行為的青春期兒子也被帶走了；手足之間互相支持的情誼也被打散了。

　　這些家庭的界限都可以流動，工作人員很容易進出。常常，家庭中不知什麼時候開始的權力結構又忽然消失了。家庭的事務由外人決定，孩子們很早就發現家裡的大人沒有權力。工作人員在不知不覺當中，也成為這個不良次系統中的一個份子，以一種

無益的方式影響著家庭的運作模式。譬如，如果工作人員支持青春期的女兒，允許她向保護服務組織求得援助，加入她與媽媽之間的戰役，那麼這個家庭自己解決問題的能力就可能被貶抑，而非想像的增強。

暴力，是這些家庭最常出現的一種生活面貌，它有兩種型態：家庭自行發生的暴力，以及因為社福機構的介入而產生的暴力。第一種會先提出來，是因為它比較符合傳統的想法。貧窮、無能，和絕望等問題不只存在，且深植在這個人口群的家庭周期 *24* 中；面對這些問題，他們常使用走捷徑的解決方法：藥物、犯罪、衝動的性慾，以及暴力。

我們探究暴力家庭的內部時，看到的是秩序脫軌的現象。通常用來保護家庭成員，以確保社會生存的安全保護裝置並不適用這類家庭。以市中心貧民區的弱勢家庭為服務對象的工作人員，常常會面臨許多人性的醜陋面：殘暴的虐待、亂倫、丟棄親生子女等。做為專業的諮詢督導及訓練者，我們一直努力於實踐家庭維繫（family preservation）的概念，支持讓孩子繼續留在家中與父母同住的處遇目標。不過我們也非常重視家庭暴力，以及關心如何評估並確保家庭成員的安全等問題。政府的政策始終搖擺不定，徘徊在到底要將孩子送回以維持家庭的存在，或將孩子再一次帶離家庭，因此一直無法完整解決這個基本議題。政策規定的法令有既定的工作模式，且經過全盤的考量，雖然有很好的立意，卻只能適用某些特殊情況。因此，工作人員做決策之前，必須先探討家庭的衝突，並且評估家庭能夠出現正向改變的潛力如何。後面幾章會進一步討論這個重要議題。

　　第二種暴力型態是外因的，來自外力的闖入，或擁有絕對權力的社會，運用控制力的結果。用專業的辭令來說（有時也確實是真實狀況），目的是在保護弱者；不過這樣的闖入並沒有尊重到這些家庭的權利，不僅破壞了情感聯結，也分裂了已建立的結構；而專業人員卻絲毫沒有覺察到這樣的工作模式對家庭而言，其實已經構成一種暴力。由於大家對於個人和家庭之間的緊密關係並不了解，因此法律制度及社會政策就訂出了互相對抗的局面，在家庭權利和個人權益之間形成不平衡的關係。

　　一九九六年六月十日出刊的紐約時報，封面主題「法庭裁定帶走孩子，父母的辯護律師明顯失職」的專題報導就是在討論上面所提到的模式。這篇文章清楚指出，孩子被帶走時，父母、孩子及代表孩子的公家系統各方可獲得的法律資源有明顯的差距。法庭指派給父母親的律師被形容為「責任過重且配備不足」。他們的報酬少得可憐，又因為出庭的出席費高於資料收集前置作業的鐘點費，使得他們常常忽略了可能對父母親有利的訪談及調查工作。文章中又指出，最近幾年，「法律專家總結，這類工作大都嚴重失效。」大部分個案的結局都可預測得到：父母絕不可能贏得官司。大家都沒有注意到，在富有聲響的報紙上所刊登的專題文章只是一個特例，但終究沒有什麼影響力，然而最後的結果卻是讓家庭更無助。在某一方面來說，他們是無心的社會暴力之下的受害者。

　　雖然社會處置並非絕對必要，呈現的型態也不是預期的，但還是有其存在的必要。我們都注意到家庭具有意義深遠的結構、依附關係、重複出現的模式及界限等特質，雖然這些特質並不是

都運作得很好，也不一定可扭轉危機，不過卻能改變家庭的每一件事。社會處置改變了家庭的重心。我們開始尋求家庭網絡中的相關人士，接納非傳統的家庭型態；我們也注意到次系統，以及規定家庭互動形式的規則，這兩者都有可能造成家庭危機或增強家庭能力。社會處置帶來家庭的轉換，也是顯而可見；家庭會經歷混亂、忿怒、焦慮等短暫階段，但這些並非典型或永遠存在的情緒反應。我們亦覺察到，當專業人員積極干預時，他們就成為家庭系統的一部分。服務弱勢家庭的專業人員，與服務具有特權階級穩定家庭的老師、醫師或牧師相比較，前者的角色顯得強勢多了！所以，工作人員能認清這些現狀，想出對應的處遇策略，幫助家庭有能力自助，正是家庭中心取向的主要力量。

　　當前的狀況又是如何？目前的助人系統與這個家庭觀點和服務輸送體系取向的契合程度如何？基於多年教育訓練和諮詢督導的經驗，我們深知有許多機構無法採用家庭系統取向；我們也一直思索為什麼非這樣做不可。要改變工作方式是一件不容易的事，不過我們應該更仔細思考，檢視主宰當前實務取向的因素，找出阻礙家庭中心取向進一步發展的因素是什麼。我們發現，最有可能的答案包括以下三個部分：行政體系的特性、專業人員的訓練，以及社會大眾對貧窮的看法。接下來我們要開始討論這幾個因素。

26 家庭系統取向的阻礙因素

行政體系的特性

　　行政體系變得頭重腳輕純屬意外。一開始，他們先定出必要的工作項目，並建立執行單位。當然，以窮人為服務對象的社會福利機構，成立宗旨就是在提供協助、解決痛苦、保護弱者、並且為社會大眾提供一個安全的網絡。不過隨著貧窮、無家可歸、藥物、暴力等問題的增加，容易陷入險境的兒童開始需要保護系統的幫助。理想上，需求一增加，就必須要有一個富有創意、有效率的周詳計畫，以便統整現有的服務及妥善分配經費。不過實際上，這個狀況卻只是讓福利體系沒有章法地增加了一些各不相同且又不相關的措施，譬如庇護所、暫留住所、警察對流浪漢的驅趕行動、物質濫用的各種治療方案、為生活遭受危險的小孩提供寄養照顧、收養、住宿安置、或臨床治療的各類機構，以及其他相關的服務等。

　　社會福利行政體系內的組成份子，並不是一個組織結構中相互合作的次系統，相反地，他們有各自專屬的地盤，且互相爭奪經費。雖然經費總是無法滿足實際上的需要，但是即使增加了預算，對於問題本身也是於事無補。檢討其基本問題在於：服務沒有統整，且經費常有指定用途，特別是針對一出生就染有藥癮的新生兒，未成年懷孕個案，或以工代賑者。這種分門別類的經費分配方式標示出特別的領域，指定某些固定的工作程序，並且帶

出一種保護人為界限的意識型態。相關人員很少有選擇的餘地或得到鼓勵，能夠以一種最理想、革新的方式思考問題。最後的結果，各機構和部門紛紛調整自己的語言、工作模式，和訓練方案，以符合經費的申請標準。

幾年下來，社會服務行政系統變得複雜、無關於個人，整個狀況成為採用家庭中心取向的主要障礙。一個複雜的系統若是固定沿著一定的路線發展，那麼要改變它的焦點，就會是比登天還難的工作！

社會服務系統的服務宗旨大都以個人為主。每一個個案都有一個被認定的案主，他（她）因為某個特別問題而被轉介到某個特別機構接受幫助。我們在前面已經提過，特別是關於安琪與其家人的個案，以及採取這樣的重點可能引起的副作用；這個家庭的問題並不是賈思琳的身體發展操控在醫療專業人員的手中，也不是安琪接受有豐富藥癮知識和工作經驗的專業人員諮商；這些專門領域只是反應出該系統中的一部分能力。真正的問題是藥癮諮商師在安琪的周遭設下障礙，卻沒有任何權威人士或正式的力量提醒他們——安琪和家人之間存在著聯結關係。同樣地，治療賈思琳的復健中心，不管是服務方案或機構負責人，都從來沒有想過，應該教導安琪學習做為一位有特殊需求孩子的母親所必備的特殊技能。

由於這些工作模式都已經緊扣在建構完整的行政結構中，因此要挑戰上述的個人取向實在非常困難。預算分配、個案負擔量、保險償付制度都以個人評估及個別治療為規劃基礎。要重新安排不同重點，不只需多費心思、添麻煩，而且不容易有結果。

此外，不管是負責管理這個系統的行政官員或在這個系統內工作的大部分專業人員，大家原本就已經十分認同以個人為中心的工作取向。

專業人員的訓練

專業人員自問，「我們在這裡做什麼？」他們得到的答案總是非常簡單：「幫助病人啊！」（或受虐兒、懷孕青少女、或海洛因吸食者）。以「個人為重心」是長久以來，專業人員所堅持的理念；因此，訓練的內容總是強調個人取向的理論、個案資料和治療技巧。社會工作者、心理學者，和精神科醫師在建構有關人格、病理學，和治療的理論架構時，大都強調以處理個人為對象的特殊技巧。或許我們一向很自然會去回應個人的特質和行為舉止，尤其是面對處於痛苦中的個人時。若是要回應處於網絡中的個人，則需要接受其他複雜的訓練，同時治療的程序也要超脫個人痛苦的部分，這樣才可能讓整個系統動起來。

28　　我們還沒有發展到這樣的階段。以目前的環境來看，從接案開始就完全以個人為重心。工作人員被期待順著既定的工作模式，收集求助者的個人相關資料，工作方向也有很清楚的階段目標。雖然有時也會有一些創意的想法，不過工作人員通常被要求學習事情該如何完成、誰該負責，以及必須保持一定的個案量。已建構的程序常被視為是不可變動的法令或公家的命令：你必須按照一定的方式做接案工作並填寫這些表格……你必須順著這些程序來安排訪視工作……這些是有關出院計畫的實施要點和時機……。通常，工作人員都工作過量，容易將家庭取向視為是一種

額外的工作負擔，而不是觸及工作核心的有效工作方向。整個系統通常要求他們必須負責任，且期待他們能夠按照既定路線工作，要求他們付出與所領薪資相等的努力。

　　工作人員知道，如果他們不按照既定的程序工作，就容易受到傷害。轉介者並不了解什麼時候會出問題，行政負責部門不會袒護一個沒有按照規則行事的員工。這項工作的現實狀況並不允許從事者有足夠的時間摸索家庭、探詢他們的優點、並處理多重危機家庭所呈現的複雜問題。一個專業人員若想採用家庭工作取向，面對同事和督導卻都使用原本的個人取向時，必須要有很大的決心。

社會大眾對弱勢家庭的一般態度

　　社會服務機構內，受到行政結構與強調個人的傳統觀念，再加上獨斷及常常有道德判斷的家庭觀念所帶來的影響，有許多機構對家庭的定義相當狹隘。社會工作人員必須想辦法解決這個問題，他們定義家庭時採用的資料必須通過法庭或兒童福利部門。誰可以提供孩子早期生理和社會發展的資料？誰能夠將一個被疏忽的孩子安排到其他親戚家暫時寄居？懷孕的少女生下嬰兒時，要安排這對母子住到那裡？通常工作人員會按照記錄內容的建議，尋找可以幫忙的人，並排除那些對案主不利的人。 *29*

　　雖然定義一直都顯得狹隘，評價的態度卻是廣泛的。社會大眾雖然企圖掩飾對於弱勢家庭的道德態度，這些價值卻在文化當中流傳開來。這些家庭因為物質濫用、無家可歸、經濟困難而被責難，被視為是社會的負擔。不管是分離家庭成員或忽視他們，

其實有一部分是反映出社會的反對態度——並伴隨著對於受害兒童的一種使命感。當然也有其他令人信服的不同傾向，從一個完全不同的觀點，認為弱勢家庭是經濟蕭條時期和保守政策之下的犧牲者，反應出他們面對自我毀滅狀況及出現社會無法接受行為時的無望情緒。不過事實上，責難和社會不耐的態度勝過同情心，特別是政治的鐘擺朝向保守取向時。

即使弱勢家庭沒有因為貧窮或偏差行為而受到責難，他們還是常常會因為出問題的家人狀況而受到責備。他們被視為是問題的一部分，而不是一部分的問題解決資源。瑪麗娜因為男友的虐待行為而出現喝酒習慣，她父母的態度令她覺得自己是個失敗者，而其他的家人也有藥物依賴的問題；傑瑪一直被媽媽疏忽，外婆根本不關心這件事，舅舅雖表示會來機構，卻從來沒有出現過；珍因為惡劣的家庭環境，很快結交一位男友並懷了孕。這樣的問題真是層出不窮！

這些看法雖也有些真實性，不過單方面的分析並不能證實系統受到壓制的事實。這個系統可能成為一種優勢，或可以動用家庭的資源為個別成員製造出更具保護作用和更有效能的氛圍。

促成改變

社會福利工作人員將家庭視為是一種資源，這是一個很大的突破；不過若沒有以系統的觀點思考，工作人員就無法有效率工作。他們常常無法了解一個家庭如何運作：案主的行為如何反映出他（她）在整個互動系統中的地位、法院和機構的行動如何經

由家庭引起回響，以及如何幫忙案主所屬的網絡以促成正向改變。

　　此處有一個蠻有趣的矛盾現象，服務於社會福利機構的專業人員不同於私人開業者，他們都具豐富的經驗，熟諳一個互動系統中的意義。處在自己的工作環境中，他們知悉階層、規則、聯盟、結盟、次系統，和衝突，當然也了解自己在此系統中的特殊地位。他們清楚自己的角色和各種可能性都受到系統運作方式的操控，而且當他們改變或挑戰規則時，會造成其他地方或其他人的回響。有趣的是——或者說，令人有一點困擾的是——即使機構中的工作環境有許多特性也可以採用這個額外、較小型的系統，不過視家庭為一個互動系統的概念仍不能引起所有工作人員的共鳴。尤其是，個人絕對無法單獨行使職責，如果相關的系統沒有改變，那麼個人努力的效果勢必沒有辦法維繫。

　　傳統的訓練方式、社會態度，和大系統的行政制度都抗拒新的概念，不過也有其他的因素存在。負責服務輸送的機構也有其本身的限制。他們都具有任何一個複雜系統所擁有的特質，包括強烈抗拒改變的態度。我們深刻體會到，要將新的觀念和工作模式帶入討論之中，整個改變過程必定不是件容易的事，特別是要求受過良好訓練的專業人員修改他們熟稔的思考方式、工作方針，以及服務架構，更是一件困難的事。不管怎樣努力，這趟改變之旅必是坎坷難行的。

　　本書接下來的部分，重點在於仔細剖析專業工作人員及家庭成員之間的互動。這個互動是服務輸送的底線，是想要改變這個系統時的基本任務，比起法令、社會政策，或可使用的金錢，更有其重要意義。即使系統中因這些較廣泛的因素改變而重新改

組，服務提供者的平常活動並無法反映出這種差異。就我們已往的經驗，被鼓勵以家庭為協助對象的工作人員常常不能確定該如何進行；不熟悉家庭系統思考模式的工作人員常缺乏有效的處遇技巧，而具有系統觀念的治療師又常不知該如何將自己的技術用在機構型的家庭身上。本書內容就在於增進實務面的知識。我們嘗試提供以系統架構為基礎的具體實例，以及特殊的處遇案例，以幫助服務這些人口群的工作人員。

　　以下兩章，是培養工作人員具備系統取向訓練課程的重要內容：以家庭為服務對象所必備的技巧。不過有一點要先提出，我們在這些機構賦有特殊的身分，這與讀者所具有的專業角色可能相似，也可能完全不同。作為諮詢督導或訓練老師的我們，其實是機構的局外人，這給了我們一些優勢：我們看機構的結構和運作方式時，會有一些新的觀點，同時可以避免捲入內部成員之間的聯盟和緊張狀態；當然這也會帶來缺點：我們必須花時間熟悉該機構的運作方式，也容易錯失機構內每一個工作人員都清楚的內部隱含動力。讀者當中可能也有人與我們的經驗相類似，可以透過本書的內容直接運用到目前的工作。當然也有不少人在各自的機構負責訓練工作，需要從不同的脈絡運用本書資料。不管是哪一種情形，本書的基本觀點和大部分的內容，都應該可以提供給任何一位以多重危機弱勢家庭為服務對象的讀者一些直覺的感受，同時也應該可以給正準備進入這個領域的朋友一些指引。

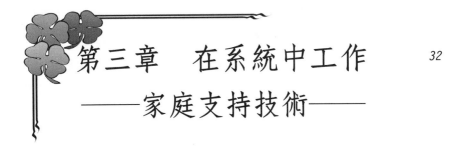

第三章　在系統中工作
──家庭支持技術──

32

　　社會福利機構工作人員通常具有兩套不同的技術：思考案主問題的方式，以及鼓勵改變的方式。如果工作人員想要精通支持家庭的處置方法，必須同時建立一個以家庭為取向的系統架構，以及一套擴大的、可以執行新概念的技術。實務技巧是最直接的部分，包含如何與案主互動；不過假如缺乏一套完整的理念架構，可以用來詮釋家庭的重要性以及說明系統如何培塑行為，那麼這些技巧就無法有效利用，也不能獨立運用。

　　本章要討論概念性的技術（理念架構中用來了解家庭及整理資料的部分），以及實務技術（協助家庭動用及建立資源的工作模式）。為了方便討論，我們將之分成兩個部分，不過其實它們是相關連的；從接下來的討論就可清楚看到它們的重疊性質。我們會舉一些處置的實例（包括與我們的思考架構不相符的例子）以具體詮釋我們的理念，這當中也必然包含如何實際操作這些技巧。

實務上，服務的設計應該是特定的，以符合機構的特殊任務。舉個例子，藥癮戒治機構中，工作人員必須學習如何保護或修補案主與家人之間的聯結，以提供必要的支持；協助像安琪這 33 樣的人，讓他們不必陷入既要照顧好自己，又要維持與家人相處的矛盾抉擇中。以懷孕婦女為關懷對象的機構，工作人員必須意識到胎兒還擁有一個也與懷孕過程有密切關係的父親，同時也應該探索懷孕媽媽與其原生家庭的關係，當然也要包括情感切斷（cutoff）的家人；此外，加強與胎兒的情感聯結也是不可缺少的重點。孩子被安排寄養照顧的家庭，在安置期間也必須給予足夠的支持；工作人員必須具備足夠的技巧，以協助孩子和父母都能成功適應日後重聚的生活。這些雖然是特殊的議題，卻也反映出一般的處理取向。因此，本章列舉的案例都可類推到許多不同的社會福利機構。

概念性技術：仔細思考「家庭」的概念

前面一章提到，家庭是一個系統，也是一個小型社會。此處我們要具體討論這些想法，用文字說明我們如何訓練及督導工作人員，思索包含在網絡之內的個人，同時強調模式、聯結、次系統、界限和轉換等名詞，以了解家庭的特性並且有能力描述。

簡單來說，家庭取向的概念性任務可分成兩個部分：用大角度思考，以及確認家庭的組織架構。所謂大角度思考，指的是超越個人之外，以了解整個個案的重要特性；這也意指樂意停下來並環視四周——而不只是以最容易想到的個人來定義相關系統。

確認系統的組織架構意指關心人與人之間的聯結、家庭功能的典型模式、主導互動方式的隱含規則、界限的性質等等。我們可以藉由崔西及其家人的案例詳加說明。

仔細思考「個人、模式、規則，和界限」等議題

崔西是三個孩子的媽媽，與十二歲的兒子亞伯之間有一些爭執：亞伯不肯上學時，崔西就對他大吼大叫並動手打他。鄰居看不慣而寫信檢舉，兒福機構很快接下這個個案，並判定媽媽和兒子同時為被認定案主（identified clients）。這個機構工作人員的觀點認為每一個人都是獨立的個體，行為決定於個人的內在心理結構。於是，他們先將媽媽安排到治療團體以協助她探索童年的受虐經驗，接著又將亞伯送去接受個別心理治療。在這之後，崔西透露目前有一個同居男友，會對她粗言惡語，因此工作人員又建議男友也必須接受幾次個別治療。事實上，工作人員是將崔西處罰兒子的行為、亞伯的懼學，以及男友的粗言惡語都視為各不相關的個別問題。

如果工作人員想要採互動的觀點來看行為，並嘗試了解這家人常用的互動模式時，他們需要不同的進行方式，且必須從較多的人物角色開始。崔西和亞伯當然是核心人物，不過也需包括住在同一屋簷下的崔西男友約翰，以及亞伯的兩個姐妹。若是再進一步了解，或許會更清楚發現，尚需包括對子女有很大影響的崔西母親，以及崔西的手足——還有她的教母、舅舅及一位摯友。其他相關的，還包括既非親、又非友，不過卻是控制著弱勢家庭生活的部分資源網絡：譬如兒童保護服務的工作人員，她追蹤這

個家庭已經兩年了；學校的工作人員，包括負責調查曠課學生的職員，他與崔西一直處於敵對的關係。

一開始，工作人員通常看不到這些人的存在，或至少不會明顯看到他們之間的相關及聯結。家人和朋友不會以資源的姿態出現，因為他們並不習慣這樣的角色，也或許他們與案主或彼此之間的關係有衝突。而工作人員可能永遠不會想到，其他的專業人員對個案家庭現況的形成，所具有的影響力量。這些人是否要包括在處置當中以及如何將他們納入，其實是個別的決定；不過確定他們存在，卻是一件重要的事。接著需要一塊大畫布畫出一幅人際脈絡的畫面。工作人員應該再假設，每個家庭現況都需要用一幅壁畫來描繪，而不只是一個特寫鏡頭；如果想要更了解問題及整合資源，就必須重新組成一幅更大的畫面。

要探索相關的模式，可以先從辨認主要次系統開始。聯盟和敵對的重要模式可能存在於某個特殊關係之中，或次系統之間的互動中，當然也可能兩者皆有。崔西這個個案，從他們所呈現的主要問題，以及約翰與他們同住的事實資料，我們可以很快覺察到該留意那些地方。我們知道崔西和亞伯形成一個有問題的次系統，崔西和約翰則是另一個問題次系統。根據專業訓練所做的揣測，我們可以假定崔西、約翰，和亞伯三人的三角關係在這個家庭的組織結構中具有核心的地位。此外，加上亞伯的手足，以及崔西母親在內的聯盟及結合，當然也是類似問題的其中一個部分，不過並不是工作人員需要切入的重點。有經驗的工作人員知道自己必須找到重點，一旦他們清楚了家庭圖，就可以專注在系統中失功能的部分；或從經驗獲知，那些棘手的議題有待處理。

　　就這個個案而言，工作人員可以探討有虐待傾向互動關係的次系統，註明崔西和兒子如何互相挑釁，以及引起崔西和約翰陷入衝突的事件。他們也可以特別留意崔西、約翰和亞伯的三角關係，注意到每當有外人加入已建立的親子次系統時，界限和權力常常就變得模糊不清。這個家庭中，成員的權力分配規則無疑是模糊不清的。崔西和約翰的管教態度很不相同；亞伯和約翰處得並不好，他覺得自己有責任保護媽媽，這也可以解釋他不願上學、寧願留在家裡的一部分理由。崔西努力想要壓制兒子，情緒狂飆到幾乎失去理智，不過只有當約翰在家且外婆不在，或學校負責處理曠課學生問題的職員給予的壓力太大時，亞伯才會變得頑劣不靈，而此時約翰就更吹毛求疵。牽涉在這個網絡中的幾個成員都是整個互動網絡中的一部分，每一個人的反應，對其他人而言，既是刺激，也是反應。

　　這個個案所出現的特殊模式，在這個時候一點也沒有意義，如果沒有把其他的家人和學校職員納入，這個問題並無法解決。主要的關鍵是必須把崔西和兒子之間的問題，放到整個家庭組織結構的脈絡中，才能充分了解。若能檢視不同的次系統如何各自運作，且嘗試了解主宰家庭互動的模糊規則，那麼可以選擇的處置方法就會增加。

仔細思考「轉換」的議題　　36

　　崔西個案是一個很好的例子，讓我們看到，工作人員以系統觀點思考問題時，診斷與治療的內涵會有明顯改變。不過，了解家庭模式雖是必要的基礎，但光靠這些並不足夠。個人和家庭都順著

時間序列行進，有時會經歷轉換階段。改變，或許是他們生命中，其中一個最有力的影響因素。剛被安置到庇護所、孩子被安排寄養照顧、或青春期的女兒未婚懷孕……這種種狀況都顯示著這些家庭正面臨轉換階段。如果工作人員肯花時間注意這些生活事件的意義及衝擊，就能針對他們的行為提出最好的理由。

梅根和她的家人也正處在這種改變狀況。她今年十五歲，已懷有兩個月身孕。她媽媽向「協助困境兒童的服務組織」（children in need of service）提出申請，梅根被安排到一個專門收容未婚懷孕少女的住宿機構，她可以在那裡住到生產。這個機構同時提供好幾種不同的服務，包括醫療照顧，探討懷孕、生產及兒童發展等議題的訓練課程。工作人員負責監督住在這個生活區域內所有成員的人際關係，鼓勵她們之間建立友誼並幫忙排解紛爭，機構內也安排了團體治療。至於個別治療，則強調處理她們的害怕情緒，以及生活所面臨的各種問題，並協助探討她們對未來的抉擇。這個機構沒有關注到的，正是家庭的部分；工作人員會收集資料以了解這個女孩被轉介的理由，不過卻缺少了對於家人關係的探討。

梅根是一個稍微具有反叛性格的少女，過去優異的成績明顯退步，與十六歲賈瑪之間的親密友誼，意外造成令她驚慌失色的懷孕事實。毫無疑問地，她絕對是整個事件中唯一的核心人物。她出身於父母雙全的非裔美國家庭，家人有虔誠的宗教信仰，父母一直以嚴格和控制的手段管教五個孩子。如果工作人員能夠具有家庭中心的工作取向，就會重視如何探索這個家庭的慣用模式、權力結構、聯盟和緊張關係，而這些可能就是促使梅根必須

住到寄宿機構的緣由；而且工作人員很快就會發現，這個家庭中父親管教子女的態度非常嚴厲，雖然媽媽、姑姑和梅根非常親近，但她們從不曾對他的作法提出質疑。梅根的四個弟妹一向對父親的教誨百依百順。不過，我們要討論的基本論點是，毫無預期且令人震撼的懷孕事件，使得這個家庭，從一個全家人都熟悉其運作規則、具有凝聚力、且結構完整的組織，一下子跳到一種混亂的狀態。

　　梅根一家正處在轉換階段，他們嘗試使用過去一直有效的家庭模式來處理殺傷力很大的事件。父親負責處理此事，他的解決方法是把這個犯了滔天大罪的不肖女趕出家門。表面上，其餘的家人仍然過著一如往昔的生活，不過這個改變所帶來的影響卻是深遠的，整個狀況也沒有真正解決。再過不久，這個家庭會出現一個新成員──一個即將出世的小嬰兒；而且不管梅根是否已做好準備，她將成為一位母親這件事絕對是一件無法改變的事實。

　　工作人員必須考慮到幾個基本問題，包括懷孕時期和未來的安排。梅根和尚未出世的嬰兒是否永遠被逐出家門？而這是梅根和她的家人真心希望的結果嗎？年幼的弟妹怎麼看待這件事？這對於他們未來的青少年階段，又會產生什麼影響？賈瑪和他家人的情況又是如何？他們關心這個未出世的嬰兒嗎？梅根的懷孕是一個轉換期，帶著不固定的特性，最後將會定型為一種新的模式。原生家庭的成員若是得不到任何協助，他們的反應將就此固定，界限因而變得非常僵化，情感的聯結不被承認，悲痛的心情也將永遠埋在內心。

　　想要協助這個家庭，需具備一些實務技巧：工作人員必須和

所有家人會面，表示注意到他們內心的忿怒與苦楚；同時探詢是否有其他方法可以協助梅根及嬰兒。不過，這樣的第一步驟比較是概念性的。工作人員必須了解這個狀況對家庭所產生的潛在傷害，包括他們處在這個劇烈轉換期的各種反應。

轉換是開放的，會帶來混亂，不過也同時帶來機會。一個有創意思考的工作人員接觸梅根這樣的個案時，會先準備好改變的基礎；長遠的目標則在使這個家庭能夠團圓。我們接觸過一些有類似問題的家庭，家庭在懷孕階段充滿忿怒及疏離，不過等到嬰兒一出生，整個情況有了一百八十度的大轉變。畢竟孩子的出生也是另一種重要的轉換，此時充滿魅力的嬰兒將成為整個家庭的重心。

38 　如果工作人員能從這些角度思考，就可以帶著耐心和細心提供懷孕時期的協助。針對某些個案的需要，他們還必須接觸核心家庭以外的人，探詢這些青少女周遭非正式網絡中的資源。這個網絡包括了祖母（外婆）、教會人員、哥哥或姊姊，以及朋友等，所有關心她以及嬰兒的人。不過除非工作人員有這樣的思緒，否則，建立支持系統會變成偶然的任務，而不是預先規畫。

非預期懷孕的轉換事件對家庭的殺傷力應該是最顯而可見的。有些時候，工作人員進行了診斷、治療等工作階段，卻還沒有領悟到家庭正面臨轉換階段，這絕對與個案的問題性質有關。麗蓮這個個案就是一個例子。十六歲的麗蓮告訴父母，自己有輕生的念頭，並且吞下大量藥物之後，被送到醫院住院。工作人員的第一個反應是採用自己熟悉的理論，從個人的病理部分著手。他們認為她是一個憂鬱、有自殺傾向的少女。不過，若進一步了解這個個案，會發現她來自新移民的家庭。工作人員應該擴展思

考的範圍，尤其是應該探討這個女兒的問題，與這個家庭由南美移民過來後，面臨改變的感覺之間是否有相關性。

這個家庭被邀請參與進一步討論。會談當中，工作人員逐漸感覺到轉換事件所造成的複雜問題，以及帶給這個家庭的重要影響。這個家庭面對新的語言、失去以往的朋友、經濟的挑戰、因為住在軍隊管理的社區所產生的恐懼感，以及女兒結交的朋友與他們的生活方式截然不同。工作人員和這個家庭對麗蓮的問題有不同的看法。前者開始看到麗蓮的症狀與環境的關係，明瞭麗蓮陷入兩個不同世界的衝突，無法解決其間的差異，以及同時生活在兩套規則之中的矛盾；而同時，從父母的控制行為也可看出他們對這個陌生文化和危險地區的害怕反應，以及耽心喪失權威地位的心情。

為改變做好準備

工作人員認清了家庭模式、脈絡，和轉換事件的影響之後，就可以用一種全新的見解討論問題，其中包括用更樂觀的態度利 *39* 用家庭的優勢。每個家庭所擁有的潛在能力，絕對大過於他們平常表現出來的重複模式。崔西的粗暴行為只是她的一部分表現。若換一個完全不同的場景，可能會看到她表現出責任心、溫柔，以及自在的幽默感；而男友專制行為的背後，其實藏著對崔西一家真心付出的心意。梅根一家，嚴謹生活規範的背後，擁有強烈的忠誠感。麗蓮一家，就像其他的移民家庭，即使在適應過程中感到痛苦，仍然有一些成功解決問題的經驗。這些部分雖然暫時看不到，卻是家庭中隱藏的一部分優點。工作人員若能看到家庭

的潛力，並且協助他們，家庭成員就有能力運用自己的不同潛力，有助於改變自己的家庭生活及個別成員的發展。

認清工作人員和案主之間，可以透過互動來影響對方的行為，也是為建設性改變做好準備的另一種方法。在助人情境中已建立的模式不一定都有用，即使一個負責任、具有善意的工作人員也可能變成問題中的一部分。舉一個例子，一位有青春期女兒的媽媽前往一間協助父母處理青春期子女問題的機構尋求幫忙，她形容自己已經到了山窮水盡的地步，描述自己與女兒吉娜之間的惡劣關係，亦提到某次自己幾乎失去理智的經驗。此時工作員的直覺反應是不由自主地同情尚未謀面的吉娜，並投以熱切的關懷。她改變了自己做為這位母親的諮商者和提供資源的角色，轉而成為為這個小女孩爭取權益的倡導者，並與她建立了聯盟；可是也因此而增加了家中的緊張度。這位媽媽深感困惑，她在工作員面前變得更防衛，跟女兒的關係也感到更無助。而吉娜也陷入分裂的狀況，徬徨在對媽媽的忠誠，以及專家介入後所帶來的權力感之間。

不過另一個不同的情況，寄宿機構的工作人員能夠認清機構處在重複（負向）模式中所擔負的角色，且能有效改變家庭。這個個案，因為十二歲兒子和繼父之間的暴力衝突，孩子屢次被送到機構。工作人員知道兒子的機構安置可以暫時解除繼父和孩子生母之間長期的緊張關係，若是不能打破這個循環，這種情況將不斷重演。因此他們幫忙這對父母，在沒有外在控制力的情況下，討論如何處理二人之間的內在差異；而且協助他們面對孩子每次接受住院治療後，回到家中時所產生的轉換問題，學習能以

平常心看待。

要改變運作不良的系統，牽涉的範圍會不斷擴展，譬如必須包括同時服務同一個家庭的數個不同機構。前面幾章討論到的機構內問題，常常會出其不意地出現在個別的個案中。不同機構的工作人員面對家庭的需求有不同的診斷看法，並且出現不斷爭論時，他們的行為也確實反映出家庭生活中的衝突情形，以及不成功的調適模式。

檢視機構間的個案協調工作，絕對是系統取向的必要任務。如果相關的機構太多，且都積極參與，就必須認清「我們已經遇見敵人，我們就是自己的敵人！」想要改變機構的參與模式，需要一些基本的簡單變化，譬如盡量減少必須參與的機構，讓協調工作能夠更順遂。此外，調整後的附帶好處還包括家庭不用再花費太多時間遊走於各機構的會議，重複敘述他們的故事，以及學會操縱機構以滿足自己的需要。不管採取什麼對策，工作人員必須關注家庭本身，以及提供協助的大系統之間處理的態度和方法有何不同，這樣才有可能促成改變。

實務技術：協助家庭改變

用較寬廣的觀點來看待相關的當事人，了解模式、界限和轉換等特質；這些方式並不能自動切換成有效的服務，尤其主要目標在於促進家庭參與，及增強能力時，更是不能保證這樣的作法能夠產生改變。很多弱勢家庭並不習慣扮演主動的角色。他們期待社福機構能協助他們（為他們找到住的地方或防止青少年子女

遊蕩街頭），或直接幫他們解決問題（把孩子帶走或安排令他們驚喜的家訪）。孩子被送到住宿機構的母親可能會因暫時得以喘口氣而高興；患者被送去接受藥癮戒治，手足們可能會因他可以在外面過夜不必回家而欣羨不已；通常，孩子被安排寄養照顧的

41 父母都會對工作人員忿忿不平。工作人員想要改變家庭的期待，讓他們成為主動解決自己問題的執行者，必須具備似是而非特質的巧妙技巧，學習如何在不重要的位置上努力工作。

我們在訓練機構工作人員學習新技巧，以建立與家庭的互動關係時，通常強調四個主要範圍：收集資訊、重新定義家庭原先的假設、探詢其他可行的互動模式，以及處理衝突。

收集資訊

收集資訊的過程從第一次接觸就已開始。第一次會面，即使工作人員仍然不了解家庭的運作方式，也能有機會表達真誠的關心，並且了解家庭成員如何看待自己的問題。通常，第一次會面的基本目標在讓家庭感到自在，且當場邀請他們一起努力。工作人員宜採低調的方式，運用下列技巧收集資訊：聆聽、觀察，及回映自己對家庭觀感的了解。家庭治療的文獻將此部分工作界定為「加入」（joining）技巧，並視為是形成合作關係的第一步。此外還包括畫出家庭結構圖和鼓勵現場重演平常的互動方式等更積極的技巧，以了解家庭如何處理各種事件及呈現彼此的關係。

加入、聆聽，和觀察

　　家庭常是在受脅迫的情況下，前來接受第一次會談，因為法庭或保護服務組織總是警告他們一定要來機構參加會議；有時他們也會自願前來，希望機構可以設法為他們解決問題。不管面對那一種情況，首先，工作人員必須聆聽家庭關心的事——他們到底發生了什麼事？為什麼？他們期待什麼？擔心什麼？他們用自己的話說出來的故事更具有真實性，就像正式場合的個案研討內容一樣真實，有時甚至更生動。一個業務忙碌的個案工作人員可能沒有耐心傾聽家庭的報告，家庭呈現的資料可能與機構的檔案記錄相衝突，可能是基於自身的利益或一些推託之詞。不過對家庭而言，他們談出來的內容就是真實的生活狀況。帶著尊重的態度仔細聆聽家庭的陳述，就是一個有用的技巧；回應自己對家庭 *42* 問題的了解，也是一種加入技巧的運用：

　　一位年輕媽媽因疏忽孩子而受到檢舉，孩子因而被暫時安置；她說：「我不知道自己在這裡做什麼？你們這些人只是讓我不斷繞圈子，我根本得不到任何答案。」

　　工作人員說：「妳打了很多場仗。」

　　媽媽繼續說：「我和她、他……打仗（指著家人，還有旁邊的另一位工作人員），我只能孤軍奮鬥。」

　　工作人員點點頭：「妳說對了！這些都加在一個人身上，實在是太多了！他們是怎麼跟妳對抗的？」

　　工作人員接受媽媽的觀點並鼓勵她繼續談下去。其實在他們長談之前，她就已經收集有關機構間糾紛的資料，雖然這不是個案檔案所要求的內容，卻有助於她處理問題。

　　家庭開始敘述自己的問題時，工作人員要用所謂的「第三隻耳朵」仔細聆聽，挑出話中隱含的意義，並且在談話中呈現出這些隱含的資訊；其中最重要的是傾聽成就和優點的部分，因為這些可能從未被公開讚賞過。我們知道，弱勢家庭表現出來的狀況往往比實際的能力糟糕，特別在他們與機構的代表互動時，他們根本不會談到自己的任何能力。年輕的媽媽向工作人員抱怨：「他們把我們趕出公寓，我們只好落腳在這個既無暖氣也沒熱水的齷齪地方。」工作人員問她什麼時候發生，她回答一年以前。工作人員用肯定的語氣說：「妳竟然能和孩子在這樣的地方住了一年，這段時間，妳是如何解決生活中的種種問題？」她開始談到自己的優點部分，而不再只強調失功能的內容；語氣慢慢緩和下來，逐漸接受環境的惡劣部分——同時強調自己所具有，可以幫助家庭生存下來的技巧。

　　傾聽與觀察必須同步進行，傳統的精神分析把治療標定為
43 「談話治療」（talking cure），不過技術好的治療師總是會注意到姿勢、面部表情和動作等非語言的線索。家族治療師也都了解，家庭的戲碼會活生生呈現在他的眼前。

　　觀察的工作始於家庭進入會談室的那一刻。工作人員必須同時留意家庭模式、互動，以及個別成員的行為。這個女孩看起來好像才哭過，這樣的事當然重要；不過工作人員必須審視所有家人的表情，注意到女孩的姊姊出現保護的神情，而媽媽則顯得不耐煩。從家庭的座位安排也可以充分看出家庭的結構和關係。誰

坐在誰旁邊？誰先開口說話？誰說得最多？誰最沉默、態度最恭順、或最不關心？哪些家人彼此支持？哪些保持疏離？誰跟保護服務機構聯繫？誰從來不出席？

有哪些不一致的意見？若是家人之間常常各說各話，此時重要的工作不是查明「真相」，因為任何一件事都只是一個部分；這時候應該首先找出家庭處理衝突的慣用模式。他們會插手互相糾正嗎？當他們這麼做時，結果又是如何？他們互相爭執或彼此羞辱嗎？祖父會和他的孫兒聯盟嗎？家人之間會互相爭奪工作人員的支持和意見嗎？有那些行為表現跟家庭的自我描述內容不一致？舉一個例子，家庭可能都同意孩子們不理睬媽媽的男友，工作人員也接受這個事實，不過當她重新觀看錄影帶時，卻發現自己當時忽略的狀況：家庭成員和工作人員交談時，最小的男孩一再靠近媽媽男友座位，且手放在他的膝上。

工作人員傾聽家人的談話，仔細觀察他們，然後挑出可以先增強的部分。以下這段對話，社會工作人員補捉到、並細心整理出家人之間所表現的關懷、聯結和互相依賴等訊息——即使這些行為並沒有受到家庭的重視：

賓拉：沒有人關心我，他們知道我一直在嗑藥，他們知道我是一個阻街女郎；我並不怪他們。

工作員：不過麗莎提過，她常會去找妳。

賓拉：嗯，確實如此！她知道在哪裡可以找到我。不過就只是這樣，她是唯一會這麼做的人。 *44*

工作員（對著麗莎）：妳為什麼會去找她？

麗莎：我們心裡擔憂，因為聽到了一些事情。

工作員：我們！妳跟誰？

麗莎：我媽媽。她聽到了一些事……鄰居們耳語一些事……所以她就叫我去找寶拉。

　　這段對話中，工作員不只強調家庭成員的正面關懷，也將「他們」這個模糊詞語轉換為特定的人，釐清寶拉家的結構圖還包括那些成員。

畫出結構圖

　　一個具系統思考取向的工作員收集的資料可以提供家庭的全貌。畫結構圖是一個具體的方式，用以記錄和分享這些資料。用圖形表現，工作員和案主雙方都可清楚看到家庭的範圍、聯結、功能和關係。

　　早在第一次會面之前，就可以先畫出暫時的家庭圖；腦子裡先存有對這個家庭的初步印象，然後再安排與這個家庭第一次會面。這個家庭圖顯示案主的主要網絡有那些成員，如同工作員從轉介資料得知，成員的性別與年齡、與被轉介者的關係，以及他們的居住安排等資料。

　　譬如，工作員可能知悉祖母申訴兩個孫兒受到虐待的事，而否認此事的孩子母親正走進來看到他和孩子在一起。個案工作員還不能掌握到某些事的真相，譬如祖母有跟這個家庭住在一起嗎？施虐者是孩子的父親或母親的男友？若是母親沒有跟孩子住在一起，父親或男友是否與孩子同住？母親有兄弟姊妹嗎？他們關係是否親近？他先畫出一個初步的結構圖形（也叫家庭圖），藉此反映出他對這個個案的暫時性看法，以及對此個案的心中疑問。（請參考圖 3-1）

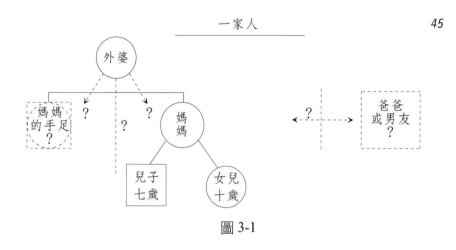

圖 3-1

個案工作員和家庭會面時，最好邀請家庭一起畫出他們的結構圖。工作員可以直接邀請家庭參與：「你們是否就在這裡畫出家中有那些人？圓圈代表女性，正方形代表男性。你們可以請其他家人幫忙。」邀請家庭成員把每一個家人的名字寫在適當的圈圈內，能夠加強他們彼此的歸屬感，產生一種「這些代表的是我們」的體會。這樣的作法可以進一步讓他們思考哪些家人的穩定性較高，哪些人善變，哪些人因為血緣關係而非常親近。

家庭建構自己的圖形，不只能提供有用的資料，也會是一件充滿樂趣的活動。不過，一個有經驗的工作員會以「這只是一部分資料」的態度來看待這個圖形。第一次畫出來的版本常會不夠完整，譬如少了某些人——也許是某一個姑姑、或大女兒的教母等——即使她們也很積極參與在這個家庭的生活當中。工作員可以利用一些有趣的問題來拓展這個結構圖：譬如「還有誰也關心卡拉的藥癮問題？」（她的祖母嗎？如果是的話，就把她畫進

來。）「她終於願意參加戒治方案，你們想，誰會鬆了一口氣？」（她祖母和姑姑嗎？那麼再把姑姑也畫進來。）「原生家庭中，是否有其他家人反對她繼續照顧小嬰兒？」（她的哥哥或卡拉男友的母親？也把他們加進來。）雖然這樣的工作模式相當有用，不過我們還是要敏銳地預留一些空間，以待將來完成更周延的家庭圖。因為通常在剛開始時，他們並不能信任工作員。隨著接觸的時間越久，工作員和家庭逐漸成為一個合作的單位，經過共同的努力，陸續再加入更多新的成員，一個愈來愈大且越趨完整的圖形就逐漸形成。

有時家庭成員之間，對於誰應該包括進來，或該把誰放在哪一個位置，會出現不同的意見。當然這些不同的意見都具有意義。克莉絲多說：「爹地也應該在這裡。」工作員問她為什麼認為他應該在這裡；她回答：「因為他是我爹地。」她的阿姨說：「好吧！我們就把他放在這裡。」不過當克莉絲多把父親的名字寫在其中一個圈圈裡面，她阿姨叫了起來：「不行，他不應該在圈圈裡面，因為他現在並沒有跟我們住在一起。」

某些狀況之下，工作員可以運用畫結構圖的技巧表現出家庭結構中比較複雜的部分。家庭成員關係的親疏遠近可藉由圖上的位置表現出來。兩條線（＝）代表關係親密，三條線（≡）代表關係過度涉入，波浪線條（≈）代表衝突關係，斷線符號（—||—）表示關係決裂；另外，也可以用不同的符號表現不同的界限性質：清楚界限（--------），僵化界限（——），以及模糊界限（……）。

舉一個例子說明，瓊斯一家包括媽媽、繼父、十六歲的路易

士、十三歲的雪寶,和外婆五個人。外婆雖然不跟他們住在一起,但一直關心著他們,且隨時都願意幫忙他們。孩子們的生父已經搬離他鄉,從來沒有跟前妻或孩子聯絡。這個家庭就跟大部分的再婚家庭一樣,媽媽和她的兩個小孩之間形成一個親密的次系統。路易士和繼父常常有衝突,媽媽總是袒護自己的孩子,與先生常為了控制權的問題而起衝突,雪寶和媽媽則一直有非常親密的關係。

圖 3-2 說明了這個狀況。外婆和其他的家人之間有一道很清楚的界限;生父和家人之間則存在僵化界限及切斷的線條,顯示他們之間缺少聯結。圖中媽媽和孩子們的位置,以及圍繞他們四周的界限都標示出這個三人小組是一個次系統,媽媽和雪寶之間的三條線代表她們的過度涉入關係。路易士和繼父,媽媽和繼父之間的波浪線條則指出兩兩之間的衝突關係。

當然,工作員也可以自己設計適合的符號說明所服務家庭的特性。這樣的圖形能夠幫助工作員思考家庭成員之間的互動關

47

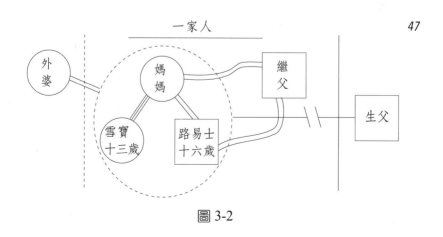

圖 3-2

係。即使是一個很簡單的圖，也可以幫助工作員和家庭成員雙方都了解家庭的範圍和所屬成員。而且藉由畫圖的活動也可減緩初次會面的尷尬，不需過分強調以問問題為談話的重點。隨著收集的資料增多，家庭圖也可以用來畫出家庭成員的穩定性和流動性、各個次系統的特性，以及家庭成員對他們生活中誰是關鍵人物的各自看法。

鼓勵現場重演

結構圖可以描寫家庭成員在家中的位置，以及彼此之間的關係；不過家人的實際行為表現卻可以提供有利線索，幫助工作員發現有效的處置策略。留意會談中的自發性事件，不只是重要的訊息來源，其本身亦是一個技巧。無論如何，工作員的角色不應該只是單純的觀察者，為了了解家庭的模式，必須鼓勵他們現場重演家庭特有的模式，這部分就需要具備更複雜的技術。

家庭成員在一起接受會談，通常會表現出他們特有的行為。即使他們小心翼翼或帶著猜疑，也會很自然地運用平常方式處理彼此間的關係和各種事件。工作員應該讓家庭成員感受到，他們有足夠的空間和機會可以自在地表現平常的面貌。這是一個蠻大的附帶條件，專業工作員在會談中佔有核心的地位，且一直被訓練要負起責任──包括對特定的人選提出問題，處理緊張及插嘴等議題。專業的助人工作員很難放棄自己這些權責，而聽任整個會談自由發展，或讓重要的介入時機平白溜走。如果家庭成員有意迴避自己的慣常模式，而把責任推給工作員，那麼通常最有效的工作模式是將這樣的互動再推回給家庭。下面一個案例，工作

員鼓勵家庭成員現場重演完整的家庭行為，就跟他們平常在家的表現一樣。個案工作員正在聆聽莫雅說明她與九歲兒子安東尼，以及七歲女兒密雪兒的相處問題時，兩個孩子正在後院玩耍。安東尼忽然推倒密雪兒，她開始哭了起來。

莫雅（帶著生氣語氣）：又怎麼了？

兩個孩子幾乎同時回答，莫雅根本不加理會，又繼續跟工作員交談。這時工作員坐回椅子，目光輪流看著莫雅及孩子們。莫雅遲疑了一下，然後朝向安東尼；

莫雅：你過來這裡。

安東尼（臉朝著工作員）：她先打我的。

工作員：我不知道，你去跟媽媽說。

莫雅和孩子們開始一段三人之間的對話

此處，工作員技巧性地選擇不回應。她藉著身體姿勢、中斷與莫雅的談話等動作以表明自己願意等候莫雅處理好這個事件。她對安東尼的反應則更直接，明白表示她既不是支持者、也不是裁判，並且認為媽媽才是最適當的仲裁者。工作員藉由這個看似簡單，卻非常有技巧的動作，收集到關於家庭模式的資料：譬如，莫雅會忽視孩子們向她求助的訊號，使得混亂的局面一再昇高；安東尼會很快向別人求助。而她也從觀察他們三人的互動中，發現莫雅如何處理孩子之間的衝突，並進一步了解莫雅的教養方式，以確定她可以嘉勉莫雅或協助她改變的地方。

雖然工作員的行為一經點明後，看起來好似很簡單，其實要求專業工作人員克制自己，並不是一件容易的事。即使是一位資

深的治療師也可能會太快介入，且說太多話。一個好的現場重
現，可以增強家庭的能力，讓他們有機會表現平常的運作方式，
並獨力探詢新的方向。家庭若抗拒這樣的安排，工作員須態度強
勢，並以主動積極的領導角色切入。

49 重新定義家庭假設

　　積極的處置，目標就在標示家庭的重點，不管是從現有的資
料中挑選出來的重點，或強調互動中呈現出來的訊息，都是工作
員的任務。這些任務，有一部分是在幫助家庭成員重新定義他們
對自己的假設。一個家庭述說自己的故事時，常常會用非常狹隘
的眼光看自己，特別是多重危機的家庭，說出來的故事都太負面
了。重新定義，就是在強調正向的部分，尋找家庭成員之間展現
聯盟及情感的指標，並且留意家庭成員因應模式中的優點部
分。

　　有的時候（或同一時候），這個任務其實是在挑戰負面的部
分。挑戰家庭述說的故事版本，並不算是攻擊行為，反而可以提
供新的選擇方向，例如幫助一個向來還沒開始就先放棄自己的孩
子，體驗如何讓自己更了解自己的新經驗；或者，幫助一個男子
了解，即使他預料自己的意見不會受到女友家人的重視，卻可獲
得他女友高度的倚重；或幫助一位媽媽體會到，其實她對自己小
孩的了解遠超過自己的想像。

　　再舉一個例子，傑米的媽媽告訴工作員：「我不想再逼他要
聽從任何一件事了……過去他肯聽話，是怕我會打他，不過這畢
竟是一種兒童虐待。」工作員繼續探究這段話：「妳的意思是不

再管教他了，因為妳唯一會的管教方式就是打罵孩子？」媽媽回答：「沒錯！我一直是如此，不過我絕不再這麼做了。」工作員就是在等媽媽這句話，她終於可以這麼回答媽媽：「不過五分鐘前，妳很堅持地要求他把玩具放回去，而他也確實做到了。」

　　家庭成員談到彼此之間的關係和優點時，常常並不了解自己的實際作為，有時，他們的行為舉止並不像自己所形容的那麼糟糕，因此，工作人員常常需要「捕捉」家庭所隱含的真實面貌。在這種時候，工作員可以重新定義談話的內容或行動，幫助家庭看到截然不同的景象。工作員與寶拉談到她的藥癮及性行為，寶拉提到妹妹和媽媽時，工作員就抓住這個時機，強調家庭間的關懷與關係；工作員與莫雅見面時，仔細聆聽莫雅如何與孩子對話，再抓住機會誇讚她的能力：「這確是相當冷靜的處理態度——妳以平靜的語氣告訴安東尼該做的事，這方法非常有效。」透過這樣的評語，莫雅重新檢視自己一向認為無力處理孩子問題的假設，重新建立一個不同的新觀感，並奠下日後改變的基礎。

　　有很多例子可以說明實際狀況並沒有想像中糟糕的情形。父母對待自己的孩子太過尖銳，放棄自己的權威或引導角色。依照家庭自己的描述，媽媽被指派當一個好吹毛求疵、無助或局外人的角色，這與事實顯然不相符合。雖然如此，工作員必須專精如何將這樣的行為用一種比較正向的名詞重新定義——並不是因為它比較準確，而是因為這樣才與事實相符，同時可以協助受挫和嚴以律己的人發揮自己其他更強壯的部分。莫雅嚴屬挑剔安東尼時，工作員可以這麼說：「我看得出來妳是一個非常關心孩子的

母親，妳有很公正的態度。」媽媽看著三個年幼孩子不斷敲打椅子，頹喪表示自己不知如何制止他們時，工作員可以這麼回答：「沒錯，這是妳的一個問題，不過妳也是一個很有耐心的媽媽。」工作員先拓展了家庭對自己的看法，接著就可以進一步探索其他更有效控制孩子的方法。

要加入這樣的評論並不是一件容易的事，不過對大多數人而言，被迫忍受非常困擾的情境時，內心能記得自己擁有的某些正向特質，確是一件有利的事。多重危機的弱勢家庭常發展出忍受挫折的能力，就如同你我一樣、加上尋求及運用助力的技巧、以寬容和同理的態度對待處在相同情境的其他人……等等能力。工作員心中了解這一點，就會更容易找到可評論的內容，且能夠使用正向的名詞重新定義家庭行為的意義。

全力以赴絕對是重要的。工作員激蕩出家庭中自然產生的假設，並製造空間讓家庭可以接觸到這些新的觀感和其他各種可能機會。不過，重新定義只是過程中的一部分，並不是最終的目標；用不同的觀點看待家庭優點和各種可能性，雖然奠立了不同行為的基礎，卻仍不足以產生改變。工作員應該提供給家庭一個真正的機會，增強談話的內容及各種想法以探索新的互動模式。

51 探索各種可能的互動模式

大部分的失功能家庭，常常只是某部分功能癱瘓而已。他們雖受困於某些運作不良的重複模式，不過因為是自己慣用的方式，自然能帶給他們一些安全感。失功能家庭常害怕改變，也不知如何改變，他們需要技術面的協助，而這正是工作人員的任

務。工作人員一旦了解了家庭模式，或幫忙他們重新定義之後，就必須積極干預以協助家庭探索新的方法，使他們得以建立過去一向缺乏的力量。

使用系統的名詞描述家庭的功能，我們可以說：家庭需要協助以建立次系統之間的新界限，並改變慣用的溝通規則；若使用比較實際的語言，我們可以說：家庭成員需要不同的聯結方式，學習較好的情感表達方式，以及擁有一套較豐富且較有效的技術以解決衝突。

工作人員為了克服習慣性行為所帶來的惰性，必須建構新的家庭互動方式，要求他們勇敢面對這種情況，並且鼓勵他們嘗試新的步驟。工作人員必須持續努力，指出哪些行為已逐漸邁向更有功能的方向，並且重新引導那些沉溺於舊模式的行為。工作人員為了鼓勵家庭能夠探索，會將家庭成員視為主要的演員，最終的目標則是希望家庭成員可以獨立執行新的行為。

舉一個例子，處理崔西、約翰和亞伯問題的工作員，要求他們一起討論學校職員給他們的壓力愈來愈大這件事。他們必須想出一個辦法，幫忙亞伯早上能夠提早起床，並且準時上學。這樣的人員組合與過去截然不同，至少是一個新的問題解決單位。約翰表示願意負責每天早晨叫醒亞伯時，崔西表示反對，她害怕他會大發脾氣，接著，工作員要求約翰和亞伯討論這個想法，崔西只在旁邊看，建立一個具有非典型界限的新互動模式。約翰和亞伯開始交談，工作員招手要崔西靠近他坐著，藉著身體的位置以強調圍繞在這兩個男人周遭一道看不見的界限，並藉著身體的接近以支持非常焦慮的崔西。

約翰說他可以在早上七點叫醒亞伯，亞伯要求七點半——如果他還沒醒來的話。工作員用一個溫和的姿勢要求崔西保持安靜，並搶先在約翰還沒表示七點半明顯太晚之前，稱讚他們有協商的能力，他說：「這是一個不錯的協商，為什麼不試試看呢！」基本上，他支持新的模式，並且在出現麻煩及爭辯之前，就在狀況有了進步時，馬上特別強調這樣的討論。這短短幾分鐘雖然只是一個開始，卻代表一個新狀況的開始。

或者，我們再想想十五歲的梅根，她住在住宿機構，與家人關係切斷、沒有聯絡，等候肚中胎孩出生。工作員邀請她的家人前來機構，一起商討嬰兒的安置問題。梅根流下眼淚，顯得難過時，她十四歲的妹妹莎拉，伸手環抱著她，並遞上衛生紙讓她擦乾眼淚。工作員提及，對全家人而言，這是一個相當艱難的時刻；不過她了解他們都很尊重生命，或許也關心著小寶寶。接著，她請莎拉協助梅根談出她的感覺、需要，並且如何將這些感受告訴父母親。工作員的步驟相當緩慢，因為她知道這個家庭不曾公開談論過感受，孩子們若沒有父母親介入——尤其是父親的參與，就不曾聚在一起討論過重要的事情。梅根告訴父親她想每個週末回家時，他始終不發一語。工作員鼓勵梅根換個方式告訴父親，這樣他才可能聽到她要告訴他的事。工作員想要幫助家庭成員能夠在困頓的情境中彼此支持，努力促進了解，並且用正常的態度看待生氣、痛苦和依賴的情緒表達。雖然正確的工作模式會隨著各種狀況的發生而逐步形成，不過工作員的介入卻是一個重要的因素。有了工作員的協助，家庭才得以順利探索各種可能性和解決方法。

最後要提到希爾瓦這個個案，我們經由資料收集、重新定義家庭假設、探索新模式等一連串過程簡要探循這個家庭。

工作員接到兒童虐待的個案通報，陳述希爾瓦太太可能用棍子毆打十四歲的女兒蒂娜。這個工作員能得到的資訊相當有限，他初步畫出來的家庭圖也只有這兩個成員，於是工作員邀請希爾瓦太太帶著蒂娜前來會談。會談一開始，他們談到被通報的意外事件，有了以下對話：

工作員（對著蒂娜）：妳記得那根棍子的樣子嗎？

蒂娜：就是掃把的竹柄。

工作員：她打妳哪些地方？

53

蒂娜：她先打我的腳。外婆叫我跑，她說：「跑」，我媽媽就打我一巴掌。然後我就跑到房間……。

工作員：等一下。妳外婆從哪裡來的？

蒂娜：我們當時在外婆家。

希爾瓦太太：沒錯，我就是那次打了她。那個週末我回去看我媽媽。我媽媽帶她去買東西，她人就不見了，而且一跑就好幾個小時，所以我打了她。

工作員：讓我問妳一個問題，妳常常這麼做嗎？用掃把竹柄打她？

希爾瓦太太：那是唯一的一次。雖然以前我也曾經打過她，但從不曾用過掃把。

工作員：妳有沒有想過，假如這件事發生在妳家，當時只有妳們兩個人，妳還是會用掃把打她嗎？讓我們假設當時妳們在自己的家，而她沒經過妳同意就跑出去了。

希爾瓦太太：她確實曾經發生過這種事情。

工作員：不過當時妳並沒有用掃把打她。

蒂娜：她不可以這麼做，這是兒童虐待！

希爾瓦太太：不是，不是因為我不能這麼做，而是我一直試著控制自己。

工作員：若是發生在妳們家，妳們家中有掃把嗎？

蒂娜：當然有，沒有掃把就不能掃地。

工作員：不過她在家從來不會用掃把打妳。

希爾瓦太太：你知道嗎，我媽媽帶她去商店時，跟著我媽媽，她知道要怎麼偷溜。

工作員：她欺騙了妳母親。

希爾瓦太太：沒錯！她在這裡可能會做同樣的事。她曾經這麼做，不過我不會讓她得逞。

工作員：那麼或許妳想用掃把打的人是妳媽媽，因為她竟然讓妳女兒逃走了。

蒂娜：她告訴外婆，如果外婆不走開，她或許連她一起打。外婆回答：「什麼？妳要打誰？我才要打妳呢！」

希爾瓦太太：不，不，不是這樣的。我告訴她不要站在那兒，否則會被竹柄打到，並不是我要用竹柄打她。我母親不喜歡我打蒂娜。

工作員（對著蒂娜）：我猜妳一定被掃把打到了，因為媽媽正嘗試幫外婆上一課。

蒂娜：我外婆會打她屁股。

　　工作員透過這段對話收集資料，並開始重新定義這個狀況。他挑出對話中被偶然提到的外婆，了解必須擴展主要的人物陣

容。接下來的討論，他重新定義虐待行為，強調媽媽和外婆的互動是一個重要因素。

工作員打算探索新的模式，利用收集到的資料，思考家庭如何使用最有效的方式探詢新的可能性。譬如，工作員注意到，蒂娜已經學會與某個大人聯盟以對抗另一個大人。她不只利用自己與外婆的聯盟，同時也藉著監督兒虐問題的公權力，增強自己挑戰媽媽的能耐。保護兒童免於受到身體傷害是州政府的重要責任，不過若是用來做為處理青少年和父（母）之間衝突的武器，就沒有什麼助益，特別是父母的行為既非習慣性，也不會太嚴重時，更是幫助不大。就這個個案，工作員決定強調家庭內現存的三角關係，並且在家庭成員和權威者之間畫下穩固的界限。他鼓勵媽媽和外婆開誠布公討論，以挑戰外婆和蒂娜形成一個聯盟對抗媽媽，同時解除了蒂娜的不適當權力地位，因為這個地位一再昇高母女之間的緊張度，並造成身體傷害。

工作員與外婆、希爾瓦太太，以及蒂娜一起會談。他要求兩個大人討論各自對於管教蒂娜的看法。蒂娜想插嘴表示意見，工作員制止她：「不可以，這是她們兩人的事情，妳不能參與。」55在討論進行當中（若進展的速度比較慢，可以等到下一次會談時）應該要幫忙媽媽或外婆，有能力從工作員身上接下防止蒂娜參與討論的任務。這是一種新的模式，家庭必須學習，並將之統整到日常生活當中，且能自動自發呈現出來。同時，工作員和家庭必須了解，蒂娜只不過是個正在成長的小女孩，想要得到多一點自主權而已。媽媽和蒂娜之間，應該考慮到蒂娜的成長，而且有了跟過去不同的需求，因此二人應該重新協商新的規則。

前面提到的所有狀況只說明了一部分情形，也只提到了某些必要的技巧。工作員必須遵循處置工作的進展，幫忙家庭練習新的模式，接受挫折，積極創造出一個屬於自己，嶄新且更有功能的現實環境。

處理衝突

本章提到的幾個案例都與家庭衝突有關，不過，如何處理衝突確是一個非常重要的問題，值得我們進一步討論。

首先，關於如何直接處理家庭的負向模式，有一個理論議題要先提出來討論，特別是對於那些遭遇過許多悲慘命運，已經習慣將社會批評視為是自己一部分的人，應該要先強調家庭的優點，重新定義負面的部分，專注在解決的方法，尊重他們的觀點並支持他們所做的努力，以增強家庭成員的能力。本章的重點就在討論如何將上述理論取向化為實際行動。儘管如此，如果家庭沒有學到如何處理他們的不一致以及忿怒的情緒，而只是強調正向部分，絕對還是不夠的！人們需要一些機制處理隱藏在內心的緊張情緒，因為這些情緒常是危害情感狀態以及破壞重要關係的禍端。

家庭成員之間的不一致意見，只是整個家庭生活中的一部分。在任何一個家庭，這些衝突意見可能勢不兩立，且無法動搖；因為搞不清楚誰對誰錯，因為尊嚴受到傷害，因為一直努力而得不到結論的挫折感，因此衝突就這麼一直存在著：「我一再告訴他，卻沒有一點幫助！」、「她沒有在聽，她根本不了解！」、「只有打才有效！」。人們在重複的模式中陷入瓶頸，彼此傷害，且無法發現其他的變通方法。忿怒情緒可能被隱藏起來，或

爆發、或昇高，有時就乾脆用喝酒或嗑藥來解決。

　　工作員能提供什麼協助？工作人員當然必須先評估衝突所帶來的危險程度。他們必須關注如何保護較脆弱的家庭成員，以及遏阻即將發生的悲劇。不過家庭衝突在成為真正的危險之前，會經過許多階段。充權（empowerment）或復原力（resilience）的其中一個定義，指的是家庭已經學會容忍彼此之間的差異，以及發展出一套解決衝突的方式。

　　每一位專業工作人員都知道發抒忿怒情緒的重要意義。如果只是因為旁邊有一個可以忍受的耳朵，或者為了紓解壓力，而允許某個案主斥罵服務體系或甚至某個家人，那麼人與人之間的誤解，應該就不難解決。不過，衝突總是超越內在壓力的範圍，屬於互動的議題，代表的是人與人之間無法溝通及解決問題的困難。如果工作人員想要幫助家庭，不能只是躡手躡腳地窺視整個現實環境。

　　工作人員要有意願，且具備能力處理與衝突相關的議題，而這需要不少的技巧。工作員需要先做好自我準備，家庭成員規避彼此之間的差異時，他（她）必須有辦法激出他們的不一致；衝突同時昇起時，他（她）可以忍受這種緊張氣氛；情況變得難以控制時，他（她）可以居間協調。或許這是一件棘手的任務，但是工作人員並非單獨承擔此責任。家庭成員常常可以成為工作人員有效能的結盟者，協助探索議題並發展出新的方向。雖然工作人員是處置行動的主要促發者和指揮者，但是他可以從家庭中選出幾個成員加以訓練、可以幫助打破沉默，或遏止大吵大鬧的場面。

　　舉一個例子，梅根的妹妹莎蕾兒就是她的同盟者，她應付父親的能力比梅根還要好。工作員要求莎蕾兒訓練梅根，教她學會如何告訴父母有關她對自己和小嬰兒的想法。沉默被打破後，父親大發雷霆，全家人都嚇得僵坐在座位上。此時工作員介入，激發出進一步的討論：「我了解你們的痛苦與失望——梅根也跟你們一樣痛苦與失望——不過她此刻更是害怕，她需要好好規畫小嬰兒的安排問題。現在，你可以和太太以及梅根一起討論該怎麼做嗎？」

　　有時，工作員就像交通警察，將某些成員排除在外，另外聚集一些成員，提供機會給某些成員發抒忿怒，以及幫助某些成員在發怒之前，就能解決問題。蒂娜的媽媽和外婆必須能用大人的身分交談，表達她們對彼此管教方式的不滿，同時不讓蒂娜參與在這樣的討論之中；亞伯和約翰必須一起協商有關早上起床的規定；同一時候，崔西坐在場外，工作員則在一旁，等候討論進行到有一些共識時，予以強調點出。就這個個案而言，工作員經考慮之後，認為這些家人在討論內容即將昇高為衝突之前，不管他們當時的計畫是否周詳，都必須先做出結論。

　　崔西和約翰必須安排他們自己的討論，探討他該如何對待她以及找出會引發他出現暴力行為的因素等問題。他們交談時，可能互相破口大罵（工作員必須忍受這件事），努力想要說服對方，因此聽不進對方的話。工作員面對這個情況，常須扮演某種角色。此時有多種選擇，他（她）可以全都採用：譬如「等一下！他沒有聽到妳的話。太吵了，而且他以前已經聽過這樣的話，換個方式說！」崔西可能又說了一些話，工作員可以說：

「很好,看看約翰是否已經了解了……問問他。」她問了,約翰
聳聳肩,回答他並沒有想要大聲壓倒她,不過他無法忍受她爬到
他頭上的作風。崔西靜默不語。工作員說:「多了解一下他的意
思。」

工作員是一個教練,有時會介入討論當中,有時則故意當個
局外人。他挑起家中的瘡疤,當每一個人都有話要說時,有時他
會舉例說明應該如何進行彼此之間的對話,如何探索話中的含
意,這時討論的時間遠超過家庭成員一向習慣的長度。這是一種
新的模式,開始產生一種新的方式解決衝突:雖然看似脆弱、仍
然無法自我維繫、而且需要不斷練習,不過對於這對夫妻的婚姻
關係維繫,卻具有深遠的影響力。

工作員也有其他的選擇,並不一定要使用非口語方式。某個
社工員面對大家同時開口說話時,可以這麼處理:他喊了「暫
停」並舉起一枝鉛筆說:「這是一枝發言筆(或魔術棒),誰拿
到它,就可以發言,其他人必須聽他(她)說話。」或者,工作
員為了讓次系統的界限能夠具體清楚,要求家庭成員更換座位,
並表示有某幾個成員必須一起討論彼此之間的衝突;而那些一遇
到忿怒場面就會不自禁介入的成員,則被安排坐到外圍,遠離紛
爭。工作員雖不介入討論,卻保持警覺狀態。如果談話在忿怒當
中停住,他(她)可以跳進來再引發討論,或對媽媽說:「正是
因為妳女兒害怕或擔心妳會打她,所以她才大聲尖叫或選擇逃
跑。妳願意花一點點時間先聽聽她說話,然後再表示妳的意見 *58*
嗎?」或者,她(他)也可以從家庭中找到一位協助者推動不同
的溝通方式。

　　技術可以包羅萬象，工作員能夠配合家庭的變化，彈性運用。某些時候，只要使用我們之前提過的技術，應該就足以應付，這些技術包括：要求人們討論他們意見不一致的地方；不要讓某些家庭成員企圖掩飾一些事情的真象或偏袒某一方；拉進某些成員扮演非典型的協助角色，且在被指定時，可以激起或緩和一些動作以調解衝突；提供說話棒、隱喻，或甚至幽默等方式以促發不同的互動方式，並且探索更有建設性的新模式以解決衝突。

　　問題討論的背後隱藏著暴力這個可怕的怪物，意見不一致會昇高忿怒情緒，而忿怒情緒會以身體攻擊的方式表現出來。工作員有責任評估暴力程度，如果決定以整個家庭為處理對象，立足點應該要很清楚：「絕對不能傷害到孩子。我們可以商討其他的解決方法，不過這絕對是基本法則，一定要改變。」

　　處理家庭衝突絕對不容易。工作員常常感到不自在且焦慮不安，強調優點、尊重及支持會令人有鬆口氣的感覺；不過機構型家庭也跟其他家庭一樣，需要找到方法可以離開戰場，又不必留下殘殺場面。或者，為了緩和形象，他們必須學習如何避免切斷家庭處在困頓時可做為支持來源的各種可能聯結。梅根和小嬰兒需要原生家庭的支持；崔西、約翰、亞伯和亞伯的姊妹應該有能力像一家人般生活在一起，協調他們之間的不一致及忿怒；蒂娜媽媽應該可以不用掃把竹柄，也可以控制自己的女兒；而蒂娜應該不需把社工員拉進來或依靠州政府的權力，而有能力大聲爭取自己該有的權利。上述這所有狀況，都可以採用「不傷害家庭成員，且不需訴諸可能造成家庭瓦解」的社會處遇方法，解決衝突。

　　工作員為了有效處理家庭衝突，需要以現實的態度評量自己

在每一個特定時刻的技術功力。他們的經驗增多，就可以進展到
較複雜的情境；並且確定在過程中，可以維持一個有固定督導和 *59*
支持氛圍的必要工作結構。不過，如果工作員的目標是希望增強
家庭功能，這些努力和冒險都是必經的過程。

家庭和大系統：在關鍵時刻提供協助

　　有許多困擾家庭的問題都發生在家庭與大系統接觸時的重要
時刻。多重危機弱勢家庭在與機構、工作員和制度接觸時，常常
無法處理得很好。有些當時出現的議題，其實與家中存在已久的
問題相類似，譬如：溝通的管道模糊、界限不清楚、解決衝突的
技術薄弱。在這個特別的情境中，這些問題又因系統的扭曲而更
加困難，使得家庭處於一個較沒有權力的地位。想要重新平衡系
統，常常需要機構內調整工作模式，並且促成不同服務之間能夠
整合協調，以產生系統的改變。

　　不過，工作員還是可以協助家庭更有效與服務系統建立關
係。他們可以透過一些用來增強家庭功能的措施：譬如保留專業
實力、釋出權力、增強家庭和機構之間的界限。雖然這些動作多
半看起來好像開倒車，其實是一些相當有效的技術。對於一向被
訓練要負起責任的專業人員而言，他們需要學習「放手」；至於
那些一向居於比較被動角色的人，則需要大膽主動向前邁進。知
道在什麼時候，以及如何讓出權力給家庭；這絕對是一個重要的
技術！

　　有些可以用來增強家庭參與的機會，或許就存在於平常與其

成員接觸的時刻。如果工作員沒有覺察到，就會因疏忽而讓機會溜走。舉一個例子，在第一次會談中，某個正屆青春期的女兒回憶童年時曾遭鄰居性侵害，工作員和媽媽不約而同同意「她需要跟別人討論這件事。」不過卻沒有人提到：這並不單純是專業人員該做的事情，媽媽可能就是一個適合的人選，或者有其他家人也很適合來分享她的感受。不同的情境，某次約定的訪視中，年輕媽媽抱著襁褓中的小嬰兒，孩子開始大哭，寄養媽媽很自然伸出手，媽媽則很快地把孩子還給她。在場的每一個人都視之為理所當然，工作員不曾建議年輕的媽媽應該自己試著安撫孩子，或者請寄養媽媽建議最有效的安撫方式。

60

就這些狀況而言，能力、權力，和專業技術仍然是整個體系的代表。若要以增強家庭功能為重點，必須具有動機打破平常的模式，並且發展出特定的實務技巧。工作員必須信任家庭成員有能力找到自己的方法，容許他們的笨拙、忍受他們又回頭找專家的行為，以及在必要且不冒犯的情況下提供一些簡單的指導技術。寄養媽媽口頭建議安撫孩子的方法，加上一些不一定絕對有效的詳細解說，就可以給年輕媽媽一些指導，既不會干擾到母子關係的建立，又不會阻礙媽媽的能力發展。惟有實際與小嬰兒接觸，她才能建立自信心以及為人父母的能力。

釋出權力的一個方式，在自動轉介之前，先努力從家庭內找到可能的資源。工作員這麼做時，必須接受「交換」的必要性。雖然家庭成員的智識或效率都不如專業的協助者，但是他們可以用一種更堅持的方式，運用自己想出來的機制。也許小男孩的叔叔，比工作員更適合教導他如何避開學校同學間的爭鬥。或許外

祖父母把孫子女帶回去照顧的話，就可以直接和女兒討論探訪的條件，而不需遵循機構的規定，以及面對工作員記錄他們怨言的尷尬場面。

　　若是家庭中出現衝突，或養育孩子的方法錯誤時，工作員特別難做到「放手」，因為他（她）必須確保家庭中每一個人的安全。不過當工作員被質疑是否應該這麼做時，卻常常宣稱自己已經掌握了「灰暗地帶」。

　　這裡有兩個簡單的例子：

　　愛瑪‧瓊斯是孫子保羅的法定寄養父母，女兒關每個星期來帶保羅共度週末時，愛瑪和關總是出現很大的爭執。工作員介入，希望她們不要在保羅面前爭吵，並宣布從此由她負責將保羅從愛瑪家帶到關家，然後再負責把他帶回來。

　　兒童保護工作員順利將懷孕的瑪格送到藥癮復健中心，這樣就不需在孩子出生時馬上安排安置，他們雙方都滿意這樣的安排。不過，工作員在某次訪視時，觀察到瑪格責罵五歲女兒的口氣非常不適當，於是她告訴瑪格，希望她在被結案之前，學會如何公平對待孩子。

　　就這些情況而言，工作員利用他們的權力地位做為與家庭成員建立關係或解除關係的手段。第一個例子，工作員防止兩個女人起爭執——至少在孩子面前。第二個例子，工作員則要求母女之間的關係能夠平等，並以此做為結案的條件。這些指令的立意是好的，是針對家庭生活所下的處方，本質上亦是正向的，不過結果卻喪失了家庭的自主性。如今，瑪格及其五歲女兒之間的關係，不再是依她們的互動關係而定，而是由工作員的規則決定。

愛瑪和關並沒有學習如何克服她們之間的衝突,她們的關係被中斷,二人之間的分歧也被擱置——一直未能獲得解決。

工作員為了幫助家庭重新獲得生活的控制權,必須抑制自己想要操縱的行為。就上述每個情況,必須去質疑這些處遇是否必要?是否真的有必要避免愛瑪和關繼續爭執下去?是否有其他比較不具操縱性的回應方式?告訴他們,以他們的情境而言,衝突是正常的現象。或許這樣的作法會更有幫助!?邀請三方共同參與會議以討論他們之間的差異性,或許會更有效果!?有時值得思考一下,工作員是否身不由己被案主拉到操縱的位置?譬如,一面挑戰工作員、一面叱責女兒的「不公正」媽媽,把工作員拉扯進去的例子。不管答案為何,工作員應該在行動和衝動之間先停下腳步,把操縱視為是一種必要的功能,而非該角色必須展現的功能。

62　　當然,操縱的姿態有時是不可避免的。若是發生這種狀況,工作員必須找到方法,避免太過操控兩方的關係。珍沒有按照約定時間到診所驗尿,工作員依法必須通知機構。接下來的一次會談中,珍和男友傑利都參加了,珍顯得氣憤。

珍:今天我並不想有這次會面。

工作員:為什麼呢?

珍:我很生氣,我只不過錯失一次檢查,你就把我通報出去!

工作員:我們定的規則是,如果你錯過一次檢查,我必須通報,所以我這麼做了,我也清楚寫下妳的理由。不過我還是很高興妳來了。我知道這些日子以來,妳對機構頗有微詞,我認

為妳不妨也聽聽傑利的想法，他建議妳如何處理這個狀況？

通常，工作員想做的是增強家庭和機構之間的界限，放棄原來採取的行動，抑制自己的專業技術，要求家庭成員一起商討相關的議題——即使是在處理與機構間的關係問題時也不例外。下面一段對話，案主是一對孩子被安置照顧的父母，工作員想要幫忙他們二人建立共體的感覺；由於他們一直有不錯的意見，若能加上同心協力，必能讓他們更具有力量。一開始，這對夫妻就先假定，自己不具有決定任何事情的權力。

工作員：妳是否曾跟先生討論過，要做哪些努力才能讓孩子重新回家跟你們住在一起？

媽媽：他又不是帶走孩子的人！那些帶走孩子的人才應該給我一些答案。沒有得到任何答案之前，我們什麼事也不能做。

工作員：妳曾經跟誰談過？

媽媽：保護服務中心的一位工作員，叫做麥克什麼的。

工作員（對著爸爸）：你呢？

爸爸：沒有！我不跟這些人談，我跟她說過，這根本沒用。

工作員：我認為你們應該攜手合作。你們現在何不一起談談，想想該怎麼應付這件事？

許多弱勢家庭都無法專注在自己的內心過程，主要的原因在於外在機構的介入已經成為他們生命中一種長期的固定狀態。一個家庭可能同時接觸好幾個不同機構，每個機構有各自的工作項目，而所有的機構都會固定介入家庭的界限當中。有時，互相矛盾的工作項目亦反映出家庭成員彼此之間的衝突態度。這些成員

和他們各自的支持者之間的關係會變得就跟家庭成員本身的關係一樣。某些工作員為了幫助家庭增強界限以區辨出與管理機構的關係，會將自己視為邊界的守衛者。他們運用專業技術以避免家庭受到管理人員的煩擾；或者每當有別人表達關切時，他們就會向對方證明這個家庭是有能力的！這樣的作法雖有幫助，不過有幾個陷阱卻是工作員必須了解的：這麼一來，他們必須面對機構愈來愈多的關切，隨時要對他們解釋這些受到保護的家庭到底發生什麼事；而他（她）也必須知道，如果他（她）持續扮演這樣的角色，家庭就無法建立保護自己界限的能力。工作員為了不讓自己成為家庭的界限，他（她）可以慢慢培養他們，提示我們前面提過的──或他們自己發明的──各種方法來表明立場，尊重家庭是一個具有內在資源的完整系統。

之前我們提過，家庭和大系統之間接觸時所發生的問題，並不能完全交由機構工作員處理，即使是技術高明或目標正確的工作員也不例外。家庭的進步與否，常常仰賴著機構運作模式的改變，以及所有服務該家庭的機構能達到協調。接下來將談到運作模式，至於有關專業人員之間的溝通問題則可見於本書其他章節。

相關技術的摘要整理

本章所提到的技術都是一些服務家庭的基本技術，結束之前，我們就這些技術的重要觀點做個總結及重述。

64　　工作員必須先思考家庭的特性（一至五點），接著必須練習

各種實務技術以幫助家庭改變（六至十點）：

1. 家庭是社會系統。他們將成員組合在一起，以固定的方式思索自己及彼此互動。家庭成員的行為隨著時間，受到家庭規則、界限，和期待的影響，而受到限制。工作員遇見家庭時，看到的是家庭中用來界定事情的各種可預測行為。

2. 家庭成員可能偏好使用某些固定的行為模式，不過他們仍然具有一些雖然很少使用、卻確實可以用來取代的其他不同模式。這個事實鼓勵大家用樂觀的態度看待各種可能性，提高動機來探索家庭中所有的能力範疇。因此，家庭評估絕對需要包括家中隱藏的各種優點及資源清單。

3. 個人是獨立的個體，不過也同時是家庭關係網絡中的一部分。呈現在工作員面前的常是「被認定的病患」，他（她）的症狀或行為被界定為主要的問題。工作員可以接受家人提出來的控訴，不過必須覺察到，症狀的控制是存在於家庭成員和案主之間的互動中。

4. 家庭歷經各種轉換期而不斷變動，在這樣的變動過程中，需要改變家庭模式以符合新情境的要求。家庭可以透過調適及逐步發展的方式回應，不過有時會陷入僵局，僅是維繫一種慣用、卻並不合適的模式。某個家庭成員的症狀或問題行為可能反映出家庭的困境。問題可能只是暫時的，工作員的功能就在幫忙家庭度過這段混亂的階段。

5. 工作員介入時，他（她）就成為家庭系統的一部分，很有可能會被家庭的力量拉入，而同意家庭認為「我們是誰」以及「我們該如何被幫助」的看法。工作員必須了解被拉入家庭系統，

會窄化了他（她）對家庭的觀感。用一種不同的方式思考家庭並強調他們的擴展能力，這件事雖然難以做到，卻非常重要。

6. 工作員欲幫助家庭改變的首要任務，在於探索他們對問題的界定方式，提出質疑並擴大家庭視為當然的事物。收集資料及探索各種可能性的技術有：傾聽、觀察、繪製家庭圖、重新定義，以及經由自發性和引導而產生的現場重演（enactment），以幫助家庭探索他們之間一致和分歧的意見。

7. 工作員是改變的催化劑。他（她）幫助家庭確認功能不良的模式，探索以不同方式建立關係的可能性；鼓勵家庭成員在任何被疏離的情況下，都能嘗試聯結並探索有效的衝突處理方式。

8. 工作員強調家庭的優點以充權家庭（empowering），不過同時也要處理衝突的部分。如果工作員無法解決衝突，可能會使得家庭成員變得疏離或爆發暴力事件。工作員必須探索這個部分，傾聽不一致的意見，幫助家庭安全處理衝突；並探察在壓力之下，建立關係的新方法。

9. 如果工作員可以抑制自己，先保留專業實力，然後運用技術先鼓勵家庭成員視彼此為可用的資源，並從他們自己的脈絡內調動可能的助力，這樣的處遇策略必定可以達到最好的效果。這種作法能將工作員帶入一個新的角色，不再像過去一樣，老是居於核心地位，且不再需要太積極為家庭解決他們的問題。

10. 工作人員應該將原生家庭視為是一個重要的資源，擴展原先他們所認為的助力來源。增加更多專業服務的請求，或許根本不需要，因此必須謹慎考慮。若是有許多機構同時為一個家庭提供多種服務，工作人員應該仔細評估這些機構是否成為助力、

或反而成為阻力，並協助取得平衡。為了家庭的利益，最有效的處遇之一，是促成組織改變，這樣，整個服務才能更合作、對家庭更友善，且更有效率。

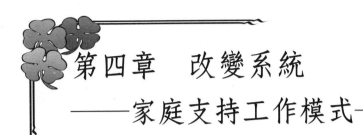

第四章　改變系統
──家庭支持工作模式──

66

　　家庭取向的實施有賴於專業人員的技術，而他們的努力能否成功則決定於機構的支持與否。實際上，這是一種互相依賴的循環關係。機構的支持，有一部分與態度有關，不過也同時與結構有關，亦即機構的政策和既定的工作模式能夠允許工作員執行家庭取向的專業技術。這樣的狀況並不容易碰到，機構內部必須常常檢視其既定的工作模式，尋找任何可能阻撓或促進家庭取向工作模式的複雜因素，並且修正原有的工作模式，這樣才能提供給工作人員一個具有支持性的環境。

　　根據我們的看法，接案、評估、計畫和執行服務等工作流程都是一個持續過程中的個別階段。如果工作員在一開始時，沒有堅持將家庭包括進來，等到後面階段就愈來愈難。想想下面這個狀況：

　　珊卓拉接受藥癮復健中心的服務，可是過沒多久就缺席了。工作員找到她的男友柯林，認為他可能可以幫忙，由他來鼓勵珊

卓拉繼續參加這個方案。柯林表示自己沒有辦法。

安琪拉是一位患有憂鬱症的媽媽，帶著四個兒女住在收留遊
民的暫時庇護所，因為違反宵禁時間而惹上麻煩。庇護所工作員
邀請她先生前來會談，先生一直跟著自己的母親同住。他一方面
用輕柔的口氣責怪安琪拉為何違反規定，一方面卻又誇讚她為克
服喝酒問題所做的努力。當時，安琪拉表現得就像個已知悔改的
小孩。可是誰知道，當天晚上她又逾時不歸。

詹姆士今年十一歲，由於在家中及學校都出現暴力行為而被
送進矯治中心。他才剛接受完三個月的治療，根據工作員的說
法，已經可以準備進行家族治療並安排出院。第一次家庭會談
中，詹姆士和媽媽起了嚴重的爭執，繼父怒氣沖沖地衝出房間，
發誓不是詹姆士離開家，就是他離開。

羅拉的新生嬰兒溫姐被安置到寄養照顧，這樣羅拉才得以參
加藥癮治療方案。羅拉每兩個星期可以與孩子見一次面。六個月
之後，兒童福利機構和寄養照顧機構決定讓她們母女團聚在一
起。寄養照顧工作員增加了羅拉探訪的次數，並補充安排羅拉、
溫姐，以及羅拉新男友一起參與家庭會談。不過，羅拉和男友似
乎興趣缺缺，並沒有準時赴約，且暗示溫姐可能需要繼續待在寄
養照顧機構，以便讓媽媽有更多的時間調適。

工作員面對這些狀況，應該可以嘗試運用剛學到的家庭處遇
技術。珊卓拉中斷藥癮治療方案而突然出現危機，以及安琪拉違
反宵禁時間時，工作員開始尋求她們家人的協助。可是面對詹姆
士和羅拉這兩個個案時，卻是等到他們已經做好準備時，才開始
連結父母和孩子的關係。就每一個個案來說，這樣的時機都太晚

了！竟然沒有一個機構懂得在這之前，就先安排與他們的家人接觸。詹姆士和羅拉甚至被刻意安排與他們的家人分開，且相信這樣才能使他們不受到日常生活的干擾，專心接受治療以解決個人的問題。對珊卓拉和安琪拉有重大意義的家人，在被正式邀請加入之前，一直被視為是邊緣的關係人。珊卓拉的男友曾經在第一天護送她到機構，而安琪拉的先生會不定期到庇護所探訪家人；不過工作員一直不曾和他們接觸過。

　　如果一開始，機構就採用不同的工作模式，接下來的進展可 **68** 能就完全不同。如果工作人員一開始就鼓勵安琪拉的先生持續和家人保持聯繫，結果會變得如何？安琪拉可能就不會違反宵禁時間；或者，如果能夠有機會公開討論先生離家的衝動行為，那麼工作員可能就不會把他視為是安琪拉的最佳資源，而可能會進一步探詢其他的支持管道。如果珊卓拉的男友參與了住院會談，並持續加入後來的聯合會談，那麼結果又會如何？也許珊卓拉就不會中途退出；或者，她退出時，他可以站在一個比較好的立場鼓勵她繼續參加。詹姆士和羅拉又會如何？在考慮詹姆士可以出院的時間點上，如果他和家人能夠更早時就聚在一起討論，那麼事情可能進展得順利些。同樣地，如果溫妲出生後的前六個月之間，羅拉和她能夠有固定時間接觸，那麼羅拉和溫妲之間的關係就會比較穩固。

　　不過家人卻常常被排除在外。就各個不同的狀況，工作員遵循既定的模式與案主互動，按照一定的工作流程進行接案、評估和服務等步驟。安琪拉申請進入庇護場所，她完全被視為是一個單親媽媽的身分；至於先生，則不被列為是計畫的一部分。珊卓

拉單獨接受藥癮方案工作人員的會談，同一時候，她的男友則在外頭等候著她。詹姆士住在矯治中心接受治療時，他的家人，不管從實質參與或精神支持面來看，都只是扮演旁觀者的角色。溫姐的母親接受藥癮復健治療時，溫姐則由不同的寄養家庭輪流照顧。這樣的工作模式一開始就以個人為關注的焦點，幾乎沒有採用家庭取向技術的空間，使得家庭成員在面臨危機或轉換點時，完全得不到實質的幫助。

家庭與機構的第一次接觸經驗，往往奠定了往後整個過程的工作氣氛，具有相當關鍵的份量。因此，我們討論家庭支持工作模式主題時，選擇先從接案開始談起。

接案：與家庭建立夥伴關係

69　　一個新個案來到機構，此時總有一些迫切的工作項目要儘快完成。接案，指的是收集資料、填寫表格，及做出決定的階段，其目的在幫助案主與新機構及提供服務的專業人員聯結。這個階段雖然不一定會帶來危機，但也絕不是歡樂時光。機構工作員會感到壓力：他們可能察覺到即將要開始一場長遠且激烈的接力賽，他們必須負責帶動、向前邁進，對轉介個案的大系統負責，並期盼他們也能以負責任的態度回應。這種心理壓力，加上必須完成機構正式表格的任務，常常主宰了整個接案過程，使得工作員習慣將工作焦點專注在個人功能不良部分的診斷（「藥癮」、「憂鬱症」、「向外性行為」、「親職技巧不良」等），以及必須填寫的機構記錄表格（例如個人史、認知及情緒狀態、診斷、

動機、預後等資料）。

若只以上面所提到的範圍做考量，那麼工作員在接案時，想要將案主的家庭納入，就變成是一件既複雜、麻煩又多此一舉的想法；即使機構有心處理家庭的部分，但是既定的政策或假設都會認為這樣的工作是日後的事，等到案主覺得自己已經準備好時再說。應該要擺在第一個處理的重點是「被認定的病患」所呈現的問題，工作模式與計畫都必須循著既定的途徑進行。

如果機構想要跟家庭建立積極的夥伴關係，通常必須提出激進的修訂版，改變慣用的工作模式。一開始，就要將家庭納入接案過程，並且幫助他們能充分參與。協助家庭從第一次接觸開始，就感覺到工作員能夠尊重、支持、且關心他們的看法。工作員應該明顯讓家庭了解，在建立解決方法的過程中，機構絕對將他們視為夥伴，而且在治療過程中，他們有必要持續參與。談完開始階段的重要影響之後，我們再仔細討論接下來的工作流程。

接下來要討論的是該邀請誰來參加，那些主題需包括在接案當中，如何評估家庭，以及如何與家庭建立關係。我們將一個步驟、一個步驟來討論整個工作流程，指出該關心的議題，該決定的事項，以及事件的先後順序。基本上，這整個工作流程是由接案的工作員負責，不過，工作員為了遵循整個工作流程，必須得到機構不同程度的支持，包括工作時間能夠有彈性、或設計新的接案表格等。

該邀請誰？

70

該邀請誰？這個問題可以回溯到家庭取向的知識背景，以及大角度的思維。珊卓拉、安琪拉、詹姆士、羅拉是被認定的病

患，而誰是這些人生命當中的重要關係人？前一章，我們從崔西和亞伯這個個案學習到，處理的對象至少應該包括約翰、崔西的媽媽，和亞伯的姐妹。同樣地，我們也要在這一章強調先生、男友、父母，和子女的核心角色，並且討論本章所提到的這四個案主的個人世界。工作員如何察覺有哪些人相關？他們如何決定該邀請哪些人參加第一次會面？

如同之前的建議，我們可以先根據轉介單上的資料繪製出家庭圖，不過也必須考慮到各種可能性。雖然青少年通常單獨前來，我們應該想到他（她）的父母，以及關心他的祖父母、兄弟姊妹或親密朋友。在小孩子的生命中，即使媽媽佔據了大部分的空間，或成為重要資料的主要提供者，通常還是會有其他的大人參與在孩子的生活當中。工作員最好腦子裡要存有一張自動浮現的人物清單，不只包括直系血親、同住的家人，也包括不住在家裡的兄弟姊妹、寄養家庭成員、教堂和學校的員工，以及過去和現在提供給這個家庭各種服務和資源的不同機構工作人員。

如果一開始就把所有人都包括進來，整個舞台會顯得擁擠，而且可能徒勞無功。不過，重要的是，先考量哪些人確實相關，然後再從這一大群人當中挑選出最適合的人選。個案工作員應該要避免受到系統分裂，或案主不穩定生活的限制，而影響到初期會談的安排。

至於實際執行狀況，則操控在工作員的判斷能力，以及現實環境之中。然而有時，真正的第一次接觸卻是發生在偶然之間。安琪拉和孩子可能是在一個凄風苦雨的寒冬夜晚，被警察帶到庇護所，看不到她先生、外婆、教會成員、或機構的工作員也通通不在場。詹姆士可能是因為在學校出現暴力行為，經由學校輔導員的緊急轉介，被媽媽送進矯治中心，繼父、兄弟姊妹、學校代

表都沒有介入。當然,整個工作過程應該從入院和填寫一些必要文件的時刻開始算起。不過,會談的安排才是重要關鍵;工作員應該保證,會儘快安排與家庭成員一起探索問題。第一次會面,工作員必須建立家庭參與的重要性,與安琪拉、或詹姆士及其媽媽一起討論誰是大家庭系統中的重要人物?誰應該出席下一次會談?

有了第一次接觸,或者從正式記錄表格中所獲得的資料,可以明顯判斷誰應該參加接案會談,不過要把他們聚集在一起,倒不一定是一件容易的事。有些家人不願參加,因為他們彼此意見不和,也可能是因為他們害怕被責怪。孩子被強制帶走的父母,可能感到怨恨或憂慮,因此跟寄養照顧機構接觸時,工作員可能發現不到任何蛛絲馬跡。詹姆士的繼父可能責怪太太要為孩子的行為負責,並且私下決定最好跟他們保持距離。珊卓拉可能因為忿怒、害怕或自尊心,因而不願讓家人介入。其他機構的專業人員在案主被轉介之後,可能不願意參加這樣的會議;因為他們的工作壓力大,本身又不熟悉這樣的工作模式。

工作員面對這些狀況時,應該表達出清楚的訊息,讓案主明瞭他們有參與的責任,如此才能同時配合機構的各種安排。舉個例子,瑞典的住宿機構可以讓帶著孩子的家庭進來住一個星期;美國的醫院主管重新設計兒童病房的空間,讓家人能夠陪伴孩子在醫院度過第一個夜晚。這些都是大膽的安排,不一定每個機構都能做得到;不過還是有很多其他方法可以傳送類似的訊息,以及協助參與者順利適應。寄養照顧機構在安排寄養安置時,需要特別用心接觸兒童的親生家庭。邀請家庭參加時,應該帶上這樣的訊息:「我們需要你們的加入!沒有你們的協助,我們很難成

功安置好你們的孩子。」

　　有時可以採用就事論事、切合實際的方式，舉一個例子，在藥癮復健診所中，可以要求家庭參與，並以此做為入院的條件。就像某個診所的主管所言：「我們可以採取這樣的立場，就像我們採集尿液樣本一樣，家庭參與接案會談，本來就是天經地義，不需協商。」同樣情況，一個孩子經安排住進病房或住宿中心時，工作員可以傳遞出「父親當然要一起介入」的訊息——而無需顧慮母親是否才是家庭對外的主要聯絡者；由於父親、上班的母親、手足，以及其他機構的專業人員，可能無法離開工作崗位或向學校請假，前來參加接案會談，因此機構需要調整服務時間，提供彈性的工作時間，包括傍晚或周末時間。

　　所有相關成員都能全部參與的理想目標，必須經過工作員的判斷後，加上實際面的考量，再做適當的調整。家族治療師第一次與一個家庭會面時，總是希望能見到所有相關的人員；不過接下來的會談，就會根據不同的目標，安排不同成員的組合接受會談。雖然機構面對的是不同的家庭脈絡，以及不一樣的複雜狀況，所接受的挑戰也各不相同，但評估的工作卻是不變的。評估的主要目標在連結案主或主要的家庭成員，而不是制伏他們。基於這樣的理由，接案時若堅持所有相關人員都必須參與，雖然有助於擴展傳統所預期的參與班底，但可能沒有什麼實質幫助。

　　就在第一次接觸當中，可以發覺被案主視為聯盟或對手的是哪些人，以及令他（她）難堪的話題是什麼。與詹姆士和媽媽一起的第一次會談中，就可以獲知媽媽和繼父二人對於如何處理詹姆士的問題，有不同的意見；而住在附近的外婆，比較贊同媽媽

的想法，並形成一股重要的影響力。與珊卓拉的談話中，也清楚
察覺到她與媽媽及妹妹之間的複雜關係、她父親曾對她性侵害，
以及家人都不能接受她的男友柯林等事實。

　　工作員獲知這些資訊之後，就要決定是否邀請可能讓會談氣
氛更緊張的成員出席會議，或者等到往後一連串的接案會談中再
建立進一步的接觸。以詹姆士為例，一開始，工作員先邀請父母
親二人出席，因為他們的意見衝突是影響整個局面最關鍵的部
分，而且一直沒有直接表達出來；接下來的會談再陸續加入乾
媽、十四歲的姊姊，及學校輔導員。為了肯定安琪拉先生的角色
並評估他們之間的關係，工作員立即邀請他出席會談；不過在往
後的會談中，則陸續增加了她媽媽、住宅工作員、安琪拉的姊
妹，以及教會的一位朋友。珊卓拉的接案會談邀請了陪同她來中
心的男友柯林參與，接下來的會談又同時邀了柯林、珊卓拉的媽
媽、姊妹——不過珊卓拉的施虐父親則一直被排除在外。

　　這些決定依據臨床的判斷，且必須考慮多重的因素。對於才
剛接受訓練的新進工作員而言，做決定時，必須考慮到他們不盡
熟練的技巧以及處理衝突事件的坦然態度。雖然每一位接案工作
員都了解服務對象不能只限於個人，應該擴大到相關的人物，不
過工作員面對家庭抗拒時，必須先估計家庭系統中衝突和支持之
間的平衡，這樣，被邀請前來參加會議的成員才不會帶來無法處
理的家庭緊張氣氛。此評估工作，可以根據主要案主的偏好做選
擇。某個診所的工作員讓個性頑抗的案主有權利決定邀請兩位家
人參與會談。他們假定，人們依據這樣的方式所做的決定可以提
供更廣泛的觀感，也可以協助案主順利渡過入院的初期階段。

接案工作可能需要持續好幾次的會談，其間陸續邀請相關的人士參加，並收集重要的資訊；即使法定所需要的資料也可採用此方式收集。不過，工作員為了能夠正確判斷每個個案的問題，必須得到機構的支持，同時充分了解整個系統的彈性程度。不管進展的速度如何，案主脈絡中的相關人員應該儘早參與，這樣他們才能了解自己在即將進行的工作中所必須擔任的重要角色，同時也可根據一個有更大可能性的基礎點開始運作。

要包括哪些內容？

接案會談有三個主要目標，第一，工作員必須傳遞「以家庭為取向」的機構觀點，並依此觀點帶動會談，這樣才能使家庭了解它的核心角色。第二，他們必須提供案主需要的資訊，並從案主身上獲得法定需要的資料。最後一點，他們必須評估家庭，尋找問題及衝突、重複出現的模式、優點及資源，以及預備可以讓家庭持續參與的方式。這些目標互相重疊，工作員必須維持相同74 的態度，教導家庭並收集必要的資訊，同時評估家庭模式。我們在前面提過的每一件事，包括廣泛的家庭概念、重視家庭的看法、尊重的態度、強調優勢取向、建立觀察、聆聽，和鼓勵家庭互動的技巧等內容，都與如何執行上述三個目標有關。接下來，我們要更深入探討這些議題，以協助讀者進一步了解。

工作員傳遞「家庭必須參與」的需求

機構要傳遞的第一個觀點就是邀請家庭參與接案會談。這是一個很重要的訊息，可以用非常具體的方式建立事情的先後順

序。雖然有人預期這樣的方式應該能讓家庭感到滿意，不過有時他們的反應卻是受到驚嚇或感覺困惑。如果他們以前曾經跟這個系統有過接觸，那麼他們可能已經是老手，身經百戰，早已熟悉大多數工作員會採取的工作模式。他們並不指望自己有機會參與計畫和服務輸送的過程，只希望能獲得更多的說明。機構的工作取向應該要合情合理，特別是因為這是一項要投入許多精力與時間的工作，有太多的理由可以解釋家庭為何不願參與，工作員應該具有足夠的機制以傳達此政策的依據緣由及其重要性。

若是被認定案主是小朋友時，工作員其實已經可以自動往前邁進一大步。大部分家庭，即使在感到生氣、受挫，或因為求助於專業人員而有解脫感的同時，仍然會覺得自己應該對孩子負責。詹姆士和媽媽來到矯治中心時，第一次會談中，工作員應該非常清楚傳達「機構絕對無法單獨改變小男孩」的訊息。家庭才是兒童生命中最有份量的影響者，工作員只有跟家人攜手合作時，才能真正提供幫助。與其為了安慰家庭，讓他們安心孩子目前已獲得妥善照顧，更重要的是保持熱切態度，隨時傳達「家庭必須持續參與」的需求。

不同的情況和年齡層需要不一樣的細節內容。一個已懷孕的少女被帶入機構時，接案工作員面對的可能是一個忿怒的家庭。家人可能覺得已經無法管得住自己的女兒，她是自作自受，他們對她已經絕望了！不過，她是這麼的年輕、脆弱，而她周遭的人仍然關心著她，因此要抓住家人的心並不困難，讓他們看到即將有一個新生命要誕生在家庭中，而原生家庭的參與與支持絕對是必要的。

　　寄養照顧機構的接案則是另一種狀況。從帶離、法院採取行動到安置，整個過程中的每件事都不斷暗示著原生家庭已經不在這個環節當中。寄養照顧的工作員必須強調孩子的親生家庭始終具有的權利及責任，並且傳遞這樣的訊息讓家庭成員明白。譬如像汪達這麼小的嬰孩，即使繼續留在機構中接受照顧，仍然必須與媽媽有情感的聯結；至於年齡較大的兒童，安全感的建立有賴於安置期間仍然能與自己的親生家庭持續保持聯繫。

　　至於成人個案，家人可能與他（她）疏遠，對他（她）有所批評，或認為成年人應該靠自己解決居住、治療或戒癮等問題。工作員為了辯解家庭參與確實重要，可以提出兩個主要的論證：首先，家庭支持是治療中的重要元素，案主的改變會衝擊到家庭生活。舉個例子，接案工作員知道，媽媽對孩子的感情投入，會是鼓勵她戒除藥癮的最有力誘因，工作員很快跟擁有監護權的外婆討論到這件事。他先幫忙她了解家庭的參與是藥癮治療方案中的一個重要部分，可以增加她女兒改善問題的可能。其次，工作員也談到改變的意涵：她女兒的進步會帶來家人關係以及居住安排的重整，並影響到每一個家人；因此家人應該一起來解決這個問題。同一時候，也傳遞出希望和邏輯思考兩方面的訊息。

　　就所有狀況而言，工作員想盡辦法讓家庭在過程的一開始就能投入其間，並為日後的持續參與奠立了基礎。要想成功達到這個目標，必須具備先前所提到的幾個技巧。工作員必須肯定家庭參與是問題改善的主要關鍵，同時也是機構的基本法則；不過，必須配合以家庭優勢為重點的情況之下，這個使命才可能成功。如果工作員能夠尊重家庭關懷的事項及當前所具有的知識，並且

表達專業人員無法單獨工作的立場，那麼家庭通常會接受自己必須參與的事實。

交換資訊及評估家庭

　　即使家庭成員已經聚集在一起，也建立了一些共識，但是工作員可能仍然難以改變慣用的工作流程。他們認為自己必須完成固定的接案形式，而這項任務可能花掉第一次會談的所有時間。如果出現這種狀況，家庭會揣測，機構只是就官方立場了解問題而已，且認為家庭成員的出席只是在聆聽機構會提供哪些服務，以及順應機構的官僚要求罷了！這些被動式的活動只是徒然讓家庭成員更覺得機構只是想掌握主宰權而已。

　　家庭取向的接案必須遵循不同的工作流程，其中一點，必須由家庭採取主動角色來界定問題及討論解決方法。工作員對於檯面上的背景資料以及各項未定的想法，內心應該隨時保持懷疑的態度，並向家庭查驗真實狀況，收集更多家庭現狀的相關資訊。這種接案模式，工作員只強調家庭願意提供的資料，譬如不同成員針對問題性質及源由，以及問題解決方法的各自看法。他們參與機構的運作過程，帶著什麼期待？以前接受過的處遇，帶給他們什麼樣的經驗？既然是同一個家庭的成員，他們有相同的日常生活作息嗎？或各自發展自己的方向？有的時候，工作員會脫離核心位置，讓家庭有機會現場重演他們的互動模式及功能運作狀況，這樣能有助於進行家庭評估。

　　如果詹姆士和他媽媽以及繼父三人能參與這樣的接案，矯治中心對這個男孩和他家人的協助就會很順利，如此工作員就有機

會了解父母各方如何看待詹姆士的暴力行為、詹姆士如何看待自己在家中的地位，及其和姊姊（表現優良者）之間的差異、家庭對於學校提出來的控訴，哪些是他們可以接受的？哪些令他們憤憤不平？詹姆士不安份拍打椅子扶手而干擾會談時，父母會做什麼處理？工作員就可以有機會評論家人對孩子的關心情形，同時也可以特別指出他們期待能處理衝突問題、有能力管教詹姆士，以及全家團聚一起的願望。

由於接案的形式顯著影響到工作員的思路及工作成效，因此機構應該檢討長期使用的傳統接案形式，同時建立一些可以加強家庭取向的工作導引。附錄 4-1 中，我們提出一個接案架構的範例，以孩子為主要案主的機構適合採用這樣的接案形式。問題項目直接關乎家庭所關心的事項、意見、期待和特質——舉個例子，原生家庭有哪些成員？孩子的問題如何影響到家庭？家庭認為最需要獲得協助的地方是什麼？他們曾經試過哪些解決方法？他們希望如何參與？他們怎麼描述家庭的壓力源及家庭所具有的優勢？

當然，每一個機構都有自己的需求及限制，因而必須建立或調整自己所適合的形式。不過，如果要將家庭視為是資訊的一個提供者，以及未來工作上的一個重要資源，接案的形式就必須考慮到這個取向。

當然，就某些論點而言，工作員需要收集過去的一些資料，詳細記錄下來，以配合機構、整個體系，和保險公司的規定；另一方面，則必須提供給案主一些實用的資訊。至於機構所要求的資料，往往可以等到第一次會談的後半段，家庭和機構已經形成

一個合作關係時，或甚至等到以後的會談時間，再開始收集。不過，第一次會談結束之前，家庭應該已經認識了機構的某些重要內涵，譬如機構的工作模式、進行的流程、這個方案有什麼特別、與之前曾參與過的方案有什麼不同、有哪些規則和管理條例範定工作員和家庭之間互動的自由程度，譬如有兒虐嫌疑的強制通報？如果接案工作員能夠暫緩釋出這個訊息，直到他（她）對這個家庭有了一些了解，並且建立關係之後，這樣他（她）就能站在一個比較有利的立場，指出機構所提供的服務與這個家庭的需求相符合的部分。工作員不必提出一大串可用的資源清單，他（她）可以做重點式的觀察和建議：「就你們的狀況來說……」，或「你們認為這種服務對你們很重要嗎？」，或「我認為你們應該研究看看這件事。如果你們有興趣，我們可以幫忙。」

　　接案時，轉介此個案的工作員或相關的機構，特別能夠提供必需的資訊，也可以協助審查過去和目前的服務內容。譬如，詹姆士學校的輔導員可以描述詹姆士再度入院時的狀況，以及當時能夠運用的服務。不過，接案工作員有責任維持會談氣氛、帶領討論議題，並且協助家庭站在最顯著的位置持續以建設性的態度參與其中。

為家庭的持續參與奠立基礎

78

　　無論工作員的取向是什麼，接案工作通常會在提出未來持續服務計畫時告一段落。如果機構採取家庭取向，接案工作就會進展到初步的契約訂立，列出家庭與機構之間未來關係的內涵。若是住在矯治中心，契約內容會包括家庭會談的次數、孩子有緊急

狀況時可以聯絡的親人，工作員有責任告知家庭治療流程，以及孩子在機構中的生活細節。寄養照顧機構中，契約的重點包括親生家庭的探訪次數及地點的安排、雙方家庭保持聯繫的方式、確認家庭參與重要事件（如：醫院約診、生日宴會或學校活動）的方式。至於藥癮復健診所，可能會要求家庭公開支持案主為戒治所付出的努力，同時鼓勵他們參與多元家庭團體以協助猶豫的成員能夠重新加入。

培養夥伴關係並協助家庭繼續向前走

整個接案過程都已經成功完成之後，案主及其家人就可以充滿活力展現自己，並與機構建立關係。不過接下來的日子會是一段飄浮不定的時間，此階段容易出現危險：因為機構和家庭都已形成穩定的工作模式，二者之間已經不需要太多的互動，此時就有賴於工作員將氣氛維持在生氣蓬勃的狀態；機構應該要主動積極，並且找到方法與家庭保持聯結，幫助他們可以繼續參與其中。

外展（Outreach）

工作員要建立與家庭之間的關係，必須在制度上做一些簡單的改變，譬如整修環境，讓人感覺更舒適且提供更多的公共空間，或者擴大中心所舉辦的活動，讓家庭也有機會參與。不過，想要持續與家庭保持聯繫，也需要直接提供外展服務，再加上特別用心處理家庭的抗拒問題。

外展服務，應該視個案的個別狀況而定。工作員了解詹姆士

的父母都很忙碌，又有其他小孩要照顧。時間慢慢過去，他們二人總是有一人不能參與會談，而且兩人都不曾問過孩子在機構中的行為表現或學業的進展；這時就有賴於工作員，在兩次約定會談之間，按時打電話給他們，告訴他們想知道的訊息，以及詹姆士在機構中的所有行為表現（他們有權利獲知這些訊息）。

再來看看羅拉，剛剛當上媽媽，卻不能跟孩子住在一起；她也知道別人認為她還不夠條件成為一個稱職的母親。她完全沒有期待自己能有機會參與討論與孩子有關的事情，也從來沒有想過寄養父母會邀請她一起陪孩子到醫院做檢查；寄養家庭也不曾想過，即使沒有機構的允許，自己也有權利做這樣的安排。不過工作員可以這麼建議雙方，灌輸他們一個新的觀念，並培養雙方的關係。邀請生母一起陪孩子看醫生，可以延緩她與嬰兒漸行漸遠的速度——雖然她自己並沒有覺察到這個事實！這樣的安排，使她能夠跟得上孩子的發展歷程，讓她的疑問可以得到解答，幫助她有妥善的準備；有一天，當孩子回到生母身邊時，她就有能力處理各種狀況。這種探險式的安排，使得所有關心這個孩子的大人，都能建立共同的經驗。

某些外展模式已經成為通用的政策。以懷孕少女為服務對象的某個機構，工作員制定一項策略：一星期與案主的家庭通兩次電話，討論的內容不是針對問題、也不是為了行政庶務，純粹是為了關係的維繫。大部分的父母已經習慣只有在孩子出狀況時，才會被通知。一開始，他們驚訝工作員打電話來只是為了聊聊天、交換資訊；不過慢慢地，這項服務逐漸成為一種雙方認可的溝通管道。

　　如果機構工作員能夠集思廣益、一起構思有哪些實際的作法可以保持與家庭之間的聯繫，或許他們會想出許多可以實際執行並可編列成冊的好方法。以下是一些來自診所、寄養照顧機構、中途之家、日間治療方案的例子；事實上，這些方法都可以廣泛運用到不同的領域：

80　　機構可以重新整修空間。某個寄養照顧機構，把幾間小臥室改裝成一間大房間，足夠同時容納好幾個孩子，以及他們的原生家庭和寄養家庭的成員；另一個機構，為了達到上述目的，在某些時間開放會議室做為會客室使用；以患有藥物依賴問題的母親為服務對象的日間治療方案，機構安排空間放置嬰兒床和玩具，媽媽們參與方案活動時，孩子就可以跟在身邊；某個中途之家，會議室裡的桌椅經重新佈置後，家庭就可以自在地與工作員相處在一起。這些例子，雖然各自執行的細節不同，不過都具有一個共同的主旨：能夠測試環境的彈性程度以創造出親善家庭的環境氣氛。

　　另外也有些例子則涉及方案的組織。許多機構提供親職課程給被認定的案主，不過也有一些機構選擇擴展界限的作法，鼓勵伴侶、配偶，和祖父母也一起來參加。某些機構在案主週末返家外宿的前後時段，固定會安排家庭會議以了解外宿期間所發生的事情；有些中途之家會邀請家人前來討論案主在機構中發生的事件，甚至有時會邀請某些案主出席工作員的個案討論會。當然，新的措施絕對需要工作員投入更多的精力與創意，同時行政部門的積極參與也是非常重要的影響力量，特別是需要改變環境設施或調整工作員的工作時段及工作項目時，更需要

行政部門的配合。

　　只是針對家庭進行外展服務，並不足以做為增加接觸機會的手段。有時，主要案主會抗拒自己家人的參與，他們不是預期家人的參與會給自己帶來悲傷，就是因家人的出現而感到羞愧與防衛。工作員可以放慢腳步，但不是就這樣放棄。其實還是有很多機會可以將家庭的議題提出來討論，找到方法強調問題之間的相關性，解除家庭擔心參與後會帶來不良結果的憂慮，並且協助他們做好妥善準備以真正能參與家庭會議。

　　芭芭拉就是一個例子。她拒絕邀請媽媽和姊姊出席藥癮戒治診所的聯合會談，她爭辯自己應該自立自強，而親人的批評態度只是讓事情變得更複雜。不過，輔導員從第一次會談開始，就肯定這些人對芭芭拉生命的重要影響，而且芭芭拉在面對未來戒除藥癮的搏鬥中，她們會是重要的關鍵人物。工作員花了幾次個別會談時間探討芭芭拉的家庭關係。每當芭芭拉提及過去幾次會談中一再談到的主題——譬如她交往過的男友都有暴力傾向、她難以抗拒藥物的誘惑、她在幼年時受到寄養照顧機構虐待的經驗，這時輔導員就會技巧引導她媽媽和姊姊參與討論，她們怎麼看待芭芭拉的男友？她們與男人的關係如何？她們是否也想念芭芭拉被安排寄養的小孩？

　　工作員的探討方向掀開了不會令人太訝異的真相——芭芭拉覺得母親排斥她、她嫉妒姊姊、她渴望與她們二人重新建立關係卻不知從何著手。一旦這種情感的聯結變得清晰，芭芭拉自己就下了個結論，認為如果能夠再與媽媽和姊姊和好，其實是個不錯的想法。之後的幾次會談，工作員都邀請家人參加，因而解決了

她們之間的一些緊張關係，芭芭拉也更深刻感受到家庭對她的支持。接著，輔導員提出好幾個方法以協助鞏固家人的關係，譬如鼓勵芭芭拉有事要談時，可以主動打電話給姊姊；建議芭芭拉邀請家人參加診所舉辦的活動；協助安排芭芭拉的孩子回到外婆家，讓他們母子有團聚在一起的機會。

若是碰到像詹姆士父母這樣的個案，家人開始沒有按照約定時間探訪孩子時，此時工作員面對的是一個兩難的情境。如果他們有耐心適應這種「不出現」的模式，繼續約定「下週同一時間」見面，那麼他所傳遞出來的態度是「你們的反應全在我的預料之中，這也沒什麼了不起。」不過，如果他們把焦點放在父母缺乏責任感的部分，最後他們可能會站在「原告」的立場，讓家庭處於「被告」的對應角色。

面對這些狀況，工作員選擇的工作模式，必須能夠達到一種微妙的平衡狀態。他（她）以堅持不變的態度纏住家庭，強調家庭出席的重要性，但又不至於造成對立的局面。最重要的一點，表達出來的訊息必須強調一個基本的事實：孩子和工作員需要家人的協助，才可能產生令人滿意的結果。雖然這段話看似枯燥冗長，卻也是一個不需爭辯的事實，而這樣的事實更驗證了工作員努力以赴的必要。

82　　某些狀況之下，可以使用電話或寫信方式以保持聯繫。針對這樣的個案，工作員向家人提到他（她）與孩子討論過的議題，同時強調家人應該一起來解決問題。譬如，工作員建議詹姆士的父母應該聽聽孩子的心聲，了解他自己如何跟姊姊相比，如何看待別人對他的批評，以及為什麼父母只根據自己的意見就可以改

正他的錯誤想法。接下來，可以把約定的時間改在次日，或儘可能提前，而不是一味在那兒兜圈子，等候下次固定的約談時間才進一步處理。

　　寄養照顧工作員的工作觸角延伸到孩子的原生家庭時，因為他（她）也負有監督父母行為的責任，所以往往會面對一個特別複雜的兩難局面。這是他們工作內涵的一部分，而且機構主管絕對不可能放棄，因為這項工作可以帶來更多的權力──譬如保護服務的裁定以及影響法庭的決定。工作員若是不願執行這項任務，比如在約定好的訪視時間爽約，事後他必須提出合理的解釋理由，因為我們常常被告知「法官必須了解這點」。處在這樣的情境之下，機構和家庭之間的夥伴關係往往成為權力爭鬥的犧牲者，而無法付出精力為孩子的福祉共同努力。

　　若是機構負有監督父母行為的責任，那麼要維護夥伴關係，就必須雙方都能承認工作員擁有控制權的角色，並且能夠有一些方法可以區辨這個角色與夥伴關係功能之間的不同。有一些機構，將工作員兩兩組合成一個團隊，其中一位負責執行機構的行政規定，另一位則盡情投入於增強機構和家庭之間的關係。不過大部分機構限於人力的不足，大都由一人身兼二職。也有機構別出心裁，真的讓工作員準備兩頂不同顏色的帽子，會議進行中，視不同的需要而戴上不同的帽子。我們雖然很少提到運用幽默、隱喻、或開玩笑的方法，實際上卻經常用得到這些方法以降低家庭和工作員的緊張關係，並促成兩方的情感聯結。

回家探訪

　　外展的作法常常是希望能將家庭帶進機構內，不過有時也可
83 透過探訪來保持雙方的聯繫。安排家庭探訪，工作員需有足夠的
敏感度察覺家庭的願望和反應。工作員應該讓家庭知道他（她）
真的很想多了解他們，見見家中的其他成員，瞭解他們日常生活
的習慣和環境。在家庭熟悉的地方與他們見面，通常可以充權他
們，不過也可能讓他們感到被侵犯或生活型態受到批評。毫無疑
問，工作員必須帶著尊重的態度進入家庭，而探訪的目的應該設
定在接觸及溝通。

　　探訪當中，雙方所傳遞的訊息內容決定於他們之間已建立的
關係。一個技術熟練的工作員，可以直接處理當場發生的衝突，
或者也可以只是轉移話題，之後再另外安排適當時間進一步處
理。通常，工作員都喜歡選擇主要案主在家的時候處理家庭的緊
張關係。不過也有一些例外，譬如，孩子陷入父母重複不斷的婚
姻衝突當中，工作員若想在家訪時處理這個議題，必須挑選孩子
不在場時才適合進行。同樣地，工作員需要預先電話通知訪視一
事，至於如何決定，則有賴於個別狀況以及工作員的技巧純熟度。

　　對於住宿中心來說，探訪是一項絕對必要的工作。它的功能
在於持續與家庭保持聯繫，並為接下來的處遇工作提供合乎當前
狀況的實際資料，包括父母之間的緊張關係、或是家中某個大人
的物質濫用問題復發。訪視也可以為家庭未來的重聚目標提供一
個預習的機會。不過，機構政策並不一定都是這麼溫和。有時，
獎勵與懲罰的哲理會決定一切，而不是以「探訪為問題解決過程

的一部分」為主導概念。

　　除非家庭探訪的安排有安全性的威脅，否則機構不應該隨便縮短或削減探訪的次數或時間。週末能不能返家，絕不可拿來做為獎勵或懲罰案主在機構中行為表現的手段；而寄養兒童是否能返家探訪，也不可以用父母是否有配合治療計畫做為評價標準。這些操控式的工作模式是否真的能改變行為，並沒有足夠的證據，不過它們所傳遞出來的訊息卻是：「遵從機構規定的重要性遠超過與家庭維持穩定的關係。」

　　如果探訪當中發生一些意外事件，雖然會帶來緊張，卻不至於產生危險，工作員可以將這些意外事件放到案主、機構和家庭之間逐漸形成的關係脈絡中討論。把衝突的出現視為是一種正常 *84* 的現象，特別是出現在這些雖沒有住在一起，卻嘗試彼此調適的家人之間，更是不令人意外。實際上，每一次的探訪都包含著案主和家人之間的一連串轉變。家庭必須拓展他們的行為模式，將案主包括進來，等到探訪結束後再重新整頓；案主則必須在已經適應了機構對他的期待之後，再學習適應家庭的狀況，然後又要重新適應機構的例行要求。這樣的工作並不容易，工作員與家庭會面時，應該把它當作一種正常但艱難的現象來討論。

變動階段：出院／重聚

　　最後要提到的是關於「變動」的議題。某特定機構的服務方案結束之後，會帶來一段轉變的階段，任何的改變，即使是正向的變化，都會伴隨著不確定和不自在的感覺。矛盾的是，在這個更容易受到傷害的關鍵點，家庭所能得到的支持力量卻常常自動

減少或根本完全消失，以致於才剛從工作員個案名單中刪除的個案，很快又變成一個新的個案。

　　機構為了減少出院後，案主的問題又惡化，應該要好好修改出院的工作流程，以加強對這個階段的重視。成功的轉銜有賴於事先妥善的準備，小心處理案主將面對的人和各種狀況，不管是家人、新的寄養家庭、中途之家或不同的機構。大家要有機會先接觸新的安置地方，知道這是他們將要居住的場所；而新環境中的人員也必須準備妥當，以接受新進或再度進來的案主。適應是一個持續的過程，在轉變之前、之後及進行期間，不斷地發生。

　　機構安排工作模式，應該讓工作員有時間準備轉變的適應事宜，以便日後能夠協助案主和家庭。汪達回到母親身邊時，羅拉和男友需要一位與他們關係良好的工作員協助他們順利度過初期的適應階段；安琪拉找到住的地方，先生又跑回去跟他們同住時，庇護所的工作員需要幫忙處理這個變動，或協助他們找到一位合適的人幫忙他們；珊卓拉離開復健中心，又與男友同居時，工作員應該要為他們安排幾次會談以討論轉變事宜，以及她與家人之間關係的改變；詹姆士重返家中，工作員需要安排事前的家庭探訪以及事後的追蹤工作，協助他們處理憂慮情緒，以及為了能住在一起而必須建立的生活模式。

　　這些工作都是機構政策的一部分。為了因應改變，必須額外安排事前準備的會談，因此需要得到機構的認可。案主正式出院後，工作員仍需持續介入案主家庭生活當中，這樣的安排也必須讓機構主管體認到，這項工作是工作員在這個階段所必須擔負的職責。若機構能夠了解，這樣的作法其實是服務家庭最經濟實惠

的一種方法，而且執行起來也會比較順利，同時又可減少適應不良以及重蹈覆轍的問題發生。機構中，總會有一些個案，因為問題有了改善，且因為工作員對他們的離開充滿信心，因此有了變動。但是，在這整個過程的最後一個階段，若是忽略轉變階段所需要的預備工夫以及支持工作，因而產生一些原來可以避免的不良影響，會是一件令人惋惜的事！

附錄 4-1　家庭接案中，建議詢問的問題[註]

背景資料

　　＊家庭中有哪些成員？

　　（如果沒有人自願回答，工作員可以詢問除了孩子和父母之外，是否有祖父母、兄弟姐妹、叔伯或姑姨等人。也可以詢問是否有一些雖不是家中成員，卻對家庭很重要的人，譬如乾爹或乾媽。若可能，盡量收集資料以完成家庭圖。）

孩子的問題

　　＊為什麼孩子會在這裡？家庭對這個理由有什麼看法，家人之間是否有不同的意見？

　　＊問題第一次出現的時間？當時，孩子和整個家庭的生活還有什麼其他的變化，？

註：這些問題取材自 Ema Genijovich 編制的格式，再經作者修訂而成。可提　　供給機構作為補充問題使用。

86 ＊還有什麼人受到孩子問題的影響？如何影響？

＊家庭試過什麼解決方法？

＊是否有兒童福利、醫療、法院，或教育系統介入孩子及家庭的生活中？對他們有實際的幫助嗎？

（如果孩子並沒有問題，只是因為家庭的困境而被安置到機構照顧，就可以把詢問的重心放在了解家庭所認為的孩子特質、發展及關係。）

家庭的優勢及壓力

＊家庭具有哪些優點？

（應該花一些時間在這個部分，如果家庭答不出來，詢問有關家庭的支持系統、因應機轉、家庭引以為傲的特質，譬如家庭忠誠度、復原力、相互尊重的態度、保護和教育子女的用心……）

＊家庭面臨哪些壓力？

（考慮社會和經濟方面的因素，譬如失業、種族歧視、無家可歸、教育程度低、移民身分、語言困難，以及個人和家庭方面的因素，諸如生病、藥癮或酒癮問題、家人過世、離婚和婚姻觸礁等問題。）

家庭的期待與角色

＊家庭對機構的期待是什麼？他們希望達成哪些願望？他們最關心、且希望優先處理的議題是什麼？

＊既然家庭成員是機構在協助孩子問題時，一個非常重要的要素，那麼有哪幾個人應該出席每一次的會談？

　＊機構如何接觸某些雖不常出現，但是可能成為寶貴資源的
家庭成員？

第二部分
運用在不同場域的處遇方法

87

　　現在我們要把討論重點轉到特殊的服務輸送領域,以下幾章將談到寄養照顧、針對藥癮懷孕婦女的治療、兒童精神科病房及住宿機構,以及提供給家庭的到家服務。一開始,我們先提出一個適用於所有領域的通用架構,針對每一個個案採取系統取向、家庭中心的工作方式描述問題,將前面提過的技術及工作模式運用到每種服務領域的個別情況之中。

　　以下各章的主要內容都與拓展(expansion)和合作(collaboration)有關。不過,因為每一章幾乎都是獨立的章節,所以不太容易看出它們之間的共通點。每一章都包含個案的資料、會談內容,以及案例,不過各章所依據的經驗卻各不相同,每章呈現的內容大綱也都不一樣。在寄養照顧這一章,我們提出一個完整的模式,以及一套訓練架構;藥癮這一章,個案的發展史絕對是不可缺少的內容,另外也討論到,要將一種新的工作取向帶入一個既定的系統中,可能出現的各種問題,此外也談到各種可能的革新和拓展;兒童精神科病房及住宿機構這兩章,則定位在比較寬廣的架構,內容包括這些服務的特性和組織如何受到社會及專業勢力的影響;最後一章,「家庭取向、到家服務」為標題,探討的是「伊甸園裡的麻煩」。我們想要討論這個工作取向的前瞻

88

性，以及無法有效執行的阻礙因素。雖然每個領域之間的型式各不相同，不過對於拓展和合作的基本關懷卻是一致的，因而形成共同的焦點：大家都同意必須以更廣泛的眼光思考、超越以案主個人為主的思緒，且應該將相關系統之間零碎片斷的部分聯結起來。

我們並沒有幻想能很快找到方法解決各種問題，撰寫這幾章，主要是提供新的工作方法，以取代慣常的作法。利用家庭圖以探索新的解決方法，其實比使用舊方法更難，不過達到目標的可能性會增加不少。這種處遇模式需要不斷調整以配合不同的環境，這些簡短的案例都只能做為指導原則，而不是既定的公式，協助工作人員做好準備，保持開放的態度面對正在發生的事，同時也擴展了他們的工作重點。

讀者閱讀這幾章，最好牢記另外兩個重點。

第一點，孩子是這本書的重心，每一章都涉及會影響孩子福祉的各項服務。寄養照顧、兒童住宿機構或兒童精神科病房所關心的重點自然十分明顯，不過其他領域也不例外。物質濫用一章談的是懷孕婦女及其新生嬰兒的問題；到家服務的一章討論的是孩子面臨被安置的高危險群家庭。雖然孩子居於核心地位，不過我們並不直接處理發生在這些孩子身上，有關發展和適應方面的嚴重問題。部分原因在於這些問題大都已經受到許多專業的重視，同時也因為我們認為孩子的問題不可能只是從單方面了解或從單方面處理就可以獲得改善。為了幫助這些孩子，必須在與他有關的環境脈絡之

內工作：包括這些孩子的家庭，以及負有照顧責任的各個系統。

　　第二點，比起第一部分，以下各章談到的內容及列舉的案例，會比較貼近讀者的工作職場——與寄養照顧的工作員、藥癮諮商員或精神病院的臨床心理師等專業人員，每天所面對的工作內涵更相關。不過，要牢記一點，此處分隔成不同領域的作法，並不能代表從孩子觀點所看到的真相。為了能深入討論，我們不得不切割整個範圍，一次只討論一個議題。不過我們很清楚，相同的多重危機家庭會不斷重複出現在所有的不同領域之中。物質濫用、無家可歸、寄養照顧等問題，即使從個別觀點來定義問題且由不同的機構處理，不過都可能同時出現在某個特定家庭，不同成員的真實生活當中。

　　世上沒有幾個人能夠以全天下為己任，專業工作員必須在機構組織和職責界定的架構內運作。不過，能夠秉持「家庭議題常常橫跨在不同界限之間」觀念的工作員，比較有能力了解案主的行為及其所關心的事，而且可以有更充分的準備，為他們所服務的孩子及其家庭的福祉加強必要的接觸機會。

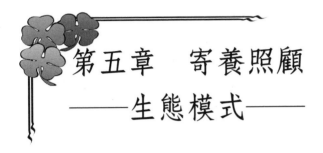

第五章　寄養照顧
——生態模式——

　　或許很多人聽到接受寄養照顧的兒童人數會嚇一跳：一九九○年代的末幾年，全美國有接近五十萬的孩子接受此類照顧，而且人數不斷增加。Coontz（1992）提醒我們，「媽媽、爸爸守護著孩子，協助度過青春期，並邁入成年的工作生涯」——這種用來描述核心家庭的形象，實際上情感的意義已經遠超過實際狀況。早期，家庭中若父母之一過世，或經濟發生拮据，意謂著許多孩子必須在單親家庭中成長，或被送出去寄養。不過，當今的狀況卻令人困惑：現在我們更常聽到的是因為心理受創傷問題而將孩子與家庭分離，一九九○年代末期形成的風氣和立法內涵，看到的趨勢是安置個案增加、父母監護權提早中止、收養制度被大力鼓吹，以及以營利為目的的孤兒院愈來愈多。

　　當前趨勢的發展受到許多因素的影響，包括經濟方面考量、工作效能，以及社會為保護兒童的法律議題等。當然，有一些虐待和疏忽個案的報告確實存在。對於嚴重的個案，絕對需要儘快

發現，且將孩子從潛在危險的環境中解救出來。不過，將孩子從他們的家庭帶出來時，有很多狀況並沒有做很好的處理，而這樣的措施被認為是理所當然時，接下來的過程既不能有助於孩子的最佳發展，也無益於家庭運作模式的改變。這個領域的工作員面

92 對的挑戰是如何建立一個理想的寄養照顧系統，有效率、賦有同情心，又能保護孩子，同時也可以兼顧維護父母的權益，且可以增加家庭妥善照顧孩子的能力。

寄養照顧所宣稱的目標，一直反映這樣的哲理，並且強調目標在於減輕過份負擔家庭的壓力、在過渡期間協助照顧孩子，及在安全且合宜的時機儘快幫助家庭團圓。不過，就實務面來說，評估、安置，和持續服務的過程卻常常造成基本目標落空，因此整個架構和工作流程應該有改變的必要。我們的工作就在強調如何讓寄養照顧實務工作更貼近實際的目標。

本章描述的寄養照顧方式，發展於一九八○年代初期，整個模式以家庭和系統的一般概念為基礎，加以調整後用在寄養照顧的特定情境中，接著又運用在寄養照顧機構工作人員的訓練課程中。註

通常，這個取向的目標在於降低傷害，建立家庭優勢，並且增加成功團圓的可能性。這個模式為了達到目標，特別強調系統中各部分之間的聯結、孩子家庭的充權，以及專業工作人員和寄養家庭及原生家庭成員的角色延伸。這個模式是獨一無二的，但是它所設定的目標卻可以與以家庭為取向的其他機構通用。譬

註：米紐慶創立，此模式建立初期，由 the Edna McConnell Clark 基金會以及紐約州政府資助，並由 Family Studies, lnc.的工作人員負責執行。

如，Annie E. Casey基金會在一九九〇年代，幫忙許多家庭參加家庭倡議方案（Family Initiative），而家庭中心實務取向的國家資源中心（National Resource Center）也分享了一些研究資料，描述具有相同目標的寄養照顧服務成果。

本章我們要討論如何將前面提到的概念架構，專門運用到寄養照顧系統，另外也要說明寄養照顧機構中的訓練過程和諮詢工作。一開始，我們先介紹大都會區域的寄養照顧組織，公部門、法院、寄養照顧機構的參與情形，以及從第一次問題描述開始，經過安置和各個不同步驟的整個工作過程。這樣的氛圍就是我們第一次執行這個模式的地方，而其表現出兼具支持性及破壞性的特質，正是我們想要改變該系統的地方。

運作的氛圍：大系統及安置過程

寄養安置的過程通常始於一通打到保護單位的電話，舉發通報一個疑似兒童虐待或疏忽的個案。調查員進到家中，經過了解後，可能認為沒有足夠的證據而撤銷，或者認為該情況只需提供直接服務給家庭即可。另外一些個案，工作員認為有必要將孩子帶離家庭提供保護。有時這樣的決定非常正確，有時卻令人質疑。如果只憑有限的資料就做出決定、或主觀判定弱勢家庭一定對孩子有負面影響、或根本只是工作員擔心若將孩子持續留在家裡，必會繼續受到傷害，那麼這樣的決定必定會受到批評。某些釀成悲劇的個案引起社會大眾重視之際，整個體系立即以一種非正式的新指示回應──「只要有任何懷疑，就該把孩子帶離」。

　　孩子被帶離之後，通常就被送到寄養照顧機構，並且從已認可的名單中找到適合的寄養家庭，再繼續監督接下來的照顧情形。法院公聽會及法律的進行程序，由分別代表孩子和家庭的雙方律師及個案工作員，共同定下他們全家團圓的日期。處遇計畫可能包括藥癮治療、親職課程、尋找適合的住所，以及（若有需要）個人諮商。接下來要採取的行動則需法院的審查，法庭根據兒童保護單位及相關機構報告，得知孩子的進展情況後再做考慮。

　　安置期間，探視的安排各不相同，不過有一些共通的模式，特別是在因距離遙遠、彼此難以共聚一起，或機構以保護寄養家庭為優先考量的情況之下，更是會特別注意這些固定的模式。有許多個案，原生家庭並不知道被託付照顧孩子的家庭住在哪裡，也不知道他們的電話號碼；所有的工作完全交由機構安排，可能每兩週探訪一次。法庭指示孩子可以回家探訪，孩子就由機構工作員陪同回家。原生家庭與寄養家庭之間的聯繫少之又少。

　　這種作法的立意旨在保護，不過太局限於個人部分，以致於很少有機會了解我們之前所提到的家庭聯結、法庭判決的態度，以及服務系統的分立切割，因此無法提供一個最理想的服務模式。處在這些狀況之下，這種趨勢在所難免。於是，孩子的親人開始無法按時來探訪，孩子和寄養家庭之間逐漸產生情感聯結，而漸漸與原生家庭疏遠。整個過程幾乎不曾支持過家庭或鼓勵他們能夠再團聚。如果確是如此，整個服務注定會失敗。因此，這裡要介紹一個不同的作法，我們會同時強調引導的概念介紹及實際的工作模式。

生態模式：六個基本概念

　　寄養照顧具有一些獨特的特性。寄養安置不同於大多數的社會服務方案，因為它同時牽涉到兩個家庭：原生家庭和寄養家庭；另外也包涵了兩組由機構聘用的受雇者：專業工作者和寄養家庭。我們進入一個機構時，會採用生態的觀點檢視，也就是說，我們會考慮到整個結構的複雜性，包括思考方式、目標設定以及擬定訓練方案等眾多要素。

　　生態模式有六個基本概念，以下分別詳細討論。

寄養安置創造出一個新的三角關係

　　一旦孩子離開家，被安置到寄養家庭，很快會形成一個新的三角系統，包括原生家庭、寄養家庭，以及寄養照顧機構。不過，寄養照顧系統常常並不承認這個事實。因此，一般的工作模式容易造成兩個家庭完全被分開，而被切割的服務常常意謂著專業工作員之間無法建立關係聯結。

　　如果我們要觀察那些生活在自己熟悉脈絡內的人們，並同時考慮到一個比較大的場景，那麼我們最好能了解，共同參與處理孩子問題的兩個家庭和機構，他們之間的關係如何建立。在這個網絡之內，有幾個重要的次系統：原生和寄養家庭的組合、社會工作者和寄養家庭組成的團隊，以及同時參與在兩個家庭的不同模式、且介入兩個家庭脈絡的孩子。從這個模式的觀點來看，一個高等級的三角關係以及其所屬次系統，確實存在於這個網絡之 *95*

中。

此三角關係應該是合作的、而非對立，同時應該包括兩個原生家庭中的成員

如果第一個基本概念是在描述事實狀況，那麼第二個概念就是在陳述目標——或許也可稱為是這個取向的核心。我們可以協助決策者和專業工作員根據這些關係來思考，並據此擬定工作模式；我們可以考慮有效的處遇模式，使得這個系統能夠順著自己的方式增加經驗，並達到預期的結果。

合作關係指各方保持聯繫，同心協力，形成一個網絡，為孩子的福祉努力，分享資訊並一起努力解決問題。一般典型的寄養照顧模式中，這個三角關係的成員很少持續保持聯絡，寄養家庭和原生家庭既未形成三人組、也未建立任何雙人關係。而且，專業人員的服務對象常常局限在每一個家庭中，孩子的主要關係人——通常是原生媽媽和寄養媽媽。工作員的工作一向忙碌，如果他們腦子裡沒有一個較寬廣的架構，就不會想要去尋找可以做為資源的其他家人（這些人可能不跟媽媽和孩子住在一起）。同樣地，工作員與寄養家庭的接觸也常常只限於寄養媽媽，而不管孩子搬進去的家庭中是否還有寄養爸爸和不同年齡層的孩子，而這些人的態度絕對會影響到孩子是否能被這個家庭接受！

兩方家人相遇，通常都是在機構內，媽媽探視孩子時；這樣的接觸一般都非常短暫，而且充滿戒慎和對立的氣氛。寄養家庭和原生家庭雙方常會互相用刻板的觀感評斷對方，而且常常持著負面的態度。羅吉斯和亞瓦林肯帶著傑德回家，正式成為傑德的

寄養父母，不過安排寄養的工作員只告訴他們，傑德過去一直受 *96* 到父母的疏忽，他們大聲質疑「怎麼會有人這樣對待孩子！」而傑德的父母面對自己的兩個孩子這麼快就被帶離開家，感到不知所措，連帶怨恨那些「搶走孩子」的人。這些介入者存有這麼多先入為主的印象，而這些態度又很難改變，特別是與家庭之間又缺乏接觸管道時，更是困難。

原生家庭和寄養家庭兩方成員的互動品質是個關鍵點，對於整個事件的最後結果有非常大的影響。凱爾西就是一個很好的例子，因為她曾先後經歷過消極、缺乏充權，以及完全支持關懷的兩種截然不同經驗。

凱爾西十三歲就離開家，與一位二十來歲、患有藥癮的男友同居。她生下老二不久，就跟他分手。她今年十七，兩個兒子都接受寄養照顧，不過分別安置在不同家庭，且個別由兩個不同機構輔導。凱爾西一直努力與兩個孩子保持聯繫，不過跟這兩個寄養家庭的接觸經驗，卻完全不一樣。

凱爾西首先提到與剛滿兩歲老二的寄養媽媽接觸的經驗，那是在機構內探視孩子的場合：

「她帶不帶他來，總是隨自己高興。譬如說我的探視時間是十二點到下午四點，而她可能下午三點三十才到……她經常警告我：『不要抱他、不要親他、不要帶他到外面。』我忍不住告訴她這是我兒子，她回答：『沒錯，不過他現在由我照顧，所以目前是我的孩子。』我傷心地哭了起來，但是沒有人給我一點幫忙，我只好放棄了！只要我兒子可以回到我身邊時，我一定馬上帶他走。」

　　這種每下愈況的循環現象顯而易見。凱爾西的怨言、寄養媽媽的批評態度、凱爾西不再探視兒子的事實……種種證據都讓機構認為她是一個充滿敵意、不負責的媽媽，一點也不關心自己的孩子。她假設未來有一天，等孩子回到身邊時，就遠走高飛的想法，未免有些天真；而她對於將來一切會好轉的期待，同樣令人質疑。如果她只是突兀地擔負起照顧一個被迫離家、不知所措年幼孩子的責任，孩子對她的了解又遠不及對寄養家庭的熟悉，這種情況之下，又怎麼可能扮演一個稱職的媽媽呢？

97　　凱爾西跟她三歲兒子寄養家庭的接觸經驗則完全不同。這個家庭參加過我們後面會提到的訓練方案。凱爾西和寄養媽媽之間建立了相當穩固的關係。凱爾西形容，「茱麗個性相當冷靜，我第一次來到這裡時，根本不想和任何人談話……因為他們把我的孩子搶走了！我對任何事都不滿意：『我不喜歡這個，不喜歡那個。為什麼他身上會有傷痕？』我知道他可能跌倒了……我也知道自己照顧他時，他也跌倒過。不過我就是不斷地挑剔，就像發狂一樣……而茱麗，她只是冷靜地走過來對我說：『凱爾西，妳了解這些男孩子的，不要這樣嘛！』接著她對我說：『何不讓我們帶著巴迪，一起去吃個午餐！』」。

　　兩個孩子分別被帶離開家時，一開始她都有同樣的忿怒情緒，不過面對茱麗時，讓她感受到溫暖、幽默以及真正接受她怨恨情緒的真誠對待。因為寄養媽媽利用一個很棒的小技巧，留了一些空間讓凱爾西可以持續擁有和孩子的關係，鼓勵凱爾西發揮能力，提供角色示範以幫助她學習如何處理年幼孩子的社會生活適應。

凱爾西說：

「有時巴迪要求茱麗幫忙，她會告訴他：『為什麼不請你媽媽幫你脫掉夾克呢！……或請媽媽帶你去上廁所。』我不懂的事情請教她，絕對不會不好意思……她訓練他坐馬桶時，也會詳細告訴我……因此我問她：『妳怎麼讓巴迪做到的？妳怎麼讓巴迪願意在固定時間上床？』；因為他跟我住在一起時，只要他不想睡覺，我就完全沒有辦法！所以她教我，我必須讓他了解，我是他媽媽，而現在是睡覺時間了！有時巴迪會對我發飆，他喊叫：『我恨妳！』我也會請教她該如何處理這種狀況？我問她問題，她就談到自己與他相處的經驗；所以孩子回家後，我就可以如法泡製。」

這兩種截然不同的經驗，與寄養媽媽的個性並沒有直接關係（雖然這絕對是一個影響因素），實際上是寄養家庭做了妥善的準備所產生的效應——包括提供充分的了解、學習運用同情心及各種技術，加上機構的政策和專業人員的支持，因此促成了這種美好的接觸經驗。訓練寄養照顧的人員時，必須先改變負面的態度、同時加強結構和技術，才可能產生合作的關係。

原生家庭的充權工作絕對必要

一個可以互相合作的網絡，決定於其成員的角色是否具有合理的同等地位。孩子被帶去安置，他的原生家庭處在三角關係中的最低地位。社會大眾容易對這個現象下判斷，而建立一個被大家認可的階層印象：「寄養家庭是完整的，原生家庭則是有缺失的」。法庭判決寄養安置，或許有足夠的證據，不過一旦做了這

樣的判定，若是家人期待未來能再團聚一起，就必須先推翻之前取消家庭監護權的過程。家庭想要能夠成功處理安置期間的問題，大人必須重新體會到在他們與孩子的關係中，自己擁有足夠的權利和責任，而且在面對自己的生活和命運時，他們也必須擔負一些任務。

就事件本身來說，把孩子帶離，對於愛孩子的父母而言，容易為此而沮喪；許多父母因而更加確定了自己原有的無力感，帶離和安置的過程更加深了他們的挫折感。

奈爾達有四個小孩：十九歲的大兒子有一份穩定的工作，目前自己住在外面；其他三個孩子與媽媽同住。湯米十四歲，就學中；雷夫四歲，有輕度智障；最小的戴蒙體弱多病，需要花很多心力照顧。奈爾達帶孩子上醫院看病，護士警覺到孩子的問題，通報了保護服務系統。一位工作員前往家訪，根據觀察結果，做了如下報告：「垃圾堆滿了廚房、冰箱裡沒有食物、整個家庭呈現貧窮和雜亂的景象」。第二天，工作員在警察的陪同下又來到奈爾達家中，他們將三個孩子帶走，留下一臉錯愕、心痛的母親。工作員只是對她解釋，這一切都是為孩子好，她很快會接到法庭公聽會的通知。

於是，基於三個孩子的個別需求以及法庭審判的方便，他們分別被安置在不同地方：老么住進市立醫院，四歲的雷夫被安排在郊區一戶接受過特殊訓練，懂得如何照顧智障孩子的家庭；十四歲的湯米則遠離自己的家鄉，住到一家青少年機構。這三個孩子的安置地點，距離十分遙遠，媽媽怎麼可能定期去跟他們個別見面呢！

　　公聽會中，大家熱烈討論這個個案，但是沒有給奈爾達任何機會陳述她自己的看法。她想要解釋，廚房的垃圾是要等十九歲的兒子待會回來時提出去倒；她已經準備當天下午到超市買菜；住在附近的妹妹是她很棒的幫手，甚至有時她打掃房子時，會幫她把孩子帶開。她想要解釋自己如何安排生活以及自己的因應能力，但是那些擁有權力的人，沒有一個願意聽她說，這一切令她感到忿怒且十分沮喪。

　　這家人是否能夠團圓，需要幾個條件：奈爾達必須參加親職課程，接受個別諮商，定期探訪孩子。情況既然如此，她也就只好這麼接受了。不過，在她與好朋友談到自己的感受時，承認自己充滿了迷惑和無助感。每隔一段時間，就得風塵僕僕趕往三個不同的地方探視孩子，令她筋疲力竭；此外，親職課程的內容似乎沒有什麼幫助。最令她困惑的則是個別諮商的安排，她不了解自己哪裡做錯了，或他們期待她做到什麼，她或任何人都不知道什麼時候才能達成目標，而且從來就沒有人對她解釋這一切的原因及說明目標。像奈爾達這樣，以沉重的心情和腳步承受這種要求的人，通常不會有能力為自己充權，至少，對奈爾達而言，有一天，如果這個體系願意將孩子歸還給她時，她還是不可能具有足夠的能力和信心！

　　其實，整個過程可以完全不一樣，奈爾達已經順利養大兩個大男孩的經驗，應該可以做為部分的平衡因素。其實十四歲的老二根本不需要被帶走。他一向正常上學、行為不曾違法，也沒有嗑藥的問題。如果兩個年紀較小的孩子確實需要安置，處理的方式應該盡量把媽媽視為夥伴關係，幫她做好準備、使她有更好的

能力照顧智障的老四。奈爾達需要有人對她詳細說明，孩子被安置期間，她必須履行哪些任務，以及接受哪些屬於她個人的活動方案。她若能持續與醫院的工作人員，以及專業的寄養媽媽接觸，必定可以獲得許多幫助，特別在照顧和教育孩子方面。這樣的安排，比起一般的親職課程，必定更有利且更有意義。奈爾達需要經歷一些讓自己覺得比較能勝任的經驗，同時學到一些如何教養兩個小兒子的特別技巧。

100

　　為了能幫助父母，寄養照顧系統必須重新思考且重新制定安置的工作過程，以及設定親子要團聚在一起，必須努力達到的條件。不過一旦孩子被安置，充權的目標就全操控在機構手中，經由機構接案及訪視的工作模式，以及透過社工員及寄養父母與孩子家庭的互動過程中進行。

　　下面有一個例子，我們將真實情形做了一點小小的改變，把原生父母及他們所具有的優點擺在重要的位置：兩個小男孩安置在同一個寄養家庭，三個月以來，父母都不曾跟他們見過面。訓練老師不斷與工作員、寄養照顧工作員討論，希望安排原生父母，以及寄養父母帶著兩個男孩同時到機構來。出席這個會議的有社工員、訓練老師、孩子以及原生父母和寄養父母。

　　他們進入會議室時，寄養媽媽把一歲的男孩放在腿上，打開外套拉鍊，打算幫他換尿布。社工員建議由孩子的原生媽媽接手。寄養媽媽欣然同意（雖然她從來也沒碰過這種狀況），就把孩子遞給原生媽媽。社工員警覺到雙方家庭溝通的重要，於是建議寄養父母形容一下自己的家庭，讓原生父母可以揣摩出孩子目前的新環境。寄養父母談到他們的四個孩子，其中六歲的老么已

經成為兩個小男孩的玩伴。整個會談氣氛相當和諧、令人能自在地放下心情，減少了許多緊張情緒。同時他們發現，寄養父母一直喚年齡較大的男孩「肯尼」——這是機構在個案記錄上登記的名字，卻完全沒有考慮到原生父母其實從他一出生起就叫他「齊克」，也因此他常常無法很快回應別人叫他的這個新名字。而且，他們還說：「直到上週我們看到他站起來，跟在狗的後面，在房內奔跑，才知道他原來已經會走路了！」雖然他們沒有明講，不過顯然這個家庭一直把二歲的孩子當做遲緩兒，認為他走路、講話的能力都慢，而且還不知道自己的名字。

訓練老師陳述，孩子的生活有了這麼大的轉變，他們一定非常惶恐，接著開始與原生媽媽談到齊克的發展情形，包括他什麼時候會坐？會說些什麼話？此時媽媽成了大家所公認的專家，訓練老師對著寄養父母再一次強調一個大家都同意的觀點——原生父母的確掌握許多有關孩子早期發展的資料，而這是寄養父母所不具備的。此刻，雙方家庭處在一個建立合作關係的點上，大家都擁有一些可以互相分享的內容。

就這個狀況而言，訓練老師和社工員成為改變的動力，鼓勵兩個家庭互動，將他們帶到一個新的平衡點。寄養家庭接受訓練後，常成為原生父母充權的主要媒介，不但富有創造力且具效能。

我們曾詢問一群受過訓練的寄養父母，若他們照顧的是小嬰兒，會如何邀請原生父母參與。既然是由寄養父母負責餵食、幫忙洗澡、安撫情緒，提供足以聯繫大人與孩子之間情感的各種照顧，那麼，原生媽媽來探訪孩子時，他們要如何幫助她，讓她也覺得跟孩子之間有情感的聯結呢？

　　瑪莎回答：「我的方式差不多。或許我會去洗手間……我會在門外待個十來分鐘，因為我覺得她……她對此刻的環境一定陌生。她抱著孩子時，我只是讓她知道……『喔，寶寶的頭髮該梳一梳了，妳可以幫她梳梳頭髮嗎？我很快就會過來。妳可以幫她換個尿布嗎？我要上個廁所。』我不會直說我希望她能夠……，不過她必須知道自己是孩子的媽媽，不只這樣，孩子也必須知道他（她）的生命中有這麼一個重要的人存在。」

　　幫助原生家庭充權是一種人道的作法。大部分父母，不管他們提供的是間竭性的照顧或不良的管教方式，其實內心都絕對愛著自己的孩子；他們也大都希望全家能夠再團聚一起，成功把孩子扶養長大。同時從實際面考量，與其經常幫孩子尋找寄養家庭、讓孩子必須不斷從一個地方換到另一個地方，因而受到嚴重的心理傷害，協助整個家庭團聚應該是比較可行的方法。最後一點，這樣的作法也有助於建立心理上的安全感；唯有家庭感覺受尊重，有能力掌握自己的生命，才有可能建立一個適合孩子成長的健全環境。

寄養照顧具有重大轉換的特徵，這些轉換階段需要特別關注

　　一個人的一生，以及一個家庭的生命周期中，都免不了要面對各種轉換。之前我們提過，轉換可以是一種正常且被預期的現象，譬如嬰兒的出生；轉換也可能是一種非預期且有傷害性的，譬如家庭主要養家者忽然失業。家庭不管面臨哪一種性質的轉換，都需要重新建構自己的模式，這樣才能讓家人好好在這個新

的環境過生活。

　　就安置和團圓兩個時間點，寄養照顧具有重大轉換的特徵。這樣的處理方向，常常也會出現其他的附帶變化。這些轉換都可以稱得上是鉅大的變動，且容易讓當事人受到傷害。如何處理，將會強烈影響到家人的調適方式，且影響到未來的發展。

　　我們在指導寄養照顧機構的運作時，確實慎重思考過「接案」的特性──對所有當事人來說，這是第一次的重大轉換。我們的重點在建立一個合作的三角關係：讓所有關係人都參與、建立工作模式以支持他們的關係、共同計畫未來的安排。我們也要求工作人員心中要有一個比較大的藍圖。轉換的發生，不只影響到孩子──他們表現出來的行為，在在都反映出分離和新環境的陌生感所帶給他們的傷害；寄養家庭和原生家庭也同樣會受到影響。一個寄養孩子進到新家庭時，寄養家庭必須有一些拓展和重新結構的動作。大人能夠分配給孩子的時間和精力有了變化，新加入的五歲孩子絕對會破壞四歲男孩和已住在這裡的七歲寄養男孩之間本來就存在的關係，以及每一個人在這個家庭中的日常生活角色。

　　對原生家庭來說，這樣的改變也相當具有戲劇性。他們必須適應沒有了孩子的生活，必須遵照指示探視孩子、改變生活模式、參與親職課程、安排適當的住所環境，以達到機構的要求標準，這樣才有機會讓孩子重新回到自己身邊。一開始，難免會出現敵視、退縮的情緒反應，而且就像我們介紹的案例中孩子，比較可能出現的是分離所帶來的傷害，而不是一個肯定的態度。凱爾西的描述表現出當她面對孩子被帶走，以及經歷為求明天更好

的改變過程時所秉持的態度。

　　安置期間的探視也算是小小的轉換，而孩子就承擔了此階段的大部分壓力。我們在訓練方案中，試著用一種具體的形象來描述這個現象（圖 5-1），以圖示的方式表現出孩子從一個家庭到另一個家庭，然後再回到原來家庭的變換過程。

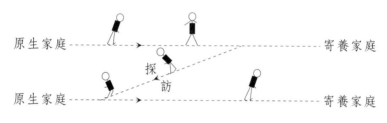

原生家庭 -------------------------------------- 寄養家庭

探訪

原生家庭 -------------------------------------- 寄養家庭

圖 5-1　寄養照顧安置期間的探視

　　圖中，孩子背著一個「背囊」，裡面放著原生家庭的期待和生活模式，一起帶進寄養家庭中，接著背囊中又放進了寄養家庭的期待與生活模式，他與原生父母重聚時又把它帶進了原生家庭。孩子必須適應每一個家庭的模式，每一次變動時必須跟著轉換，並將二者融合在一起，成為家庭生活的一個內在藍圖。

　　如果家庭最後終於能團聚在一起，雖然這樣的轉換受到大家的歡迎，但其實事情並不單純。整個過程牽涉到寄養家庭的一些失落，以及原生家庭將要面臨的一些挑戰。雖然過去他們被評定為能力不適當，此刻卻必須創造出一種能夠勝任各種問題的能力，這確實容易引起他們的焦慮和造成困境。因為安置期間，這些父母和孩子無法像大多數的親子一樣，每天生活在一起，藉以鞏固關係、澄清父母的權限、設定家庭規則、並建立彼此之間的

信任。

　　我腦子裡一直記得一九九五年的一部悲劇電影──「失落的
艾賽亞」，一個黑人小男孩從寄養了很久的白人家庭中搬出，回 *104*
到他原生母親身邊；親媽媽感到焦慮，不知該如何照顧這個孩
子，因為之前他們幾乎沒有相處過。以這個狀況而言，沒有明顯
的對錯，不過有關種族的議題和個人的不確定感卻是意味深長。
這個孩子陷入嚴重的憂鬱，令人擔憂；於是兩個媽媽終於聚在一
起，開始為艾賽亞建構一個新的世界，使得他的失落感得到慰
藉，同時拓展了他的情感聯結。

　　縱使種族不是問題，我們也看到了一些真實的狀況，轉換階
段所帶來的困境就是那麼深遠。舉一個例子，瑪格已經快要四歲
了，被安置也將近三年，當初是他十幾歲的媽媽吉兒主動向保護
單位尋求協助，在這段時間瑪格曾經被帶到外婆家探視吉兒和她
的家人。他們團圓的日期已經訂在不久的將來，寄養照顧工作員
開始安排機會讓寄養家庭和原生家庭聚在一起。

　　兩邊家人互相拜訪，雖然大家都帶著善意，不過團圓一事的
困難度卻愈來愈明顯。寄養家庭的成員包括一個比瑪格大一些的
男孩，他們兩個是從小一起長大的玩伴，分離對他們而言絕對是
一件痛苦的事。此外，吉兒目前懷有身孕，正打算與男友結婚。
吉兒和凱文即將建立的新家庭裡還包括了一個需要他們照料的小
嬰兒；若是此時再加入瑪格，將會使他們的責任變得更複雜。工
作人員知道這對夫妻非常需要協助。

　　這樣的故事在寄養照顧系統中處處可見，雖然內容細節各不
相同，不過其複雜的程度以及夾雜著悲歡離合的特性卻是一樣

的。最重要的一點，必須確認轉換階段是一個關鍵期，需要這三方系統持續通力合作。是否能夠成功，有賴於周詳的計畫，同時了解調適工作需要花費時間，因此工作員在孩子回家後，應該持續協助他們，一直到情況穩定為止。

必須將孩子的發展議題整合到寄養照顧服務

105　　孩子的發展階段會影響到他（她）在寄養照顧中的各種經驗：包括分離所帶來的衝擊、對於新家的調適，以及在接受新照顧者的同時，也能維持對於原生家庭的感覺。這些狀況，對於嬰兒、學步期、學齡期，以及青春期等不同年齡層的孩子，確實有非常不一樣的感受——並不是說哪一個階段比較容易適應或哪一個階段比較難調適，而是因為不同年齡層的孩子具有不同層次的認知理解以及不同的情緒關注焦點。

　　寄養照顧的安排，一般會考慮孩子的年齡以及寄養家庭之間的配合程度。有一些寄養家庭擅長於照顧年齡很小的孩子，某些家庭則更適合照顧學齡期或青春期的孩子。大部分機構也都會為寄養家庭準備一些關於不同年齡層孩子的發展需求之類的參考資料。

　　這些都是有效的第一步驟，不過不管他們如何謹慎行事，注意的焦點卻總是固定在寄養家庭和孩子身上。他們並不認為孩子的發展議題與這個新形成的三角關係有關。就我們的觀點，成長與發展的議題，應該是兩個家庭共同承受的責任。他們必須一起討論改變、解決新的問題，並且在孩子所處的兩個不同世界中，創造出一些一致性。兩家共同合作，可以幫助原生父母在經過一

段分離之後，孩子重新回到家時，更有能力應付已經成長且有了變化的孩子。

發展歷程為不同的發展階段帶來不同的任務。對嬰兒來說，基本的議題就是依附關係（attachment）：孩子投注在某個特定個人的安全感，以及大人情緒投入孩子身上的感覺。若是孩子在很小的時候就與原生媽媽分開，將會危及依附關係的建立。舉個例子，過去一年，伊琳娜不斷進出醫院，因此，她的小孩在二個月大時就被安置到寄養家庭，並且與寄養媽媽建立不錯的情感聯結。伊琳娜探視孩子時，她一抱起孩子，他就哭泣、掙扎、並伸手要寄養媽媽抱。顯然，寄養媽媽和原生媽媽必須一起合作，協助原生媽媽和孩子保持聯繫，等到日後他們團聚時，社會工作員還必須協助伊琳娜處理過程中可能出現的沮喪感。

針對過了嬰兒階段的孩子，大人面臨的發展挑戰是如何設定合乎實際的限制，以及找出自主和控制之間的平衡點。凱爾西幾乎不曾有過哄孩子上床睡覺、訓練大小便的經驗或技巧，也不懂在什麼情況之下，可以接受三歲孩子的自我肯定，或什麼時候可以對他設限。她與寄養媽媽的關係可以做為一種架構，據此學習如何照顧年幼孩子的處理技巧。

至於學齡期的孩子，有關發展的議題會同時出現在家庭和學 *106* 校兩方面。八、九歲孩子在家中已經擁有一些被認可的特權和責任。不同家庭有不同的處理方式，寄養兒童的「背囊」裡攜帶兩個不同的模式。兩個家庭應該要一起討論他們各自的期待和彼此之間的差異。再看一個例子，瑪莉的媽媽是一位虔誠的教徒，一直希望十歲的女兒能夠上教堂且參加主日學。寄養家庭也有宗教

信仰，認同她對孩子的要求；不過原生家庭所認可的五旬節派教會（Pentecostal church）並不被寄養家庭接受，因此這兩個家庭必須一起解決這個兩難的狀況。

同時瑪莉也必須轉學，她在新學校的經驗和進步情形會是生命中的重要部分。孩子被強制帶離，他們的父母幾乎不懂該如何與孩子就讀的學校聯繫，也不知如何跟上孩子的腳步；而不管是機構或學校，也都不知道原生父母有權利被告知且應該參與孩子生活中的事宜。他們可以在一起公開討論瑪莉的學校生活情形，其實是這個三角關係脈絡的一個重要任務，這項任務更是需要兩個家庭直接接觸才能達成。

青少年的發展議題一直為人所熟悉且常令人畏懼：譬如家庭中出現獨立及責任感的混亂現象，以及社區中出現藥物、性、幫派、學校，和暴力的相關問題。青少年被帶離開家，常常是因為大人無力操縱他們。協助家庭具備團聚的能力，其重要性遠超過藥癮方案、個別諮商、或針對父母及青少年子女的技巧訓練。為了能順利生活在一起，他們必須建立一套共同生活的生存方式。寄養家庭處理發展議題時，若不能邀請原生家庭加入，絕對不是正確的作法，而成效也會受到影響；如果原生家庭一直疏於聯繫，那麼期待他們能夠順利團圓的想法就顯得不實際了。

親戚承接的寄養照顧是一種特殊的寄養安置狀況，需要特別的服務模式

　　生態模式的大部份內涵都可以應用在所有的寄養照顧情境中，包括共同合作、充權、重視轉換、關心發展任務，以及必須納入擴大系統中的所有成員等。但是，由親戚承接的寄養照顧卻是一種很不一樣的重要方式：孩子若是被安置在親戚家，就不會形成新的系統。相反地，這種安排改變了原本就熟悉的家人彼此之間的關係狀態，並且建立新的關係模式，擁有權限並解決衝突。

　　通常，親戚照顧是一種比較能被接受的安置方式，對孩子的心理發展也有顯著的正面影響。這種安排減少了分離所帶來的傷害，且不須去適應一個全然陌生的他人和環境。將孩子安排到熟悉的親戚家，也可以提高「寄養家庭」未來繼續存在孩子生活當中的可能；且孩子回到原生家庭時，「寄養父母」也可以成為原生父母的一個重要資源。

　　不過情況並不是都這麼簡單。擴大家庭有時可能就是問題的一部分，同時也是一部分的解決方法。譬如亞薇的外婆一直不能接受女兒的伴侶以及他們的生活方式，她取得外孫女的照顧權之後，就一直阻撓她們母女之間的探視。她反對探視的時間安排、批評女兒照顧孩子的方式、只要有機會就一再指出女兒被男友毀了一生的事實。這種狀況之下，處處可見緊張的氣氛，即使是在家人彼此互相關懷且為孩子考量最大利益的狀況之下也不例外。若想要能順利安置及團聚，必須先釐清角色混淆、破壞性模式和界限等議題，並想辦法解決。面對這種狀況，建立一個合作系

統，雖然仍是處遇工作的主要目標，不過專業人員的處遇方式會比較接近傳統的家族治療，而不是寄養照顧個案的典型處理方式。

　　之前提到的吉兒和瑪格個案，面臨團聚時，也出現角色和界限模糊的問題。瑪格總是在外婆家與媽媽見面，共度一個下午。寄養照顧工作員討論到家庭團聚時，發現吉兒和外婆的期待不一樣。吉兒將大家都視為是「一個大家庭」，她希望瑪格回到外婆家住，這樣她和凱文就可以常常回去看她。吉兒提到自己雖然很久以前就離開媽媽家，不過「並非出自我的本意。」外婆聽到後相當震驚：「我認為妳決定離開家時，就已經真的拋棄這個家了！」雖然她深愛著小外孫，不過自己還有三個孩子要扶養，經濟狀況也很糟糕。她並沒有打算成為瑪格的永久照顧者，只希望在過渡時期，擔任外孫的寄養照顧者，即使是非正式也無妨。

108

　　一個短期且成功的治療過程，可以先將重心放在吉兒和媽媽的關係，以及她們之間的界限和角色。吉兒覺得自己就像是瑪格的大姊姊，不夠成熟，因此將重擔交付給自己的媽媽。一段時間後，等到狀況逐漸明朗化，凱文再加入會談，他和吉兒開始計畫安排一個由他們四個人組成的家庭。社工員也參與討論，他們一起探討小嬰兒出生後，什麼時機最適合把瑪格帶回家；她會有什麼反應，他們如何因應這個複雜的變化。此時，外婆扮演一個關心他們、但非當事人的旁觀者。幾次會談後，這對年輕人能夠在她不參與的情形下，繼續討論他們的問題。雖然家族治療師面對的是寄養照顧的情境，不過他認為這是許多家庭經常會出現的現象：父母和剛屆入成年階段的子女之間，必須澄清彼此的功能和界限，然後才能進展到一個家庭平衡的新階段。

寄養照顧機構的訓練工作

要如何才能從此岸到達彼岸？概念和目標提供整個工作的基礎，不過訓練過程卻是另一件獨立的事情。訓練工作需要一套理論說明如何產生改變，一個有步驟的計畫，以及對於機構特有的任務和結構有一些了解。寄養照顧機構也跟其他不同服務性質的機構一樣，同時聘有直接服務工作人員和行政人員，因此訓練內涵應該兼顧服務案主和行政程序兩種技術。這些機構還有另一個特點：組織結構中也包括負責執行基本任務的寄養家庭；因此也必須訓練他們能夠跟孩子的原生家庭，以及專業工作人員一起合作。

這裏我們要介紹一個關於寄養照顧機構的訓練和諮詢計畫。這個計畫建基於生態模式，並反映我們二十多年來服務寄養照顧機構的工作經驗。根據這些經驗，我們也出版了寄養父母訓練手冊，提供給採用生態取向的中心使用。一九九〇年出版後，這本手冊一直廣為美國各州的相關機構和政府部門所使用，可看出全國對於這個取向訓練的熱烈需求。（請參閱附錄 5-1）

109

表 5-1 提供一套訓練計畫和工作流程的架構。分成五個階段，寄養照顧工作員和寄養父母需要參加共同課程和個別課程兩種訓練，其間並且需要與行政人員有間歇性的接觸。接下來，我們要描述各階段的實行步驟；以及一開始，我們分別在三個機構運用這套訓練方法的詳細情形。

表 5.1　訓練計畫和工作流程

	寄養照顧工作員	寄養父母	行政人員
階段 I 與行政主管見面討論；安排訓練工作			討論、擬定計畫、訂契約
階段 II 工作人員參與訓練；四到六次	架構和概念：活動、錄音帶、角色扮演、示範		
階段 III 工作員繼續接受訓練；寄養父母開始接受訓練，三到四次	處理機構裡的個案；繪製家庭圖、擬訂計畫、會談、建立技巧	架構和概念：寄養父母的訓練手冊	討論與個案相關的政策性議題，例如：接案、探視，或個案協調等。
階段 IV 工作人員和寄養父母形成團隊接受訓練；建立技巧	共同接受訓練；與機構型家庭結合成團隊，一起處理接案、探視、出院、團隊合作、角色協調等議題。		
階段 V 該訓練方案成為機構內工作人員發展計畫的一部分	寄養照顧工作員成為領導者；訓練新進工作員和寄養父母	寄養父母協助新進寄養父母的訓練工作	

先與行政主管見面討論 *110*

　　我們以機構外訓練者的身分進入機構，第一次會面的人通常是機構的負責人及行政主管。他們需要詳細了解整個方案內容，我們則需要知道他們期待訓練能夠達到什麼目標，以及如何將訓練內涵整合到機構的運作方式。初期接觸期間，我們也會設定訓練的一些條件：誰要參加？我們要在哪裡見面？我們需要什麼設備？這樣的討論絕對必要，有助於安排一些特殊的必要條件，並建立與行政主管的合作聯盟。

　　取得行政主管的同意之後，我們開始對全體工作人員做一次簡介，說明我們的觀點以及訓練計畫的詳細內容，並回答聽眾的問題。由於機構的組織都相當龐大，因此往往只能限定某個核心小組的成員接受這套密集訓練；不過，應該讓其他不參加的工作人員也都能了解這套訓練內容，以及我們希望未來能在整個機構普遍推展的工作重點。

　　第一次與行政主管碰面，我們會強調要先挑選出一個由社會工作員和寄養父母組成的先導小組做為訓練對象，不過要先請機構負責挑選合適的成員。挑選的方法各不相同：某個機構可能從寄養照顧工作員中找出自願者；另一個機構則可能先挑出一些特定的人選，再進一步詢問他們的意願。有個機構，由被選出來的社工員推薦合適的寄養父母參加訓練方案；另一個機構，寄養父母的人選是個別被挑選出來的。有些機構的主管非常積極介入人選的決定，有些機構則完全交給督導和受訓的工作員決定。

　　在不同的情況下，第一階段會有不同的執行方式。若是訓練

者原來就是機構內的工作人員，那麼根本就不需要特別安排與主管先見面，或特別安排時間認識機構。一個負責全機構訓練活動的工作員，並不需要再特別與主管討論，訓練者可以採用機構慣用的工作模式開始訓練計畫。不過隨著訓練計畫的推展，面對某些待處理的議題時，可能必須重新審查機構政策與工作模式。我們必須定期與主管會面以討論接案、探視、個案協調等事宜。不管是哪一種型態的機構，與制定工作模式的主管見面討論，是一件很重要的事。雖然訓練的對象是以個案工作員和寄養父母為主，不過負責制定政策，以及掃除障礙的人卻是機構主管！

111

工作員開始接受訓練

　　密集訓練由寄養照顧工作員開始。最終，訓練的重點是在建立一個團隊取向，使得社工員和寄養父母能夠具有相同的觀點並可以互相搭配，不過他們的角色卻各不相同。寄養照顧工作員負有專業職責；就某些層面來看，我們提供的工作方法與他們過去慣用的方法並不一樣，因此，在寄養父母加入之前，他們必須先在自己的團體中討論這些題材並實際執行。

　　階段 I，我們的工作基礎在於改變態度和架構。我們希望工作員先拓展自己的想法，重新思考誰涉入在寄養照顧情境當中，了解行為是互動產生的結果，以及原生家庭和寄養家庭一起建立的模式，不只固定出現且具體可觀察。除了一如大部分的寄養照顧工作員對兒童的特別關注之外（他們的確是整個狀況中的核心人物），此外我們也重視孩子同時身為兩個家庭中成員的經驗，以及他們從一個家庭到另一個家庭的轉換經驗。

　　建立這個基礎工作所使用的工具，決定於接受此訓練的團體，以及訓練者的偏好及現成的資料。我們運用練習、錄影帶、口授教材、講義、討論、角色扮演和示範等方法。有許多練習和角色扮演的對白情節都收錄在寄養父母的訓練手冊一書中，這些內容不只用來訓練寄養父母，同時可協助任何一個想要拓展並改變自己工作取向的專業團體。

　　舉一個例子，我們曾經使用過手冊第一部分提到的一個活動，協助工作員了解自己家庭生活的真實狀況。我們要求每一個參與者畫出自己的家庭圖，寫下每個家人的年齡、並利用代表不同性別的符號繪製出家庭組成和結構的簡單圖形。接著，以小團體方式，要求成員之間交換繪製好的圖表，然後猜測其他成員的家庭在目前這個發展階段所面對的發展任務（譬如「你有兩個學齡階段的孩子，或許你必須留意他們的家庭作業，了解他們寫功課的狀況」；或「我注意到你父親與你同住，而他年紀已經不小了，或許你必須負起照顧他的責任。」）接著我們進行一個練習，假設自己的家庭剛接受了一個五歲的寄養男童，每個參與成員討論他（她）的家庭可能出現的反應：家庭對這個男孩，會有什麼期待？男孩要遵守哪些規矩？如果他個性蠻橫或有攻擊性，家裡的成員會有哪些不同的反應？如果他表現畏懼，家裡有誰可以幫忙？*112*

　　我們也可以利用角色扮演方法（手冊中的第三部分），舉一個案例，有一對兄弟——十歲的湯尼和八歲的威利斯——才剛剛被安置在同一個寄養家庭。角色扮演的情節中，寄養媽媽正在跟威利斯講話，他既不注視她、也不回答任何問題，而這個家庭的

十一歲女兒葛洛利亞開始取笑他。角色扮演從湯尼大聲講話開始，扮演者可以自由選擇表現方式。這個活動意在刺激大家討論寄養家庭的期待、兩個男孩在原來家庭的角色，以及手足之間的關係。引用孩子攜帶「背囊」從一個家庭進到另一個家庭的譬喻，有助於整理討論的所有內容。

　　我們也大量使用錄影帶，做為舉例和討論用途。並不是所有的訓練者都能順利取得家庭會談的錄影帶，不過錄影帶的確是非常棒的教學工具，即使製作手續困難，仍值得費力取得或錄製。如果專業人員想要學習如何做「家族治療」，一定會對這些錄影帶特別有興趣。不過治療部分並不是我們的重點，特別是在一開始的簡介階段。家庭成員之間的互動是一個重要的特性，透過錄影帶，可以看到行為的循環和互補現象，以及他們重複出現的模式。訓練者可以自由利用錄影機的暫停、停止、倒轉、快轉等按鈕來強調家庭的某個焦點，利用反覆放映的方式幫助團體成員發現遺漏的部分。透過這種方式，團體可以隨時回轉錄影帶以查看到底發生了什麼事（譬如每次媽媽責罵兒子，他開始要發脾氣時，女兒就會想辦法改變話題）；此外，也可以在整個會談的其他情節中找到相同的模式。

　　由於工作員常會自動專注於病態的部分，因此我們也會利用錄影帶指出家庭的優點及其所擁有的豐沛資源。

113　　而且因為工作員常常習於聆聽「內容」，我們發現利用錄影帶可以將注意力拉到非語言的模式，從許多實際的例子說明家庭的功能：譬如誰帶領討論，誰習慣安慰別人，誰轉移了爭議，訊息如何透過身體語言傳遞出來……等等。只要情況允許，我們都

盡量使用錄影帶教學，呈現與機構所處理個案相類似的案例，以及孩子被寄養照顧的家庭常常會出現的問題：例如單親家庭、少女懷孕的問題、藥物依賴、身體或性虐待，以及／或感染愛滋病的家庭成員。

　　對於基本概念有了了解之後，我們再把重心轉移到協助家庭時所需要的技巧；這時強調的是聯結和充權，以及更特別的加入（joining）、尋找優點和互補關係等技巧。受過訓練的社工員很容易做到「加入」。至於充權的兩個技巧——尋找優點和互補關係，則比較難做到。工作員一向以對抗多重危機家庭的問題為己任，並且習慣以專業傳統強調的病態部分為處理重點，因此有時難免不知該如何專注在優點和資源。對於受過專業訓練或本性樂於助人的助人者而言，也很難要他們退一步，把控制和行動的權利交給別人。不過所謂的互補關係，指的是專業人員主動積極時，案主就會比較被動；相反地，工作員願意留給案主較大空間時，案主就會採取比較積極的角色。對寄養照顧的工作員來說，強調家庭優點及保留實力是兩個重要的技巧。

　　前面我們提過的「奇哥」、尚在襁褓中的弟弟，以及他們的原生父母和寄養父母共同參與的一次會議，可以提供給我們有關「加入」和「充權」兩個技巧的運用實例。寄養照顧工作員建議原生媽媽接手照顧孩子，並且要寄養父母對男孩的原生父母描述他們的家庭和居家環境；訓練者建議媽媽詳細敘述孩子們過去的發展過程，與寄養父母分享這些成長經驗。整個會談過程不只對這兩個家庭，同時也針對工作員的訓練，都提供了許多不同層次的幫助。

工作員看到的，是一種保留專業實力的處遇型式，重新平衡
114 慣用的互補模式，並且協助能力欠缺者充權。訓練者透過簡單的
建議和行動，為社工員留下了一些空間，而社工員也為原生父母
留了空間。另外，工作員也看到，隨著彼此之間的熟悉和資料的
分享，會談一開始時出現的緊張和謹慎氣氛也慢慢消失了。最
後，他們有機會一起討論接案過程中的缺點。如果一開始，家庭
就能被帶入這種型式的會談，寄養家庭就能清楚奇哥其實很早就
會走路和說話，且知道自己的名字，而他的退化行為只不過是面
對分離和安置的一種反應！

訓練者本身並不一定都能決定哪一類個案適合用來教學。不
過重要的是，應該要找到處在不同階段，譬如即將接受接案會談
或已經出院的家庭。這些不同的案例有助於工作員討論實際的工
作模式，並且發揮最大效益，協助處在任何一個特別階段的家庭
達到充權的目的。

寄養父母開始接受訓練

寄養父母的訓練工作一開始採個別方式。首先要提到，寄養
父母具有自己的觀點，而且在他們與不同的成員見面之前，應該
自己有能力探討本身所具有的特殊任務。此外，這些初期的會議
應該會改變他們在整個結構中的地位。

大多數機構，寄養父母都是經由主動申請，他們的貢獻完全
一目了然，甚至受到大家的感激、認可。若沒有這些家庭，孩子
就無法被安置在家庭中，整個系統都深深了解這個事實。不過，
這項工作的定義、挑選的過程、引介、指導，和評價等內涵，常

常讓人感覺能夠提供的功能相當有限（只限於兒童照顧），以及管控嚴謹（必須服從機構的規定及命令）。雖然基於保護兒童的動機，必須嚴謹監督及管控的用意十分明顯，不過在訓練過程中常常錯失了一個重要的機會。訓練過程中，即使是在傳授必要資訊時，都應該抱著鼓勵寄養父母的態度，且增強他們肯定自己能力的信心，堅信自己是整個服務系統中的關鍵人物。

幾乎每一個機構都會同時擁有新加入，及經驗豐富的寄養父母。針對新手的訓練內涵應該包括機構工作模式的文字資料、有 *115* 關兒童照顧的細節；不過從一開始就應該培塑他們對寄養照顧的觀感，強調原生父母對孩子的重要，以及寄養父母的角色內涵及擁有的權力。新手的寄養父母在這個階段最能開敞心胸，不過如果他們對原生父母嚴格批判或不尊重，工作員最好一開始就能發現這種態度。

至於有經驗的寄養父母，在多年之間，可能已經送往迎來許多孩子，深諳整個工作模式。他們之中，如果不是特別懂得如何照顧寄養孩子，就是特別排斥任何新的觀點——糟糕的是，通常他們可能同時兼有這兩種特徵。如果機構想要建立一個協調一致的工作取向，即使是有經驗的寄養父母，也必須接受進一步的訓練。針對這群對象，訓練的內容應該包括更深入探討其態度、角色延伸，以及讚揚其經驗累積的成果。同時，應該讓他們感受到，參與訓練，可以幫助自己逐步攀升機構的階級制度。

不管是新進或有經驗的團體，都適合以寄養父母的訓練手冊為參考架構，只需適度修正即可。手冊中包含本章提到的理論概念，以及八次練習階段的執行指導語。附錄 5-1 詳列每一次訓練

的核心議題以及訓練活動。

　　前四次主要在於建構一個如何瞭解家庭的架構，特別強調家庭的多元性和優點；以及孩子被安置後，兩個家庭分別與孩子相處的經驗。這些活動包括先前提到的：繪製家庭圖、角色扮演、小團體工作，以及討論有關家庭與寄養照顧經驗的範例。完成這些活動之後，通常參與者都能更清楚了解自己家庭和孩子原生家庭的參與狀況。他們會更留意原生家庭的潛在優點，且能更正確判斷分離和安置所帶來的傷害。大部分的寄養父母，由於自己都有養育子女的經驗，對於孩子的發展特質，大概都有一些基本的了解。不過，在寄養安置的氛圍內檢視兒童發展的相關資訊，可以提醒寄養父母，某個特定年齡層的寄養孩子可能與他們自己的孩子有完全不同的行為表現。寄養孩子常常會出現適應困難的經驗，而且也有過被趕出家園的受挫經驗。

　　一旦寄養父母的基本態度鬆綁，且經由鼓勵、腦力激盪之
116 後，往往就有足夠能力可以認同孩子原生父母的困境及其觀感。他們常會想出一些如何建立聯結的創意建議，提供給家庭一個較寬廣的角色照顧孩子及做重要決定。

　　我們發現，仔細討論探訪的議題，會帶來很大的效果（請參考手冊中的第五部分）。家庭和孩子之間的探訪是寄養照顧中的一個希望，另外，兩個家庭之間的接觸亦屬必要。一個機構的探訪政策應該具有彈性、可以接受個案的個別差異，加以協調。關於探訪一事，寄養父母或許是三角關係中最敏銳，同時也最具有開放創意的一方。如果是才上路的新手，對於具有侵犯性的父母，可能持有負面的刻板印象，或只是根據一些耳聞的小道消息

來做判斷。有經驗的寄養父母或許已經習慣機構的既定慣例,譬如限制探訪,以及強調保護寄養家庭,免受孩子親戚干擾的規定。相反地,一旦討論到探訪的主題,我們常常看到寄養父母表現出接納、實事求是的反應;接著再提出一些機構能接受的不同探訪方式:譬如在公園野餐、兩邊孩子在麥當勞相聚、共同參與慶生會、打電話、交換照片,以及書信往來。參與我們方案計畫的寄養媽媽們,都能了解兩個家庭之間——尤其是寄養孩子和原生家庭之間——都必須保持聯繫。有一位寄養媽媽就曾經提到:「如果寄養孩子知道妳喜歡他們的媽媽,就會比較容易擺平他們!」

就某些層面而言,寄養父母會比社工員更了解當地環境的生態及生活方式,同時也更能接受這群人的生活條件。手冊的第五部分有一個練習,描述一個七歲男孩,其原生媽媽因為吸毒,被判服刑六個月;孩子因此被安排寄養照顧。訓練者要求一群參與訓練的寄養父母討論,在這個大家都承認狀況極其複雜的期間,孩子是否適合去探訪媽媽?若適合,那麼該採取什麼方式?社工員面對這種狀況,常常感到特別困難,不過這群才剛被挑選出來的寄養父母卻能以一種直接且有力的方式討論。不是所有人都能輕鬆面對這種狀況,不過這群居住在市中心的寄養父母,卻個個熟悉當地社區的生態。他們都同意,無法不讓孩子知道媽媽服刑的事實,而且讓這個沮喪的小男孩有機會見到媽媽、能夠和她談話,是一件非常重要的事。不過他們必須事先為他做好心理準備,了解監獄的會面流程以及環境氣氛。*117*

我們置身在他們的團體之中,常常可以聽到他們清楚描述自己的角色,且十分肯定自己擁有工作員不可能獲得的特殊資料。

　　米娜說：「事情是這樣的……機構並不能一直都清楚原生媽媽的作為，我們才是最了解的人……我們有責任仔細觀察……大部分時候，寄養媽媽比個案工作員更了解他們的家庭，且更認識孩子的原生父母，所以我們的意見真的很重要！」

　　卡娜從一個不同的角度看這個狀況，她說：

　　「某些工作員認為原生媽媽對孩子有不良的影響，而她們也會感受到這點，她們並不笨啊！」

　　珍妮則不那麼肯定，她說：

　　「如果父母是藥癮患者或像是……」

　　不過卡娜強烈感覺：

　　「不管她們是藥癮患者或其他問題，終究是孩子的媽媽！她們是跟妳我一樣的人。不管父母如何惡劣，孩子還是會希望回到他們身邊。或許妳認為這是世界上最糟糕的一個媽媽，不過孩子還是想要回到她身邊。」

　　瑪莉蓮為這段談話再加了一些自己的看法：

　　「妳可能會碰到一些很棒的，或者是一些不太好的個案工作員。妳可能會碰到一些非常努力想要幫助孩子能和原生父母團聚的工作員；不過妳也可能碰到一些工作員只會說：『喔，她只是一個失去理性的人……她只是一個吸毒者！』」兩個團體一起接受訓練時，工作員應該試著了解寄養父母沒有說出來的，內心對工作員的一些批評。

工作團隊：工作員和寄養父母一起接受訓練　*118*

　　工作員和寄養父母組成一個團隊，通常就具有一些共同的態度和技巧。他們的任務可分為兩方面：形成一個合作的工作團隊，以及共同幫助孩子的原生家庭。

　　工作團隊不但富有權力，且內涵複雜。兩個人一起工作，常常可以互相截長補短，不過也有地位、勢力範圍及角色的困擾。如果一開始，團隊成員的地位就各不相同，那麼很難達到真正的合作。協助原生家庭所需要的一些重要技術，譬如結合、互相聆聽對方、充權，以及採取互補角色的能力等，同樣也能實際運用到這個情境中。工作員和寄養父母需要一起討論他們對各自範疇的了解，釐清他們的困擾，並且探討他們的自主和獨立能力。

　　基本上，這個訓練階段屬於實際操作。團隊中包括社會工作員和寄養父母，都會與機構所服務的原生家庭接觸。團隊對每一個個案的任務，主要在建立一個合作網絡，以協助孩子的原生家庭，能夠成為三角關係中，位居核心、且受到尊重的一員。他們一起工作，通常可以取得共識，了解該如何分工，在什麼地方會陷入混亂，以及必須解決那些議題。

　　有許多方法可以用來鞏固共有的觀點，以及做好準備與機構所服務的家庭碰面。先前我們提到，關於凱爾希這個個案的論點，主要是針對一組正接受訓練的社工員和寄養父母。凱爾希被要求陳述自己作為一位母親的經驗，並且提出改善工作模式的建議。對工作員和寄養父母而言，這樣的會面能夠清楚呈現父母的需求、挫折，和敏感性。她的描述內容帶出一些值得大家討論的

主題——包括寄養父母的行為對孩子親人的衝擊、扶養年幼孩子所帶來的相關議題，以及寄養媽媽做為親職角色示範和催化者的展現方式等，都可以提高家庭團圓的成功率。這樣的討論也帶出社會工作員富有監督兩個家庭之間關係的重要任務；兩家的關係品質急劇下降時，社工員可以直接進入情境當中處理。

119   團隊成員為了探索各自的角色和合作關係，必須接觸不同家庭的各種不同問題。有一個個案，三個孩子的原生媽媽，目前與機構的關係疏遠，這種狀況使得社工員和寄養父母都必須面對複雜的問題。

珍娜遭逢生活困頓時，主動申請讓三個孩子接受寄養照顧。他們分別被安置在兩個不同家庭，珍娜按時到機構探訪他們。有時，她覺得機構內限制太多，而且環境吵雜，因此要求帶小孩到外面去。基於機構政策的規定，這個請求被拒絕了。珍娜非常生氣，衝突愈來愈激烈，她斷絕了與機構的關係，不再去探訪三個孩子。

由於這個寄養照顧工作員和兩個寄養媽媽都是某個訓練方案的成員，他們將這個狀況提出來，希望團體成員和訓練老師能參與討論、提供意見。經過大家一番集思廣益之後，最後決定，因為兩個寄養媽媽住得近，而且孩子又分別住在她們家，所以由她們負責跟珍娜接觸。珍娜同意出席一次會議。按照他們的計畫，團隊決定由寄養父母負責帶領這次會談，不過社工員也會在場，以便有需要時可以提供協助。此次會談的目標在建立關係，打破珍娜和機構間的僵局，同時開始形成合作網絡。

會議一開始，珍娜坐在兩個寄養媽媽，克拉娜和羅拉之間，

社工員莫迪則坐在一邊角落。大家就座後，珍娜坐在位置上，兩手交叉放在胸前，沒有笑容、神情顯得緊張、不發一語。

克拉娜先打破沉默，開口說話。她有兩個孩子，老大巴比十二歲，老二瑪可五歲，全都自己照顧。

「珍娜，我只是想告訴妳……妳有兩個很帥的兒子。」

一個很棒的開場白，珍娜露出笑容，點頭示意，神情緩和了一些。

羅拉用開玩笑的口氣提到詹姆士是一個難以應付的孩子。詹姆士今年十歲，因為問題比較多而被單獨安置在另一個寄養家庭。珍娜表示，天下的父母都比較寵愛老大和老么，詹姆士剛好介在中間，他的日子比較不好過。

克拉娜就在這時提出問題：「妳喜歡我照顧兩個男孩的方式嗎？」

她認為珍娜必定有自己的育兒標準，她絕對有權利評論別人如何照顧她的孩子。珍娜回答「是」，表示知道克拉娜十分溺愛他們。面對這麼一個輕鬆的回答，她們都笑了起來。接著克拉娜以一種嚴肅的心情繼續談到瑪可，他剛搬去同住時，曾經出現一些狀況。「他非常容易衝動，我必須花很多心力在他身上……不過他現在已經堅強多了！」

這個時候，珍娜變得非常積極投入討論。她談到三個孩子，以及當初要離開時，她如何為他們做好心理準備。她提到自己從不隱瞞巴比任何事情，因為他有責任感且非常聰明；雖然她同時對老大、老二解釋整個狀況，不過她知道瑪可畢竟還小，無法真正了解。珍娜一直談著，從她的談話中，明顯看出她是一個有智

慧、觀察敏銳的媽媽，十分關心自己的孩子，且會順應他們的不同特質和個別差異。

羅拉加入討論，談到她照顧詹姆士的困難，他常會跟人打架。

她說：「現在我跟他之間有一點麻煩。他跟妳在一起時，若是發脾氣或做了什麼，妳都怎麼處理？妳會怎麼做？」

這是一種尊重的信任態度。羅拉尋求幫助以解決孩子照顧和管教的問題，接受珍娜曾有處理孩子問題的經驗，應該擁有一些不錯的想法。這是建立成人合作關係的第一步，以孩子的利益為考量，匯集各種資源。接著珍娜也以同樣的方式回應，她說詹姆士跟她住在一起時，也有相同的情形，他一向不喜歡讓別人指使；接著她詳細描述自己的處理辦法。

會談開始十五分鐘內，三個大人熱烈討論孩子的情形以及整個實際狀況。寄養父母的行為雖然出自自發性，不過卻也建立在他們認為與寄養孩子的家庭保持聯繫是一件重要事情的認知上，同時表現出他們已具備的，關於如何傳遞尊重和關心態度的技術。結果，她們在一個很短的時間內就找出媽媽的優點和引以為傲的經驗，然後開始以建設性關係為基礎的談話過程。

本次會議，社工員雖然在場，不過大部分時候都保持沉默，只是讓這個新關係自然發展。如果寄養媽媽們的技術不足以應付 121 或珍娜沒什麼反應，社工員就必須更積極一些。既然情況不是這樣，她就只需要守在一旁當個催化者。隨著會議的發展，她必須擔負起評估進展、視需要解決紛爭，以及讓這個個案繼續向前走的重要責任。

從經驗當中，我們體驗出專業人員和寄養父母之間可以一起

學習，並且形成合作的工作團隊，之後透過技術的磨練，一起協助機構的個案。不過這樣的團隊終究隸屬於機構內的組織結構，工作的成效有部分決定於機構的政策和制定工作模式的行政作業。

持續與行政主管接觸

訓練計畫推展當中，我們陸續與行政主管和督導們見面討論；某些特殊個案常常會使得政策問題搬上檯面。以珍娜這個個案為例，就必須重新檢驗機構的家庭探訪政策。珍娜是一個負責任的媽媽，她提出帶孩子到公園的請求，其實是蠻合理的。如果機構只是故步自封，不求改變，那麼珍娜和兩個寄養媽媽之間的關係勢必就會陷入困境。

我們深刻感覺到，有許多工作模式的存在只是基於習慣而不是法令規定，而且常常是以「最糟糕個案」的標準做為期待目標。許多機構根據自己內部的假設來限制家庭探訪，擬定政策常以操控需求、邏輯問題和必須保護孩子及寄養家庭為出發點。以政策的規定做為底線，確實合理，不過能否更具有拓展性及彈性？在哪些情況之下，工作模式可以依據個案的個別狀況調整，或只是一味按照既定步驟進行？譬如，在所有相關人士對珍娜的言行都還不能放心之前，如果有寄養媽媽陪伴，珍娜是否就能順利帶孩子出去？

我們也討論過其他需要行政主管支持、建立新工作模式的情境，特別是在轉換階段，涉及接案、個案協調、和密集服務等專業工作時。一旦孩子被安置，應該盡快讓兩個家庭聚在一起，以降低分離所帶來的傷害。公家機關的執行速度通常都較緩慢，如

果負責的一方認為這麼做對孩子、對家庭及最終的結果有益，那

122 麼就必須加速進行接案過程，以及擴大參與者的陣容。機構尋求改變，必須獲得內部上上下下的全面支持，以及政策制定者的特別鼓勵。

機構內的結構重組也是相同情形。我們常質疑機構推展個案管理的協調能力，並且舉出某些特殊個案的混亂及痛苦狀況為例，激發機構探討政策面的問題。我們也討論到轉換階段，要求工作人員增加參與時間。這些時刻雖然特別棘手，但也特別具有可塑性。新系統的形成過程中，最有可能出現各種正、負面的發展，而此時的努力也最容易產生事半功倍的效果。

談到這裡，訓練的內容其實牽涉到機構的人事。雖然在家庭、工作人員，和行政主管紛紛加入後，企求改變的目標可能會面臨更多的阻礙，不過修飾機構內政策、工作模式，以及技術層面，仍是可期待的合理目標。超越這些界限，與其他系統結合時，將會面臨更令人怯步的挑戰！

三角關係之外：與其他系統接觸時的處置策略

大多數的寄養照顧個案，都會受到機構以外的一些系統影響，而干擾到重要的決定以及個案的進展。我們來看看以下這個個案的相關系統網絡：

瑪莉很希望孩子能夠回到身邊。她一直配合參加被指定的親

職和諮商課程，固定時間探視小孩、與寄養家庭維持良好關係。機構工作員認為她已有足夠準備，但兒童保護服務的工作員並不同意，她一直強調法院的判決，並且認為瑪莉的基本任務就是必須先完成指定的課程。公聽會一再訂出日期、被取消、重新安排時間、又被延期。瑪莉一向能言善道，自認有能力為自己辯解。她抱怨，法官在公聽會中都只對著律師及兒童保護工作人員說話，從來也不理會她。這種狀況已經有一段時間了，瑪莉深深感到氣餒。與這個狀況有關的系統共有：法院系統、保護服務、諮商和教育體系、寄養照顧系統和寄養照顧機構等。

　　安琪參加住宿型的藥癮戒除方案，孩子則被安置寄養照顧。 *123* 這個方案強調她過去的生活經驗、各種感受，以及她在治療社區中的進展情形。不過因為安琪一直掛念著孩子和年邁的父母，因此不顧專業人員的勸告而中途放棄。與這個狀況有關的系統共有：藥癮戒除復健社區、福利系統、寄養照顧系統，和寄養照顧機構。

　　愛菲蕊達是一個到處流浪的單親媽媽，她有三個孩子：兩個被寄養照顧、一個跟外婆住。某個婦女權益促進團體提供給她還不錯的居住場所，不過只有一個房間。住在那裡的大部分婦女，孩子都接受寄養安置。如果愛菲蕊達接受這個住處，勢必無法與自己的家庭團聚。與這個狀況有關的系統包括：國民住宅局、民間機構提供的住宿機構、寄養照顧系統，和寄養照顧機構。

　　奈爾達和安琪兩個人的孩子都是特殊兒童，且都被安置在接受過特殊訓練的寄養家庭。奈爾達的兒子是心智障礙，安琪的女兒有肢障問題。透過兒童福利體系安排，這兩個孩子都在接受療

育，寄養父母則配合專業人員的指導，在家訓練孩子以滿足他們的特殊需求。雖然這兩個家庭未來可能團聚，至少目前兩個媽媽都還持續與孩子見面，但是她們從來就沒有機會接受與孩子特殊需求相關的訓練。與這個狀況有關的系統有：保護服務、醫療及教育系統、寄養照顧系統和寄養照顧機構等。

　　莫琳今年才十七歲，她和剛出生的小嬰兒一起被安排寄養照顧。她們與一對夫妻同住，這對夫妻很喜歡莫琳和小嬰兒，他們希望莫琳母女能真正融入這個家庭。儘管莫琳的原生家庭充滿物質濫用、家庭暴力以及解組等問題，她還是跟他們保持聯繫。雖然這兩個家庭之間彼此不信任、無法相處，不過少女未婚懷孕處置中心的善後照顧工作員仍然努力要讓他們聚在一起。莫琳面對這種緊張氣氛，只好對寄養媽媽隱瞞自己回去探視爸爸的事，不過還是被寄養媽媽發現了，寄養父母有被背叛的感覺而感到憤怒。保護服務的工作員正考慮將這對母子安排到另一個寄養家庭。與這個狀況有關的系統有：保護服務、青少女懷孕處置中心、寄養照顧系統、和寄養照顧機構。

124　　　這些個案都有一個相同的脈絡。雖然核心人物都包含在家庭之中，但是沒有任何一個系統或服務體系對此有任何反應。國民住宅局將愛菲蕊達視為是一個無家可歸的個人；藥癮戒除方案的工作員只注意到安琪內心的鬼魅和防衛；保護服務和寄養照顧系統視莫琳和小嬰兒為唯一的案主。他們都沒有將這些案主的原生家庭視為消費者，也是同樣需要接受協助。

　　雖然每一個系統都有問題，不過同時有幾個系統涉入時，問題就會變得更複雜。不同系統接觸一起時，會出現一些阻礙；某

個系統與另一個系統功能重疊時，看法會變得狹窄。從來就沒有人建議過藥癮戒除方案的工作人員，應該也要同時教導這些障礙孩子的親生父母和寄養父母。沒有人認為瑪莉有權懇求法庭歸還她的孩子，以及給她機會詳述自己所擁有的家庭資源；所有的資料都是經由兒童保護社工員轉達給法官，大都是依據她個人的觀點。在這個關鍵時刻，完全沒有考量到在家庭網絡內的瑪莉。

若是改變系統之間的溝通，是否就能讓他們多花心力在家庭維繫工作？答案有正反兩面。較大的系統涉入時，原先在寄養照顧機構權限範圍內就能夠達成的目標，可能會變得困難重重。協助貧困家庭時，面對法院系統、國民住宅局、兒童福利系統、藥癮戒除方案以及醫療服務系統的大組織，若要促成全面改變，必須從不同的層面著手。不過，寄養照顧設施中的顧問、訓練老師和工作人員，也並非沒有具備改變既定系統的資源。他們可以提高意識，強調協調不良的後果，以及政策若是沒有將家庭納入考量，可能造成昂貴且自欺欺人的代價。他們可以尋求機構內政策制定者的支持，結合其他系統的工作人員，為共同的目標攜手合作。

第一章提到的會議就是一個例子。這個會議集合了安琪和她的家人、兩個孩子的寄養家庭、寄養照顧工作員、她自行中斷治療的藥癮戒除方案的專業人員，以及負責訓練的顧問老師。這個會議旨在探索不同觀點，以及全體參與者都重視的複雜議題，企圖提高大家的覺察能力。對立的局面到底能有多少正面的震撼，其實並不可知。不過，這樣的討論就是一個開始，可以提供給不 *125*
同機構的代表互動機會，並且強調服務整合的需求。

　　將服務同一個家庭的各個系統代表集合在一起，是一個可以促進改變的工作模式。兒童保護工作人員協助寄養照顧個案時，負有執行法院判令的責任、且擁有相當大的權限。他們可以否決家庭團圓的建議，而不管寄養照顧工作人員的想法。如果兒童保護工作人員能與寄養照顧中的三方人馬接觸，他可能就會察覺，還有比完成法庭判決的指定工作更重要的事，譬如建立可靠的支持系統或增加育兒技巧等。然後，他會更有信心聆聽機構內其他同事對個案的判斷；原生父母提出讓孩子回家的陳情時，他比較有可能扮演倡導者，而不是一個阻礙者的角色。

　　雖然每一個個案都是獨特的，不過從這些案例可以找出政策和工作模式應該調整的方向。法庭應該調整時間表及例行工作型態，這樣即使在比較採信專家意見的情況下，他們仍然能直接聽到原告的辯論。至於負責住宅安排的公、私立機構工作員，應該能夠回應社會網絡的現實狀況，並且重新審查決定讓家庭繼續分開的專業判斷基礎。由服務兒童的教育、醫療、和治療各系統組成的轉介系統，應該考量到周遭的網絡環境，而且同時以原生家庭和寄養家庭為處置對象。最終必會證實，這樣的模式最有經濟效益，且更具有家庭友善態度。

　　在寄養照顧以及其他系統進入家庭生活的關鍵時刻，必要的工作項目包括挑戰界限、聯結參與者、並且尋求整合性的工作模式。以全面性社區服務和個案協調為目的的全國性運動都正朝著這個方向努力。工作員若隸屬於一個願意擺脫傳統觀念的寄養照顧組織結構，就有機會能夠從中學習，並且貢獻一己之力。

附錄 5-1　以生態觀點的寄養照顧爲基礎的寄養 [126] 父母訓練手冊

內容大綱
一封給機構主管和訓練老師的公開信

第一部分

生態觀點和寄養照顧

家庭互動

家庭模式

寄養照顧情境

訓練寄養父母

訓練的課題及技巧

基本課題

家庭維繫

外展至擴大家庭

家庭充權

發展階段

轉換時期

技巧

加入

繪製家庭圖

處理互補關係

尋找優點

III.公開討論

第四單元：不同種類的家庭──家庭型態和種族

針對訓練者（課題、技巧、目標）

單元活動

I.家庭型態

II.種族

III.公開討論

第五單元：探訪以及持續接觸

針對訓練者（課題、技巧、目標）

單元活動

I.探訪及家庭接觸的意義

II.鼓勵家庭探訪

III.探訪時間：安置前、安置期間、安置後

IV.公開討論

第六單元：協調個案工作員

探索功能及新角色

針對訓練者（課題、技巧、目標）

單元活動

I.機構內的寄養照顧活動：有組織的服務和新角色

II.個案工作員和寄養家庭形成一個工作團隊：設定與原生家
庭接觸的典範和角色

III.公開討論

附錄

寄養照顧活動的記錄表範本

128 **第七單元：協調個案工作員**

執行整個過程

針對訓練者（課題、技巧、目標）

單元活動

I.做好雙方接觸的準備

II.與原生家庭會面

III.共同解決問題

IV.公開討論

第八單元：返家

針對訓練者（課題、技巧、目標）

單元活動

I.「返家」的轉換：不同的觀點

II.「返家」的轉換：一起做計畫

III.結束訓練

第六章　物質濫用問題合併懷孕 *129*

家庭取向的周產期方案

本章討論重點以貧困、懷孕、又患有物質濫用問題的婦女為對象。當然，受到物質濫用問題影響的人口群應該更廣泛，橫跨不同的社會階級、年齡，和性別，不過針對這群命運多舛的婦女而言，治療的工作更是急迫。因為她們正孕育著下一代，而不管這些新生嬰兒的藥物反應是否為陽性，積極處理這些準媽媽的藥癮問題，將會為這些婦女、她們的孩子，以及整個社會帶來長遠的影響。因此，我們要很仔細介紹家庭取向周產期方案的形成過程及演變經過。

其實，促使我們仔細探討這件事的第二個理由也非常重要。這個方案的發展經過，就跟所有新方式被引入既定系統時的狀況一樣，不管這個系統是診所、醫院、學校或任何組織團體，都會出現一些相似的議題。雖然我們在此探討的特定危機、妥協方

案，和解決方法，都與這個特定場所有關，不過這些經驗也都能適用於許多不同的狀況。

這個周產期方案附設在一個規畫周詳、專為物質濫用者設置的治療社區中，而這個社區則隸屬於一間大型城市醫院的其中一個部門。從這個方案成立開始，我們就一直擔任顧問和訓練者，被賦予的任務包括建立家庭工作取向，以及協助工作員將此部分統整到他們的治療模式。這樣的合作關係推展一段時間之後，處遇模式的範圍和內容有了一些改變。我們接觸的範圍逐漸超越周產期部門的工作員，擴大到治療社區中的其他成員、在周產期部門就診的婦女，以及她們的家人、最後還涵蓋了醫院婦產科的所有病患及工作人員。因此，訓練工作和諮詢內容都變得更加複雜；我們必須變換思考的觀點，關心次系統的衝突，並且每隔一段時間就必須停下來，重新評估自己的角色及所關心議題的先後順序。

這個處遇模式突顯出性別議題的重要。以婦女和兒童為對象的周產期方案，卻是合併在以男性為主導的治療社區中。性別議題油然而生，雖不關乎政治，卻反映出不同的現實狀況，而我們提出來的家庭取向模式就處在這些緊張關係和解決方法之間的核心地位。

這個處遇模式也提出所有訓練方案都可能面臨的基本問題：如何讓一個新模式能被接納？讓它變成機構中的一部分，這樣，接下來的工作模式才能有變化，工作員才能以新的工作方式訓練新進成員，新方案的永續經營才不必一直仰賴當初的方案創始者。我們目睹這個新方案的產生、蓬勃成長、達到高峰，然後又搖搖欲墜地合併到醫院內的某個部門，同時卻又延伸觸角，在另一個部門生根發

展。為什麼會出現這種狀況？哪些內容持續存在？哪些已經消失？又有哪些內容已經永久存在？

我們將在下一節介紹這個機構、處遇方案的特性、方案的演進過程，以及最終這個方案如何移轉到另一個更適合的部門。

周產期方案

周產期方案是一個相當特別的計畫，由醫院藥癮部門的主管開創，經費來自機構外的補助。這個方案是一個治療服務計畫，以有習慣性偷竊及吸毒的懷孕和產後婦女為對象，是原有的日間治療康復診所內，新增加的一個方案。這群新案主被安置在診所原先的治療社區中，工作人員只增加了一位方案協調人員和一位顧問。這個社區結合了醫療照護、心理社會服務，採用適合於這群具有多重問題新個案的自助模式為工作重點。此外，日間治療的模式也比較吸引女性吸毒者，因為她們認為長期住院治療方案會威脅到她們與外界之間的情感聯結。 *131*

我們的訓練中心——家庭研究中心，某些工作人員被邀請前去處理與藥癮者的家庭相關的議題，譬如化學物質依賴對家庭結構的影響，以及家庭結構對個人的影響。其實，這個任務比較複雜，反映的不只是整個狀況的真實情形，也包括了我們對整個改變過程的看法。從一開始，我們就提到新成員進到現成的社區中，所產生的組織動力。我們對於自己提出的家庭取向模式，雖然預期可能遭到一些阻力，但絕對沒有想到自己會介在治療和個案管理政策「新」、「舊」人事之間的衝突當中。因此我們立即

著手解決紛爭和調適工作，並引進家庭取向的概念。

　　我們重新追溯整個諮詢和訓練的過程，試著分成三個階段：一、周產期方案納入治療社區中，二、逐漸區分出這個方案與其主體之間的不同，三、此方案擴展到其他醫院。用一般的話來說，納入、區分，和擴展這三個步驟是任何一個方案想要能成功統整到一個較大組織時的標準過程。

周產期方案納入治療社區中

治療過程開始

　　一旦方案開始進行，訓練老師（或顧問）的首要工作須先對該機構有些認識。我們花了一些時間觀察、與工作人員討論，以及參與會議討論行政和政策的議題。其中包括每週一次的工作人員會議，這當中也包括了周產期方案新加入的工作員；此外還有由這個新設立部門主管主持的月會，參加的成員除了周產期方案的工作員外，還有治療診所的負責人和督導。

　　由於治療社區是主體文化，而我們的工作模式都必須依據它的結構和取向而定，因此必須先從它的人口群、哲學觀和例行事項談起。

主體文化

服務人口群及模式介紹

　　該治療社區是一個以二十五歲到五十歲出頭的物質依賴患者為對象的日間治療中心。這個診所附設在一個大型的醫療機構，主要採取自助策略。這個治療社區模式的特徵在於擁有一群醫療、心理治療、教育，和提供社會工作服務的專業人員。工作員扮演專業助人者和社區監督者的雙重角色。譬如以護理人員為例，她們的職責在處理醫療問題，不過透過例行採集尿液樣本的工作中，她們也同時提供給居民一個免於受到藥物危害的社區。諮詢顧問和社會工作員幫助案主設定並追求治療目標，同時也持續掌握社區整體的情緒氣氛。該診所除了內部的活動之外，也與醫院其他部門和外面機構的工作員保持聯繫。

　　通常診所大概有三十至四十個個案，大部分是男性，非裔美人或拉丁美洲人，以及貧困弱勢者。有許多個案入院時是無家可歸的流浪漢，有些則是HIV帶原者。大部分患者都有長期吸食藥物的經驗，也都是經常進出其他藥癮治療方案的老個案。想要進入治療社區方案的案主，申請資格包括目前有吸食藥物習慣的吸毒者、有意願戒除藥癮的患者，以及被勒令接受十八個月治療的個案。初次會談中，工作人員先評估案主的動機，解釋及說明方案的內容，最後再共同擬定一個包含個人目標在內的治療計畫。

　　如同我們所預期，案主一開始的反應相當被動，因此初期的重點在於取得案主的合作參與。第一個階段至少須持續九個月，*133*

一星期參與五天。每天一開始的課程，先由工作員和案主進行半小時的會議，然後再開始各種不同的活動：包括治療社區模式的簡介、心理教育課程、為新手舉辦十二個步驟的說明討論會、麻醉藥癮匿名團體的開始和結束會議、自我表露會議、支持團體、壓力和放鬆工作坊，以及每天課程結束前的社區會議。週末放假之前的星期五，以及銷假回來之後的星期一，舉行「預防藥癮復發」及「週末生活」的討論會議。此外，每一個案主都會個別安排一位諮詢顧問和一位支持者，以便跟他們討論問題。

案主受到密切的監督，以了解他（她）是否遵守社區的規則。若是有案主違反規則，勢必受到其他案主和工作員的質詢。每星期有兩天的主要活動在「交流」，整個社區都參與其間，由工作員負責催化。案主輪流坐在「特別位置」，經歷這場情緒洗滌的經驗。他們接受別人的挑戰，了解進步狀況、是否使用否認機轉、社區的成就，以及操控的行為。交流的目的在提高案主遵守社區規則的行為，洞察坐在特別位置的每一個人所使用的防衛機轉，團體中的其他成員則鼓勵當事者表達內在的情緒。一般說來，這些經常性的會議被視為是一種手段，用來協助社區中的成員更開放，且可以互相支持。

在這個階段，案主應該能夠逐漸加快融入社區的速度。案主是否能持續參與方案，以及維持滴酒不沾，決定於他個人的動機、社區的支持，以及社區堅持的價值觀等因素。住進治療社區較久的資深案主，因為能力受到肯定，常分配到一些社區的任務，從拖地板、辦活動，到計畫及主持特殊會議等職責，成為一位「大哥哥」的角色陪伴新成員。這些都是案主的進步跡象，案

主建立責任感和自尊心的同時，也能產生歸屬感。

　　案主若停止嗑藥超過九個月，且參與的態度又令人滿意，接著就可進到下一個新的階段，此階段的參與次數只需一星期二到三天。在這個重新進入的階段，主要在幫助案主適應外在世界的生活——包括經濟、居住、工作、法律事務、家庭，以及其他重要的關係。等到案主從這個方案畢業後，他（她）應該能夠找到工作、回到學校或接受職業訓練，而且已經解決任何妨害戒酒或影響康復的問題，此外，也可以與診所持續保持某種關係——譬如擔任新案主的支持者。 *134*

　　進行的過程並不一定都如計畫般順利。中途放棄的事件屢有所聞，有些個案甚至未能全程參加初期說明階段；也有一些個案不按時參與，最後就不了了之，中途退出；另外也有一些個案雖然準時參加，但是情緒一直是疏離的。中途退出或「舊疾復發」的案例時而可見，因而減緩了進展的速度，且延長了治療的時間。某些個案被要求離開這個方案，特別是那些違反「不可嗑藥」規則的案主；相反地，有些個案卻是過度投入社區當中，抗拒進到下一個階段，且不願意畢業離開。撇開這些不可避免的問題，這個方案確實可以稱得上是一個成功的治療社區模式範例。

社區對家庭的態度

　　因為我們特別鍾情於家庭取向，因此在每週一次的工作人員會議中，第一個觀察重點就放在與家庭相關的資料。觀察到了什麼？討論了什麼？秉持什麼態度？如預期所料，會議中，家庭的相關議題根本不受到重視。案主討論的都是個人成功或失敗的經

驗、個人與社區中其他成員的關係，以及與工作人員的互動關係。至於與家庭的關係，以及家庭對康復的可能影響，則談得很少，甚至隻字未提。其實，工作員本身對於案主的家庭背景、現實狀況、或家人之間的關係，也幾乎都不了解。

　　觀察了他們的討論內容，我們察覺到社區的運作根據兩個主要的原則：認為成癮案主需要強調自己，同時在處理其他事件之前必須先處理好自己的成癮問題；此外也確定案主的生活社區就是主要的治療脈絡。在診所內發生的每一件事，都是為了追求生活中不再有藥物，社區成員之間的關係成為助長個人掌握自己的重要力量。工作員所依據的這些原則並沒有引導他們將家庭視為是一個相關的處遇單位。

135　行動中的社區

　　當然，社區關係的現實狀況是複雜的。友誼在每天的活動過程中慢慢形成，並逐漸延伸到方案以外的時間，成員也如願得到彼此的支持以預防復發。某些關係，譬如資深成員對新加入者的協助制度，就得到方案的明確認可。其他如性關係，則被視為等同亂倫議題，嚴禁討論。大部分時候，社區成員之間的接觸反映出彼此之間，或聯盟、或敵人、或領導的自發性動態關係，以及希望得到注意力和付出注意力的需求。工作人員為了保護案主免於彼此干擾時，案主之間會互相競爭以獲得工作員的注意力，居下風者則埋怨工作員的態度不公，因此專業的界限和客觀性就變得模糊。就社區本身的熱度和動力而言，其實已經具有「家庭」的眾多特性，事實上也常常被某些案主認定是他們「真正的」家

庭。

對工作員來說，這些引導的原則非常具有參考價值。因為他們都強調成癮問題，並視治療社區為解決方法；至於案主生活中的其他部分則是次要。譬如我們在工作人員會議中聽到，有個案主從庇護所來診所的途中，在教堂停留了一陣子，因而遲到受到大家的質疑。另外有一個案主，因為擔任烘焙師傅，必須夜間工作；大家給他壓力，希望他辭去工作，這樣他才不至於因為工作太累而無法參加社區的日間活動。如果我們開口問到有關他們家庭的資料，得到的答案是根本不存在（「喬沒有家人」）、拒絕（「戴夫不想讓家人介入」）、被家人排斥（「保羅的家人不願意受到干擾」）、或有害的（「布蘭達的媽媽是一個不好的榜樣，可能會讓她再度復發」）。

讓家人參與的想法只出現在重新進入的階段，可以配合「案主在做好心理準備討論家庭議題之前，必須先能投入社區，處理好自己的成癮問題。」這個原則。即使是如此，家庭並沒有被包括在治療當中；相反地，他們只有在一些特殊場合才被邀請參加，譬如節慶宴會。家庭和外面的世界主要被視為是治療後的資源，惟有在案主屆臨出院計畫，及準備離開社區時，才被邀請參加。在了解了主體文化的模式之後，我們需要進一步思考，自己 *136* 在周產期方案中所要扮演家庭諮商顧問的角色內涵。

將家庭取向工作模式引進周產期方案

案主一開始進入周產期方案後，馬上接觸到的就是治療社區中的標準流程。他們被期許與諮詢顧問建立一個親密的治療聯

盟，成為一個社區中的積極成員，且至少持續十八個月以上；家庭議題不是最重要的考慮因素。如果一位有化學物質依賴問題的懷孕媽媽，孩子被寄養照護，可以確定的是她與孩子的關係會暫時中止，除非等到她在這個方案中有明顯進步——譬如強烈表現自己願意專心處理成癮問題的動機，且願意配合遵守十二步驟的哲學理念，孩子才有可能回到她身邊。

我們卻有不同的看法。周產期方案中的工作員應該要更敏感到家庭是一個重要的資源；他們需要了解如何保護和增強案主與孩子、配偶、手足及父母之間的聯結。其實，我們把一個不一樣的模式帶進這個情境中，因此必須面對的現實是這兩種模式可能陷入衝突之中。

圖 6-1 列出代表治療社區的原有模式以及代表家庭系統取向的新模式，兩者之間的比較。各自重點分別放在戒除藥癮以及家庭聯結、對於家庭角色的不同概念、對於案主進到這個治療社區的不同條件標準，及針對案主、社區及家人的不同關係結構。

由於傳統的治療哲學理念確有其影響力，我們小心避開直接的對質。我們先不挑戰某些固有的模式，也不去質疑康復過程執行任務的先後順序，且不堅持家人一定得參與。

137

表 6-1　不同取向的周產期方案：治療社區及家庭系統模式

	治療社區	家庭系統
主要的價值	藥物戒除	聯結
家庭的角色	次要的	主要的
	偶爾被邀請的客人	全程參與者
	方案結束後的資源	從開始就可利用的資源
	治療變得複雜	因治療而複雜化
	一部分的問題	問題解決的關鍵
對於新個案群的反應	必須適應社區內的文化	需要特定的次文化
關係結構		

　　相反地，一開始，我們先提供教育課程，重點在介紹「家庭是一個重要因素」的概念。使用這個策略有兩個主要目的：提高工作人員對案主家庭生活的關注，這樣他們才能評估出家庭對於康復過程的潛在影響力，以及產生更有建設性的信念和態度，視家庭為家庭取向處置模式的最終基礎。為了這兩個目的，我們提供專題演講，介紹家庭結構、種族、衝突，和優勢，舉辦每週一次的個案諮詢，並進行有示範作用的家庭會談。我們的任務雖然是訓練周產期工作員，不過這些工作員也是大機構的一部分，而他們的案主也會跟這個大機構內的其他工作人員互動。因此，我們仔細安排活動時間表，以便讓診所內所有相關的工作人員都能參與。

　　整個工作的進展速度相當緩慢，我們詳細討論一些具體可見

的資料之後，重新定義一些自動產生的負面資料，並且擴展了工作人員的思考視野。譬如，有一個個案，我們質疑工作員所稱，這個案主一直受到家人拒絕的看法。雖然正式的記錄寫著案主懷孕後，這個家庭全都排斥她，不過我們從不同的工作員口中聽到不同版本的故事。這個案主的諮商員知道她有一個比較支持她的
138 姑姑；另一位工作員則聽過案主的媽媽頗關心即將出世的小孫子。案主的姑姑和妹妹接受邀請，答應前來協助我們獲得更多資訊時，我們進行了一次示範性的會談。我們跟案主的家人一起繪製了家庭圖，因此對這個家庭有了更清楚的認識，而不只是根據案主自動提供的資料，或個案記錄所記載的內容。透過類似的個案諮詢會談，我們介紹繪製家庭圖的概念，以此做為資料收集方法，了解誰是案主生命中的重要人物，誰喜歡她，誰又對她失望，以及誰幫她照顧孩子等問題。

　　工作員對這些議題很感興趣，同時很快發現，即使那些宣稱不想讓家人涉入的案主，也會一直提到一些未完成的事情：譬如不被父（母）喜愛的感受，母親喜歡兄（弟、姊、妹）而對她不好，被某位關係親密的親人背叛、因為「她偷走了我的孩子」，或者對所有家人感到失望……。隨著他們對家庭議題的關注增加，我們更有機會被邀請，針對某些特定個案提供家庭諮商：譬如依奈姿有三個孩子，分別被安置在不同的寄養家庭，她與媽媽、男友之間形成一個頗為複雜的三角關係。茱麗的男友雖然明顯對她的復原有幫助，但是工作員懷疑他有暴力傾向。雪莉對於孩子的監護權交給她媽媽一事，一直懷著先入為主的偏見，因為過去她與媽媽的關係始終是對立的。貝絲住在一個相當複雜的環

境，工作員曾經要求跟她所有的孩子、他們的寄養家庭，以及其他相關機構的工作人員一起開會。

　　我們利用這些會談做為示範，展現以促進家庭關係為重點的工作取向，而不是工作員過去所認為，只強調治療失功能部分的作法。雪莉抱怨她媽媽總是破壞她的計畫，讓她無法上學、讀書時，我們從比較廣泛的角度進一步探索，尋求正面的意義：「妳的小孩識字嗎？」、「他們知道妳不識字嗎？」、「即使妳不識字，妳還是能協助孩子做功課嗎？」、「妳媽媽識字嗎？」，從這些問題所獲得的答案，可以對這個家庭的面貌有更清楚的認識。其實雪莉的媽媽不只認得字，也會寫詩；雪莉和媽媽之間的對立關係非常複雜，夾雜著讚賞與欣羨。藉由這種共同探索的方式，我們可以協助雪莉建立更有建設性的家庭關係。

　　我們每週只能有幾個小時的時間，針對某些特殊個案，指導 *139* 工作員及提供諮詢，當然這樣的時間絕對不夠——要改變工作取向，必須整個結構都能改變，我們也在尋求方法，希望可以影響更多的政策及工作模式。

嘗試改變接案的工作模式

　　如果機構欲採用一種不同的工作取向，就必須修改工作流程，這樣才能納入新模式的目標，且能支持新建立的技術；這種作法是一個通則。無論如何，每一個環境都需要一套特定的評估方法，在特定的氛圍內考量適當的時間及正確的機制。在新方案推展的第一個月期間，周產期方案的個案有蠻高的流動率，因此適合提出建議，改變接案的工作流程。

　　方案開始運轉之後，有不少個案經歷很短時間之後就中途退出。周產期的工作人員將這種中途退出的行為視為是案主缺乏動機的一種自然結果，以及因為她無法順應社區規則而造成的後果。不過這種超低的統計數字卻也威脅到方案的永續經營。從日漸減少的參與人數，可以看到修改處遇行動的必要性，以及開放更具有激進理念的方式。我們建議，如果案主生活脈絡中的主要成員能夠參與接案流程，成為復健階段的工作夥伴，這種情況應該可以改善。接案的對象可以包括先生、男友、父母、小孩、保護或寄養照護機構工作員、或隸屬在這個方案中，對於固定參與採取贊同立場的任何一位工作人員。我們提出如何進行家庭接案的指引，以具體呈現建議。

　　我們第一次提出的修改建議並沒有成功。受邀請前來參加接案會談的名單還是跟過去一樣。回想起來，我們領悟到，家庭接案方式與快速建立方案的需求，二者之間，其實是相抵觸的。經由個別會談來確認個案問題，還是一個比較容易、快速、或許也是比較讓人覺得自在的方式；另一方面則改變了接案會談的品質。工作員變得更能敏感於案主的周遭環境脈絡，他們開始利用部分的個別會談內容繪製家庭圖，並且詢問有關家庭的組成成員、家人關係的品質，以及不同家人對於案主成癮問題和未來康復的態度。

140

　　此外，接案會談中建立的治療計畫，此時可以使用不同的語言來指導，並具體指出更廣泛的目標。有鑒於過去的計畫總是模糊訂出諸如「重新取得被寄養照護孩子監護權」的遙遠目標，現在的目標則在具體說明如何維繫及促進與孩子的接觸，而不管他

們是否正處於寄養安置當中。這是非常重要的一大步！其實，就社區與醫院之間的關係脈絡來說，是一個轉折點。鄰近地區一直暗中謠傳著一個清楚的訊息：「如果妳懷孕了，又剛好有化學物質依賴的問題，醫院在妳生產後就會把孩子抱走。」新方案的出現，視母親和孩子是一個整體，而且以重新建立家庭聯結為努力的目標，這樣的新取向開始顛覆了醫院過去的名聲。於是，自動前來醫院申請進入這個方案的懷孕（合併化學物質依賴問題）婦女人數，逐漸顯著增加。

鑑別周產期方案

　　周產期方案逐漸訓練出一批經驗豐富的成員後，也就是說，某些參與過這個方案的婦女已具有足夠能力組成核心團體，此時就可開始第二階段的訓練與諮商。在這個階段，她們針對既定的工作模式，向治療社區——特別是工作人員——提出挑戰。這個挑戰雖然造成一些衝突，不過也提供了審查和修改的機會，我們也因此可以更直接將家庭觀點帶進方案之中。

工作人員的問題

　　周產期方案的人員逐漸增加後，開始出現許多複雜的問題，除了人員的流動，還包括婦女們猶豫且不積極投入的態度、不固定參與、經常無法遵守規則等問題，以及案主常常遲到、提早離開、記錯日期、且以一種敷衍了事的態度參與社區會議等狀況。

　　為了反應這些問題，工作人員之間畫分出治療和訓練兩個組 *141*

別。該治療社區的核心工作人員期待新加入成員能完全遵守方案的標準規則，耽心若不這麼做，就會破壞整個康復計畫、且失去案主的士氣。不過周產期的工作員爭辯，由於這些案主具有特殊的生活狀況，因此需要一個比較彈性的態度。他們允許這些婦女參與的次數，一週可以少於五天，或甚至更少；大致來說，他們是以一種比較從寬的態度看待違反規則的人。不過核心工作員並不同意這樣的特殊待遇，因此開始依照慣用的獎懲方法處理違反規則的周產期方案案主。違規的案例一增多，工作員之間意見不合的情況也跟著增加，而且他們不斷爭議是否該懲罰違規的案例？如何懲罰？誰來懲罰？由於工作員內部的緊張關係，使得周產期方案的負責人發現這份工作確實具有很大壓力。第二位負責這份職務的人也辭職時，我們被徵詢有關接替人選的意見，最後決定聘用了一位對家庭動力非常有興趣的人來接任負責人的職務。註

工作人員的聘用是一個重要的要素，同時也是我們在對機構的諮詢工作中，一件較難掌握的事件。改變，雖然常常無法如願產生，不過當機會來臨時，以諮詢顧問的身分能夠協助遴選新的人選，也是一件能夠欣然接受的額外收穫。

更換負責人的作法，並沒有解決工作人員之間的衝突問題。事實上，新任負責人採取的作法更使得不一致的意見一一浮上檯面。他積極與醫院的婦產科和當地的婦女庇護所聯結，發動了一

註：David Greenan，目前主持米紐慶家庭中心，是該單位的負責人，後來並且負責將此方案擴展到其他的服務。

場強而有力，且相當成功的個案招募運動。使得蜂擁而入的新個案，以一種比過去更快的速度，加速挑戰現存的規則，以及對政策的不同意見。

支持性別差異的議題

　　工作人員之間的分裂現象，使得諮詢顧問有機會將不同的觀點帶進來公開討論。我們鼓勵在每月一次，由藥癮戒治部門主管主持的討論會中，開放討論衝突，同時保證以方案運作的最大利 *142* 益做為考量的前提之下，提供分析和建議。我們特別利用這個討論會開會時間，同時新負責人也在場時，建議將周產期方案的個案視為一個特別的族群，且強調她們需要的是一個能自在表達需求的方案。

　　我們採取以性別議題為主的立場，包括關心懷孕對婦女的顯著影響，也大致說明了這個團體的成員為何無法順應社區規則的困難。這些婦女選擇來這間診所的理由，不同於其他傳統的個案。她們與一般男性個案也不同，因為自己並沒有機會參與決策過程，討論是否要加入這個治療社區？大部分人都是突然面對是否進入這個方案的抉擇，或者在孩子一出生時就被安排。與男性案主相比較，許多婦女個案寄居在醫院附設的庇護所，她們與外在的網絡也比較有聯結。譬如繼續維繫與男友、小孩、父母及兄弟姐妹的關係。協助她們的兒童福利機構個案工作員，工作目標常常放在如何讓她們一家能繼續生活在一起。寶拉提早離開方案活動去探望女兒時，蒂娜因男友把自己的孩子帶回家而不得不請兩天假時，克莉思塔為了處理移民和公共救助申請事宜而錯過三

天課程時，協助她們的兒童福利及寄養照護機構的個案工作員都
鼓勵她們面對這些狀況時能做出自己的決定。

　　我們強調的這個新狀況，主要是將一群具有多重聯結的女性
人口引入一個以男性為主，且自我封閉的社區。我們了解工作人
員的主要任務是重視他們的案主，在這個方案中的活動及進步情
形，不過我們也督促他們，提供給這群婦女，一些對她們有重要
意義的外在世界現實狀況。對於社區中的大多數工作人員來說，
這樣的作法意指他們更能容忍這些婦女參與方案及遵守規則的方
式。對於與我們的工作有最密切關係，以及最直接涉入這些婦女
的周產期方案工作人員來說，則意指以團體的型式來發展新方案
的活動，以方便討論家庭取向的相關事宜：譬如家長支持團體以
及家庭議題討論團體等。

家長支持團體

　　我們很清楚，周產期方案的婦女個案應該強調（至少有一部
143 分時間）她們與孩子之間的關係，不只是即將要出生的嬰兒，也
應該包括其他的小孩。我們建議這個行動應該由醫院兒童生活部
門的兒童發展專家負責；這樣的建議似乎相當激進。工作員尋找
機會與某些醫療服務機構接觸，有需要時就可運用這些資源，不
過通常他們並不習慣將大醫院的資源結合到自己的方案中。我們
要在這裡提出一個溝通的案例，這個例子不只結合了橫越傳統之
間的各種服務，同時又能小心保持彼此之間的界限。

　　為了配合這樣的建議，我們修改了方案的時間表，改為一周
一次的會議，並且將討論的焦點改為以兒童及其雙親的角色為

主。會議的地點就選在孩子的托育場所，牆上掛著孩子的圖畫及玩具，以製造出一種溫暖、且重視孩子的氣氛。這樣的會議提供給這些媽媽機會，一起討論親子關係的議題、分享她們的經驗及關心的事情、學習了解孩子在不同發展階段的能力表現，以及如何刺激他們成長的技巧。

由照顧孩子生活的工作人員帶領活動，能夠產生連鎖反應，增強此方案以家庭為焦點的取向。此刻，參與這個方案的案主，會將一部分心力投注到親職議題，而不只是關心藥癮問題，她們也會接觸到兒童福利部門提供的其他服務，譬如嬰幼兒發展評估及治療托育方案。經過這個初期階段之後，再逐漸擴大到父親及家族中其他重要關係人的參與。此外也應有治療社區中男性工作員的加入，以衝擊整個臨床社區。藥癮復健方案中，某位沉浸在以家庭為焦點治療氛圍之中的案主，說了這麼一段話：「這是我最喜歡的一個團體，因為在這裡我不被視為是一個藥癮者，而是被當做一個媽媽（或爸爸）！」

以家庭議題為討論焦點的團體

第二個增加的是每週進行兩次的家庭議題討論團體，由該方案的負責人帶領，參與的人還包括家庭研究中心的諮詢顧問。透過這個團體的進行型式，可明顯看出與傳統工作取向之間的不同。「家庭」是團體討論的主要話題，同時特別留意到這些婦女案主，在方案內的人際互動關係，以及與家人之間關係的聯結。一開始，運用此團體做為應付難相處家人的舞台，這些會議協助參與者改變了與家人之間的關係，從原先的衝突性轉變成比較具

144

有合作性的聯結關係。她們開始邀請家人參與諮詢性會談,並且將這樣的邀約目的定義為重建和諧關係及探討各種難題。

　　舉一個例子,凱薩琳描述六年多以前,因為感覺自己無力照顧兩個年紀幼小的孩子,所以委託姑媽代為照顧。凱薩琳和姑姑有個默契,預期凱薩琳在兩年內會回來接走兩個小孩。不過等到凱薩琳覺得自己有能力帶回孩子時,已經超過五年了。姑姑覺得自己需要多一些時間做準備,凱薩琳也能體會姑姑的心情;不過從那次談話後,她們兩人都覺得有些彆扭。兩人一起談話,變成是一件不容易的事,姑姑甚至會阻撓凱薩琳與孩子見面。凱薩琳在團體中說完自己的故事時,有一個成員建議她可以上法院提出告訴。這是團體中談到孩子探視權和監護權時,常有的普遍反應。不過家庭諮詢顧問提議,由凱薩琳邀請她的姑姑前來一起討論;雖然她對這個建議感到緊張,不過同意試試看,且當場就打電話給姑姑約好時間。接下來的這次討論,對凱薩琳和整個團體,有很重要的影響。諮詢顧問協助姑姑不再只是一味質疑凱薩琳照顧孩子的能力,而能談出自己內心的真正感受,面對自己已經照顧了六年的孩子,就跟親生子女沒有兩樣,一旦要離開,內心確是百感交集。儘管凱薩琳還是感到困擾,不過已經能夠接受姑姑的心情,因此開始想出一些方法以增加探視孩子的次數。原先的責怪、敵對關係,轉變成一種合作關係。對整個團體來說,凱薩琳打電話給姑姑的決定,是一個催化劑。接下來幾個星期,另外兩位有相同處境的團體成員也個別定出家庭會談時間。過去以訴諸法院解決問題的自發性衝動慢慢退卻,取代的是安排類似的家庭會談,以當面溝通解決問題。

對案主和工作人員來說，這樣的工作模式代表的是思考方式 *145* 及工作模式的重大改變：這樣的變化，有時令人滿意、有時令人興奮，且帶來有成效的希望感！雖然還沒有足夠的證據，不過我們認為重新聯結家庭成員，能夠協助這些婦女，不只可以修復與家人的關係，也可以成功改善藥癮問題。團體中同時產生團結和情緒支持的感覺，提供一個新的典範，且補強（並非取代）家庭的聯結關係。大體來說，這個方案中組成的特定團體，提供的某些支持項目，與大治療社區提供的一些團體與活動，其實是相同的；不過不同之處，主要是本方案討論的重點集中在女性關注的各種議題，以及強調與外在世界建立強有力的聯結關係。

嬰兒受到的衝擊

第一個屆臨生產期的懷孕婦女個案進到本方案時，有關周產期案主的特殊需求更是顯而可見。新的政策議題開始出現，新的現實狀況則帶來環境中物理設施，及治療重點的改變。

政策議題

思考內涵的改變並不會自動跟著出現類化的能力。每當出現新議題時，通常會出現的反應趨勢是退回到傳統的假設及工作模式，而不是馬上採納比較生疏的新模式。因此，嬰兒的出生會成為工作人員之間的一個最新衝突來源。治療社區的負責人期待城市的兒童福利機構能指派一位居家服務員，到案主家中或庇護所照料嬰孩，這樣媽媽才能有空參加本方案。某些兒童福利工作人員同意這樣的安排，不過也有些工作人員對媽媽們施壓，認為她

們應該以自己的孩子為重，即使影響到自己參與方案的時間，也是理所當然。社區的工作員以一種強烈不信任的態度反應：「如果她們這麼自由，能夠在嬰兒或方案之間做出決定，那麼工作人員還能展現出什麼吸引她們的技巧呢？」、「幫助這些嬰兒留在媽媽身邊，難道是不負責任的表現嗎？」，周產期方案的工作人員常常處在兩邊爭執當中，顯得左右為難。

146　　這種政策面的衝突，又一次讓諮詢顧問有機會提出一個強調周產期方案特殊性質的工作模式。我們贊同家庭應該參與方案，堅持兩個論點：第一，保護和滋育母子的親密關係，是周產期方案的必要部分，事實上，也是證明該方案應該存在的正當理由。第二，小嬰兒的出生，應該被視為是藥癮康復過程的助力，而不是阻礙因素。基於這些理由，我們極力反對以居家服務員做為解決方法。周產期方案，並不贊成嬰兒與母親分開，反過來希望找到一些方法，使得媽媽在參與方案時，孩子也能與媽媽相處在一起。這樣的立場使得原先的政策必須重新接受檢驗，且牽涉到醫院階層制度中，好幾個不同的權力階級，最後終於促成了周產期方案的結構有了重大的改變。

物理設施的改變

第一個要提出來的問題是，醫院是否要接受嬰兒的參與？這個議題需同時考量藥物檢驗為陽性的嬰兒，及嚴格說起來並不算是病患的健康嬰兒。護理人員有一些擔心，若嬰兒是愛滋病帶原者，那麼將使得診所內的其他案主有被感染的危險。基於藥癮部門主管的要求，醫院流行病學的專家代表詳細了解狀況之後，公

布一條規定，強調兩個重點：同意接受將嬰兒包涵在此方案中，不過為了所有嬰兒的健康及安全，必須嚴格遵守幾條指導原則——案主若罹患傳染性疾病，必須暫時被禁止參與方案；應該安排讓嬰兒更換尿布的適當場所，並要求所有為嬰兒處理各種需求的工作人員，在動手之前都應該先洗淨雙手。

這些指導原則，以及基於對嬰兒安全及福祉的高度關懷，促成了醫院中物理環境的改變。醫院特別撥出一間大房間，專門給周產期方案的團體使用。所有傢俱重新安排，撥出經費添購新的嬰兒床，讓這些小嬰兒有地方睡覺，牆壁也貼上各種顏色鮮艷的圖片，同時提供可以冷卻或溫熱嬰兒牛奶的設備。等到嬰兒逐漸長大之後，又增添了海綿墊（或草蓆）以方便孩子爬行，另外也提供各式各樣玩具。該診所內的周產期部門採取獨特的家庭觀點，托兒所成為「家庭的起居室」，讓這些婦女可以聚集在這裡 147 聊天、放鬆自己。

改變治療的重點

當然，改變的部分絕對不只物理設施。由於嬰兒幾乎全部參與該方案，且都能獲得母親的充分照料，因此相對於強調化學物質依賴的議題，本方案必須投入更多時間探討案主的母職議題。此時，母親支持團體包括了名正言順的母子二人組，而且照顧孩子生活的工作人員也可以直接指導媽媽和孩子各種傳遞及接收信號的能力、示範餵食和照顧的方式，以及協助媽媽了解孩子的各項能力發展。隨著整個情況的複雜化，兒童生活照顧部門的角色也逐漸擴展。治療社區的工作人員關心會心團體對嬰兒的情緒可

能太過強烈；或者，相反地，這些嬰兒的出現可能減少了原來該
出現的情緒強度，因此由兒童生活照顧部門負責填補這段孩子不
適合參與的時段。工作人員以一個稱職的專業人員角色，超越例
行的照料責任。他們為嬰兒籌畫一個「發展刺激方案」，每周兩
次，在媽媽參與會心團體時，同時提供活動給孩子。而治療社區
的工作員為了能更尊重這些婦女案主、且為了能反應出這些婦女
過去曾遭受虐待的事實，因此修改了會心團體的進行過程。小嬰
兒的出現也會影響到以家庭議題為討論焦點的團體所討論的主
題。在孩子、嬰兒床，和彈簧墊的環境當中進行討論，團體逐漸
將討論的焦點轉到如何確實執行母親的角色，以及如何與家庭生
活其他層面相互聯結；此外還包括一些越來越重要的主題，譬如
媽媽是否能接收到先生、男友、原生家庭、鄰近網絡，以及社會
福利服務系統的支持？或是否要求先生、男友、原生家庭、鄰近
網絡以及社會福利服務系統提供支持？對大部分婦女而言，這個
新重點也意謂著自己應該比以前更關注如何重新獲得目前被安置
照顧孩子的監護權。

團體認同感的改變

最後一點，嬰兒的出現，代表著關鍵性的角色，加強了這個
團體的認同感，而能以一個具有獨特性的女性社區自居。這些婦
女們一起分享身為母親，每天所面臨的各種挑戰，因而逐漸產生
一種強烈的團結意識。討論的焦點集中在做為一位母親、面對麻
煩紛爭時的困境，而不再只是以她們的藥癮者身分為主。

團體中第一位參與者進展到治療過程中重新進入的階段時，

這些婦女遂形成一個非正式的保姆合作社，以便互相協助照顧孩子。她們獲悉有一個可能成為新個案的媽媽，正在接受兒童福利機構的調查時，便會自動號召人手，幫忙購買食物填滿她的冰箱，再運用她們自己的說服力以吸引她加入這個方案。而且，當某位新案主透露，她在庇護所內曾遭受不平的待遇時，某一位老資格的成員回應：「他們敢這樣對待妳，就是因為她們認為妳只是單槍匹馬；重要的是，妳必須讓她們知道妳並不孤單，妳還有自己的家人！若是妳沒有，那麼，我們就是妳的家人！」團體成員同意現身於庇護所，「不是為了恐嚇別人，只是為了讓她們知道妳並不孤單，我們確實關心妳。」

協助家庭重建

以家庭為重心的工作取向，其中一個影響是，很多婦女決定要爭取奪回自己較大子女的監護權。這個議題變得非常重要時，工作人員與諮詢顧問每週一次的諮詢時間，開始花很多心力投注在如何與系統協商的技巧訓練；指導工作人員鼓勵媽媽們採取主動去跟個案工作員和寄養父母商量，以及輔導這些媽媽順利度過整個過程。這段時間，媽媽們開始主持這些會議，以一種絕對與一般階層制度剛好相反的模式接手管理。

就某些狀況來說，周產期方案變成以會議為基礎，媽媽、孩子、工作人員，和寄養父母可以在一起解決寄養照顧的兩難局面。媽媽們成功獲得孩子的監護權之後，諮詢顧問就開始幫忙工作人員，建立能力以協助案主接受家庭重建過程的挑戰。

舉一個例子，索妮雅進到這個方案時，正懷著身孕，之後產

下一個小女孩——蒂夏。索妮雅的復健治療相當成功,而且在她
即將從這個方案圓滿結束時,又獲得二女兒——八歲塔妮雅的監
149 護權。另一個女兒,拉婾雅,預計在經過兩年住宿治療中心的處
遇之後,重返媽媽身邊。此外,住在同一個團體之家的兩個兒
子,目前還會繼續待在那兒。索妮雅結束周產期方案之後,仍持
續與負責的工作人員保持聯繫。她特別請求協助,處理她與塔妮
雅之間的關係,因為她覺得塔妮雅一直拒絕她、不跟她說話、且
反抗她的權威角色。

此處,我們看到的是一個因家庭難以團聚而出現的症狀。各
自分開生活多年之後,索妮雅和塔妮雅需要學習的是,雙方如何
慢慢地以母親和女兒的角色互相接觸,即使索妮雅正由一個受庇
護的案主地位,轉換到成為一位有自主權的母親角色,因而面臨
焦慮煎熬時,也不例外。諮詢顧問獲悉這些訊息之後,他拒絕自
己只是成為協助索妮雅的眾多專家中的其中一位。相反地,他製
造了一個氛圍,讓索妮雅有機會練習,並建立一位稱職母親該有
的技能。他安排每兩週舉行一次家庭會議,索妮雅和所有孩子都
被邀請參加,而聯絡的工作全交由索妮雅負責安排。

所有的會談大都採非結構方式進行。索妮雅在會談當中,腦
子裏有好多要討論的事,譬如工作、住所,以及與孩子有關的
事。諮詢顧問順應著索妮雅的現狀和風格,並不強制以家庭議題
為討論焦點。她談到孩子時,他會加以回應,不過當她談到其他
主題時,則採消極、漠視的態度;等到又出現適當話題時,他的
態度又變得積極主動。他常常模仿她的戲謔風格,利用小幽默手
法以插進家庭議題,精心策畫一次家庭的現場重演,或指出孩子

對索妮雅，比對住宿機構的工作員，更容易有反應。

　　這個家庭面臨的中心議題是對於家庭重建的不確定感。每次會談一開始，索妮雅總是連珠炮地抱怨其中一兩個孩子，不滿孩子的行為讓她承受壓力，所有這些事件都不利於她正在接受的復健計畫，她也提到自己對於家庭團聚的一些不同想法，認為自己或許應該晚一點讓孩子回來，也許應該先安排其他的女兒回家團聚，也許……。諮詢顧問傾聽著，對她的困境表示同情，並用心製造情感聯結的機會，協助索妮雅和孩子們儘情體驗多年來由於分居而錯過的各種情感聯結、感情滋潤和歡樂的互動關係：

索妮雅：塔妮雅總是惹得我心煩不已。她從來不自己動手，我必 *150* 須幫她做很多事。

諮詢顧問：譬如什麼？

索妮雅：就像她剛回來時，表現得非常獨立，她會自己梳頭髮、洗澡；現在卻換成我幫她洗澡、梳頭髮。我實在不該幫她做這些事，她已不是小嬰兒了！

諮詢顧問：她要求妳幫她梳頭嗎？

索妮雅：沒有，她並沒有要求我。她就是不做，所以我不得不幫忙她。

諮詢顧問：她也讓妳幫忙嗎？

索妮雅：是啊！我猜她不肯做是有目的的。

諮詢顧問：我猜她根本不會拒絕妳，嗯？

索妮雅：不過現在她要我對她像個小嬰孩。

諮詢顧問：妳做了嗎？

索妮雅：有時我會做，她有那麼一點想要操控我，企圖要我把她

當做小嬰孩。

諮詢顧問：妳可以示範如何把她當小嬰孩對待？

索妮雅：沒問題！（以一種命令的口氣對著塔妮雅）過來這裡。
（塔妮雅撲向索妮雅，爬到她的膝上。索妮雅開始撫摸著
她，聲音也轉為柔和。）我會撫摸著她，在她的耳邊輕聲細
語一番，就像這樣。（索妮雅示範這些動作時，原先在一旁
玩耍的拉婾雅和兩個男孩都靠了過來。）

諮詢顧問（對著孩子們）：你們是不是也想坐在那裡呢？（孩子
們圍繞著索妮雅和塔妮雅，形成一個互相擁抱著的大團體。）

索妮雅（笑了起來）：暫停！不要再來吵我！（不過她還是用雙
手環報著孩子，孩子們也繼續抱著她，開心地笑著。）

　　這當中所發生的狀況並不是奇蹟，也不能就此保證索妮雅和
孩子能夠維持一個成功的團聚關係，特別是如果索妮雅在轉換過
程中沒有獲得任何幫助的話。不管在任何一種情況，都必須讓他
們有機會感受、呈現彼此的聯結關係，這樣才能讓索妮雅感覺自
己做為母親的重要，而且不管他們住在那裡，跟什麼人聯結，都
能有一個永久的「家庭」認同感。

151 鞏固家庭取向的工作方法

　　這項訓練進行約兩年半之後，出現了一個非常重要的發展：
該方案負責人，聯合了照顧兒童生活的工作人員，發起一個照顧
者支持團體。成員可以自願參加，且開放給案主以及跟孩子生活
有關的其他大人。會議的重點在幫助參與者重新建立且改善與其

他大人之間的關係，特別是針對照顧孩子生活起居的人、擁有監護權的人、或熱心制定與婦幼生活相關決策的人。討論的主題廣泛橫跨與人際關係有關的議題。譬如，某次會議中談到兩對夫妻面對的男女角色衝突，以及強調信任感、尊重，和被聆聽的議題。

　　這段發展特別有意義，因為這是由工作人員自己構想出來，且獨立執行的。這樣的動作頗能吻合家庭取向的觀點，同時完全不須仰賴諮詢顧問的幫忙。工作人員的備忘錄上記載著，照顧者團體的形成，其基本假設在於支持網絡的建立可強化戒癮的動機；因此團體的討論重點就在探討各種策略以改善父母與孩子生活中其他大人之間的關係及溝通。備忘錄中的風格及內容都同時指出，工作人員如何從與家庭保持距離的態度，一百八十度大轉變，轉而將他們視為是案主生命中不可缺少的資產。

將此方案延伸至其他服務

　　此項處遇的最初目標是為了催化建立以家庭取向為主的工作部門，由具有豐富理論架構和擁有相關技巧的人擔任工作人員；等到諮詢顧問離開時，他就能在此部門內，繼續帶領此方案。持續進行一段時間之後，視野慢慢成型，就能將這些基本概念擴展到其他的機構。一開始，先由周產期方案的負責人帶領，負責推展家庭取向的工作方法。

　　將此方案推廣到其他機構，這種認知主要建基於對婦女及其 *152* 真實生活有深刻的了解。這些婦女亟需各式各樣的服務，而傳統的服務輸送系統卻只是逼迫她們必須前往座落不同地點的個別機

構，尋求不同的服務。姑且不論時間和健康方面的付出代價，連想固定出席周產期部門的活動，都已經不容易做得到。方案負責人開始尋求建立一個能夠統整幾個重要服務的組織。其中，醫療照顧、居住安排和藥癮治療是主要的部分。這樣的網絡，需要有一個必要條件：所有的組成單位都必須肯定家庭的重要性，並且同意婦女應該與孩子保持聯繫。

醫院的婦產科是此方案延伸的一個主要基地。該部門可以為周產期的案主提供醫療服務，排除了必須來回跋涉尋求產前照顧的麻煩。此部門原來就設有高危險群特別門診，為藥癮婦女提供特別的醫療服務。至少，與周產期部門有了聯結，可以方便安排藥癮治療的個案轉介。除了這點，高危險群特別門診的某些工作人員相信，婦女們不應該與她們的新生嬰兒分開。他們深知，這些婦女來找他們時，都不願意談到與自己切身相關的無家可歸、虐待和寄養照顧等問題，擔心她們的孩子會在一出生時就被帶走。工作人員認為，若能提供一個安全的、且有助益的氣氛來討論這些議題，案主必能獲得幫助。

在一定程度上，這些因為具有共同觀點而組成的合作網絡，其依據的基礎都已經各就各位。周產期方案安排有固定的個案諮詢會議，且網羅了不少以婦女及其家人為服務對象的工作人員。無論什麼時候，高危險群特別門診的案主被依照醫療模式治療時，網絡的工作人員絕對是其中的參與者。一旦建立了一個依照個案需求而結合在一起的非正式聯繫制度，高危險群特別門診和周產期部門就能夠建立一個比較正式的工作關係。當中，周產期方案指望婦產科具有轉介及提供醫療服務的功能，而高危險群門

診則期望周產期方案的工作人員能夠提供訓練、現場活動，以及藥癮治療。在這樣的氛圍之下，負責人規畫了一周一次的多科際專業會議，結合來自婦產科、治療社區，和兒童生活輔導部門的工作人員，一起討論個案。來自不同專業的不同觀點形成了更豐富的面貌，且減少了以病態部分為主要焦點的工作取向。譬如，兒童生活輔導員提及，雪倫是一位有能力且稱職的媽媽。這樣的說法頗令藥癮諮商員大感意外，因為他一直認為雪倫不但個性脆弱、且不負責任。

　　這個網絡中的第三部份，是與居住相關的議題。由於關注的焦點仍然在於這群個案日常生活所碰到的困境，負責人企圖了解是否可能在一個比較容易管理的地區繼續提供服務。他與當地的某間庇護所簽定合約，可以提供無家可歸婦女暫時居住的場所，其中某些婦女尚且懷著身孕、且染有藥癮。經過一段時間之後，這三個單位變成一個切實可行的系統，視需要互相轉介個案，且能協調整合所有的服務。

　　我們要強調一點，為加強這個網絡所使用的技巧，並不等同家族治療技巧。相反地，前者必須具有察覺案主需求的敏感度、了解社區所具有的資源，以及思索「如果——」的創造力、同時也要有能力辨識每一個機構內，接受能力強且具有彈性的關鍵人物。組合了這些特質，就能將周產期方案的基本概念轉嫁到醫院婦產科的高危險群門診實施。

　　婦產科中的訓練及諮詢工作採取不同的型式。前面提過，負責人擬定每週一次的會議，不同部門的工作人員可以互相交換資訊。除外，還有針對高危險群門診工作人員的訓練活動，強調服

務婦女及其家人時，必須具備的概念及技巧。

處遇工作的一個重要部分是直接與案主接觸。通常可以先以非正式的方式開始：這些婦女前來醫院接受醫療檢查的日子，訓練者也會到醫院來，大家圍坐成一個非正式的團體，催化婦女們之間的討論，同時幫助她們澄清一些重要的議題。新結構的成立或許是最重要的一項發展。周產期方案中的老將——指那些成功參與方案，產下小孩，且戒了藥癮的婦女——成為團體中的資深同儕催化者，協助高危險群門診的婦女。她們以團體的方式提供服務，充分發揮在治療社區所建立的知識和領導者技巧。諮詢顧問成為名符其實的顧問，提供團體領導者情緒支持、分享他所觀察到的領導者風格，以及團體的討論內容。

同儕催化者在鼓勵婦女進入藥癮方案這件事上，特別有其貢獻；不只是因為她們來自同一個社區，也因為她們代表著一個充滿希望和成功的形象。她們帶著自己的嬰孩前來參加會議時，這樣的動作無形中強調母子之間的情感聯結，並可用來做為克服藥癮問題的力量。孩子的存在，代表著明顯的證據，說明孩子並沒有被帶走的事實，與媽媽過去物質濫用問題的嚴重程度並沒太大關係。隨著時間的累積，這些團體的組成份子及討論的焦點都越來越擴展，參與的成員也延伸至伴侶、年齡較大的孩子，以及原生家庭；同時也組成了一個個別的夫妻團體，每週一次，共同討論關係和親職的議題。

如何幫忙方案能夠立足生存

當前，附設在治療社區內的周產期方案，與附屬於高危險群診所的方案，二者之間到底存在什麼關係？前者已經逐漸萎縮，後者尚在茁壯發展當中。此處確實有一些奧秘之處，到底有哪些要素能讓一個方案持續保持其影響力呢？

毫無疑問，周產期方案可以說是治療社區內的一個成功實驗。隨著幾年來的成長，至少帶給治療社區一些微小的改變，且產生獲得證實的有利效果。醫院中該方案負責部門的工作人員，評價這個以特定性別為對象的多元系統工作模式時，曾提到這個處遇方案的結果。他們比較了周產期的第一階段（以特定性別的需求為主，缺乏家庭取向的工作方法）與第二階段（本章提過的內容）之間的不同。他們利用尿液藥物反應檢查的具體數據，以及案主的記憶內容，比較周產期案主接受第一階段與第二階段的治療效果，結果發現後者的進步最顯著；不過在非周產期案主的控制組身上，則沒有出現這樣的進步效果。但是日子一久，治療社區中周產期案主的人數卻顯著下降，使得這個方案幾乎無法在機構中繼續維持下去。

有一個很明顯的理由可以解釋這個現象，因為支持該周產期 *155* 方案的補助經費已經用光了！方案的負責人轉任婦產科的諮詢顧問，治療社區中的工作人員已經沒有人固定附屬於這個方案。不過，為什麼這個方案沒有辦法成為該部門的固定業務，特別是其中的某些工作員，能夠這麼充滿信心，且令人印象深刻地提出如

此正面的效果？難道是因為治療社區原本的哲學觀太強烈，因而把這個規模較小的方案整個吸納進去？或者是人事方面的因素？還是因為不同需求的競爭結果，或有了其他的關注焦點？

　　或許這些問題的方向都不正確，或許也只能藉由檢視婦產科高危險群門診運作模式的成功例子來找尋答案。該門診中，這個工作取向已經成為整個工作流程的一個必要部分，且一直有很好的效果。這個部門接生的嬰兒，屬於足月出生、正常體重、且沒有任何藥物反應的嬰兒人數明顯增加許多。也因此，愈來愈多的婦女可以繼續擁有孩子的監護權。

　　為什麼高危險群門診能夠固定持續這個方案？我們只能指出其中幾個可能的原因，而多元的特質正是部分的答案，經過多方的結合，因而變得更有份量。

　　性別是其中的一個重要因素，而其他的因素都與此有關。婦產科的服務對象當然是婦女；特定以婦女的狀況為主要的處理範圍。當然，本質上這並不是很好的解釋理由。大概所有的婦女都深知，自己本身的需求及所關心的事情，與她能從婦產科所得到的治療，二者之間所存在的差距。不過提供這項特殊服務的工作人員，都能具有很好的見解，願意真心投入對婦女的照顧工作，且堅信嬰兒和家庭是生命中的重要部分——即使對藥癮婦女也不例外。他們不需要找一個新的取向來取代既定的工作取向，至少他們的態度是根深蒂固的。他們能了解且同意：懷孕一事，不只是這些藥癮婦女的附加事件，相反地，這是女性生命中的一個重要事件，這樣的態度對她當前的人際關係和孩子的未來生活，有相當大的影響作用。因此這些工作人員是很好的訓練對象，幫忙

他們增強技巧，且更能搭配這個方案，以幫忙這群婦女充權。

　　另外還有一個重要的因素，原先的方案負責人仍繼續帶領高 *156* 危險群門診的工作人員；他個人的精力和創造力都是促成方案成長的重要因素，即使這個工作取向已變成制度的一部分，他個人的影響力仍持續存在。這個方案就跟許多其他的創新方案類似，經過一段時間之後，經費補助通常就會中止，不過該診所卻仍能沿續家庭取向的工作模式。

　　最後一點，這個方案是大網絡中的一個部分，或者這也算是一部分的原因。它與當地的庇護所建立很有效率的聯結，而以家庭為基礎的工作模式又整合了必要的醫療及個人服務。因此，這個方案頗能貼近這群人在自己社區中的種種迫切生活需求。這個理由應該是決定此方案能否成功的其中一個重要因素。服務對象不管是男性或女性，屬於周產期與否，只要是以多重危機的弱勢者為對象，就必須採取家庭取向，並將之統整到日常生活當中，同時取得社區的支持以保持既有的力量。自立自足並不代表孤立；它意謂可以從自己所在的脈絡中得到足夠的支持，因此可以留在原地繼續執行且成長。

第七章　住在機構的兒童 I *157*
──住宿中心──

　　這一章，我們要以一種回顧和評估的方式，檢視各種不同的兒童住宿機構；記錄期間的變化情形、方法上的差異，以及這些機構與兒童家人之間的關係。接著再介紹我們曾在某個住宿中心擔任短期顧問的一次經驗；當時的工作目標是想將服務的性質由兒童中心改變為家庭取向。最後，我們要針對以兒童為主要收留對象的住宿中心提出一套建議。

從過去到現在：態度和實務工作的演變

　　歷史記載，中世紀城市常畫出警戒線禁足一些不受歡迎的人：如智障者、精神病患，及貧困者。他們被集中在一艘「愚人船」，順著河流漂到其他城鎮。將一些奇怪和與眾不同的人送進隔離中心，始於一九五六年法國綜合醫院成立，巴黎市基於保護一些行為怪異人士及精神病患的安全，而讓他們集體住院（傅柯，一九六五年）。就在這個時代，醫療組織宣稱擁有界定心理 *158*

健康和疾病標籤的權利，而且病患必須被收容時，他們亦是審查的負責單位。

這個組織具有做決定的權力，這種情形與現代社會有雷同之處，常常會以兒童住宿中心做為解決行為問題的策略。透過機構安置，將不好管教的孩子與父母分開，這種工作趨勢愈來愈顯著，特別是針對貧窮且接受社會福利服務的家庭。這種情況之下，福利部門、心理衛生專業人員，以及司法體系都同時扮演就地代理父母的角色，將孩子安置到特殊機構以保護他們的安全。

這樣的模式，存在著兩個假設：第一，家庭不只無力控制或處理孩子的問題，而且也是問題的根源；第二，預防和處理的原則在於將孩子從一個問題重重的氛圍中，移到一個安全且中立的地方。這個觀點慢慢演變成孩子應該被安置在可以提供治療的機構內，等到有一天他們能夠抬起頭來、變得較強壯、更健康、就能準備好重返自己的家庭。

就整個過程的架構來看，它假設孩子可以自在地從家庭轉換到機構，再從機構搬回家裡，每一次的變動都是為了追求更理想的生活。此外它也假設，孩子最終被送回家時，他會發現這個家庭其實一直為這個缺席的成員保留一席之地，且帶著安心和感謝的心情迎接他的歸來。不過，事實上，這樣的轉換過程卻是困難重重。孩子和家人重聚在一起時，可能無法適應彼此；我們若是使用系統觀點來看問題，就很容易可以找到答案。安置期間，機構和家庭之間一直保持著嚴密的界限，完全沒有考慮到未來是否需要比較有彈性的界限。雖然新的家庭模式常常是決定重聚結果是否順利的必要條件，不過家庭重聚的議題，通常不會太被強調。

如果住宿中心不重視系統概念，那麼它重視的是什麼？此外，它又是如何建構自己的服務？我們必須回顧過去二十年間這

些機構的演變，指出引導潮流的觀點，以及服務的架構——當然
同時也包括演變的指標。因此，下個單元要介紹從一九五〇年代 *159*
到一九八〇年代這段期間的四個機構。這四個機構會被挑選出
來，有一部分原因是因為作者之一（薩爾瓦多米紐慶）曾分別任
職於這些機構，且非常了解這幾個機構；此外，也因為以這幾個
機構為例，可清楚看到基本的概念和趨勢。其實這四個機構也跟
其他大部分機構一樣，都以支持兒童為主要立場，目標在於減輕問
題，並協助他們做好充電的準備，以面對離開中心後的新生活。這
四個機構的工作人員組織架構完整，都受到很好的肯定，且在當時
都有不錯的工作績效。至於他們之間的不同，則包括對問題核心的
看法不同，以及治療取向的不同；不過前三個機構從來不曾強調過
本書提到的重點，亦即針對個人的診斷應該包括對其家庭的了解，
而治療的重點應該把家庭和環境脈動包括進來。

　　首先我們要介紹一九五〇年代到一九六〇年代之間，赫赫有
名的三個機構，指出他們所依據的中心概念，並且詳細說明第三
個機構如何將工作重點由個人轉變為家庭的過程。接著再介紹一
個成立於一九七〇年代的兒童機構，它不僅以家庭為工作重點，
且成功地將此觀點整合在組織結構及治療模式當中。

一九五〇年代到一九六〇年代的三個住宿中心

霍松希達—諾爾司（Hawthorne Cedar-Knolls）

　　一九五〇年代，霍松希達—諾爾司是一個以情緒障礙兒童為
服務對象的機構，座落在紐約市的郊區，由猶太保護人委員會負
責管理。一開始，它是一間教會機構；不過一九五〇年代以後，

就已經脫離宗教色彩，轉而接納許多來自都市郊區的不同種族兒童。這些孩子住在一棟棟的小屋，每棟設有監護父母照顧這些孩子的生活起居，並且持續督促他們在該環境中的生活。不過這個機構的重點在於它附設的治療中心，孩子可以在這裡接受由受過心理動力心理治療訓練的社會工作者所提供的個別心理治療。

當然，這是當時大部分機構所提供的典型實務模式。工作的重心在個別的孩子身上，且幾乎沒有想到過孩子的家庭和住家附近環境的狀況；在培塑孩子新行為的過程中，也不曾評估周圍人物的角色。我們舉一個發生在此時期的例子，以說明這個機構的思考和治療取向：一個年輕、且性關係雜亂的青少女，在治療會談的大部分時間，一直努力想要誘惑治療師。治療師與督導討論後，決定直接對這個女孩解釋情感轉移和反情感轉移的現象，並且指出以性做為回應，對治療並沒有用處。不管是該位督導或治療師，都沒有想過應該探討女孩的社會背景，或者了解這個女孩所住的社區是否習慣以性的方式做為互動的籌碼，或者在她的家庭曾出現過性虐待事件。雖然當時我們已經比較能夠警覺到社會影響力的重要，但是還是有許多機構仍然維持個人取向的工作模式，不認為孩子的社會脈絡是一部分的重要資訊。

在霍桑希達諾爾司這個機構，當時的氛圍——指採用團體生活的型態——雖然有工作人員監護，卻不曾被用來做為一種動態的力量。不過該兒童團體確有其效力，也真的可以控制兒童的許多行為。它自己擁有一套用來引導工作方向的價值觀和公正系統，就像以下提到的例子：某一天，治療師的錢包不見了，其實這是相當平常的事，類似的事件，工作人員通常都透過監護父母

處理。不過這次事件，治療師卻一反常例，改向一直被視為是團體中領導者的某個孩子提出這個問題。那個晚上，經過一場「私設法庭」的討論之後，錢包被找出來並歸還失主，行竊者則交由孩子們自行懲治。不過這樣的過程實屬不尋常。通常，團體生活中的非正式組織是不會被探索或利用的。

猶太青少年的住宿中心

　　這些以色列的住宿中心具有異於前者的取向。美國機構強調的是個人，而這些機構則重視團體的組織和權力。一開始的收留對象是那些由歐洲遷移到以色列，經歷大屠殺之後倖存的猶太青少年和青春前期兒童；之後又擴大到來自葉門、摩洛哥、突尼斯、其他的阿拉伯國家，以及印度和伊朗的孩子。

　　第一個把來自世界各國的兒童合併成為一個小天地，就是從以色列的集體農場基布茲（Kibbutzim）開始。這裡，孩子們在教育領導者的指導之下，過著團體生活。他們一邊上學，一部分時間必須從事勞動，完全參與在基布茲的生活當中。對於一部分兒童而言，從一個文化轉移到另一個文化，是一道難以跳躍的高障礙。處在這個緊密的基布茲社會結構之中，這些孩子的困擾情緒和脫軌行為並不被接受，因此必須把他們遷移到另一個比較合適的機構。

　　這些孩子被送到由猶太青少年組織負責經營的住宿機構，猶太青少年組織的宗旨在協助年輕的移民能夠順利融入以色列文化當中。這些機構的教育理念和社會結構，基本上與基布茲相符。這些孩子跟隨不同的領導者，分成不同的小團體。機構的教育和

治療重點在於整個環境和團體生活。他們也安排個別的諮商師協助嚴重障礙的孩子，不過提供個人的治療並不在機構的服務規章之內。不管怎樣，這樣的諮商取向與美國的治療師完全不同。這些諮商師曾經接受過歐洲教師養成的傳統訓練；其中有部分人追隨俄國教育家馬卡連科（Makarenko,1888-1939）的教育方法，他堅持任何個人的不良行為，所產生的後果應該由整個團體承擔。

　　不管是霍桑希達諾爾司，或猶太青少年中心，都沒有將孩子的家庭納為治療對象。家庭因素沒有被包括在主要的理念之中，也認為跟治療無關。這兩個機構都預期治療後的改變會在機構內出現，而且可以轉移到外面的世界。

威爾特威克男子學校（The Wiltwyck School for Boys）

　　就上述這一點來說，威爾特威克男子學校並沒有兩樣，至少從它的發展史來看，確實是如此。這是一個住宿中心，收容由法院轉來，被標定為青少年犯的男孩，其中大部分來自紐約市哈林區的黑人和西班牙人。這個機構座落在市區外圍，很明顯地是想要保持距離以避免受到問題家庭和都市文化的負面影響。這所學校強調行為控制，持續利用「代幣制度」，提供適當的獎賞與懲罰。此外，每個孩子都安排一位治療師，通常是社會工作者，提供個別的心理動力取向治療單元。這個機構具有彈性，願意接受改變；不過，必須仰仗委員會中某些對社會趨勢有敏銳觀察力以及對心理衛生領域具有創造思考力的委員。

　　一九六○年代，詹森總統宣布全美共同參與一場「與貧窮對抗」的戰役；刺激了大家對弱勢家庭的關心，並且建立各種新的

服務項目以滿足這些家庭的需求。從那時起，威爾特威克開始對該校學生的家庭產生興趣，不過當時工作員並不具有支持他們以家庭為服務對象的概念，也缺少將家庭統整到治療情境中的技術。雖然追求改變的動向仍懸而不決，不過有關家庭系統和家族治療的概念開始在加州、華府、紐約等地發展，並且散佈到全國各地。曾經在威爾特威克學校工作過，想要嘗試新治療模式的專業人員都非常興奮地學習這些新的概念。這個團隊嘗試以家庭為服務對象的決策，可以算是一個分水嶺，區分出以收容兒童為主要處置模式的機構，而以弱勢家庭為重心的作法更是其特色之一。

科技的發展有助於開闢新領域。威爾特威克學校的工作團隊拆除了一面牆，裝上一面單面鏡，配置一套錄影設備，並且開始稱呼自己為家族治療師，認為自己已經準備妥當，有能力面對已往被視為難纏的家庭，並且可以提供服務給這些有需要的家庭。他們從實際的運作當中開創一些新技術，嘗試與家人接觸，讓他們在過程中愈來愈覺得自在，且不斷的學習。最後，他們設計出一套為期較長的三階段治療單元：第一階段，兩位治療師一起會見整個家庭；接著，一位治療師單獨與父母會談，同一時候，另一位治療師則與案主的兄弟姊妹會談；到了第三階段，全家人再重聚一起，與兩位治療師會面。這三個階段的目標在於澄清不同次系統中，家庭成員的思考方式和行為表現。

每次治療會談之後，治療師和觀察員會聚在一起，討論該次治療的內容以及從中所學到的經驗。隨著經驗的累積，根據他們這些嘗試性的努力成果以及擁有愈來愈多關於家庭方面的知識，終於發展出一套積極的治療處遇技巧。

有關威爾特威克學校的工作經驗，可見於米紐慶等人所撰寫的
163　《貧民窟的家庭》一書（一九六七）。我們可以引述這本書的部分
內容，以了解三十年前都市的貧窮壓力如何塑造出弱勢家庭的結構。

以下這段節錄，主要在描述家庭的功能，以及記錄引導此一
新治療模式改革的特性。值得強調的是，這是第一次將兒童的行
為及發展視為是家庭成員之間人際互動的一部分；而且主要的重
點在於整個家庭系統，而不只是孩子個人。

善變與不可預測性是家庭和居家環境的一個主要特性，這樣
的特性使得成長中的孩子難以清楚界定出自己與其環境的關係
……物體和事件都具有瞬息萬變的特質。原本擠滿孩子的一張睡
床，可能因為太過擁擠，原來的使用者換到另一張大床，原本的
那張床就重新分配給其他的孩子或前來寄宿的客人。住家的所在
地點以及布置方式阻礙了「我在這世上擁有一個屬於自己的地
方」這種感覺。三餐沒有固定時間、固定地點、也不注重禮儀。
某一天，媽媽可能會依孩子的要求，準備四份內容都不一樣的餐
點；可是另一天則可能什麼也不煮，孩子必須自己開冰箱找食
物，或拿洋芋片、汽水當晚餐。

人際關係也具有相似的不穩定且善變的特性。大家庭中，孩
子的照顧責任分攤到好幾個人身上；媽媽、姑姑、祖母、兄姊，
由這些人一起照顧年幼的孩子。有時，家人會同時給他大量的刺
激；有時，在沒有人照料的情況下，他須在屋子裡獨處很長一段
時間。多人照顧的安排，可以確保孩子的安全；不過在不同照顧
者的交班空檔期間，可能就隱伏著危險。多重且不固定照顧者的
安排會增加孩子對世界的不穩定感覺，並且使孩子無法順利由一

個擴散的自我感，改變成比較明確的自我感。

　　關於孩子的社會化，這些家庭具有兩個重要的特性：父母對孩子行為的反應顯得非常隨意，因此缺乏可以內化的規則；還有，父母強調的是如何控制及抑制孩子的行為，而不在於如何引導他們。

　　父母的反應模式就跟交通標誌一樣：他們只是帶著當時「不該做什麼」的指示，不過卻不具有未來該做什麼的指示，因此孩子無法清楚自己有那些不適切的行為。最終，他幾乎完全憑藉父母的情緒反應來學習自己該表現出那些可能被接受的行為。他學習到，自己不被允許做的事，常常與媽媽、或其他有權勢者的痛苦和權力有關。「我叫你不可以這麼做，」或「不要這樣，我會感到很緊張，」或「不要這樣，不然你就要挨一頓棍子。」孩子缺少約束行為的規範，吸取的經驗決定於直接的人際控制；因此需要父母持續參與以形成他們之間的人際互動。這樣的互動絕對不會有效率。他們固定維持相同的情境，一位承受過多壓力的媽媽以不尋常的方式回應困惑的孩子；而孩子行為表現的依據，則以他能繼續與外在操控人物保持關係為準則。

　　威爾特威克團隊發展的家族治療類型就是根據「家庭為一個系統」的看法。由於家庭成員以一種狀似混亂的方式溝通，表達不甚清楚的情緒訊息，因此工作人員設計的技巧就在協助澄清訊息內涵。因為控制的手段驟然由忽視偏差現象，轉變到對暴力的反應；也因為大部分的反應都是偏重整體性，因此工作人員據此發展出新的技巧，以便能在更早的時刻就找出引發的肇因，並且協助家庭建立溫和情緒及目標清楚的反應。由於家庭成員並不習

慣探索內在感受，常常在混亂的互動中傾向用行動來發洩情緒；因此團隊努力發展出有助於了解關係的技巧，以及幫助家庭探索新的模式。

　　整體來說，工作團隊建立的是一套依家庭需求而定的治療，目的在協助家庭找到方向、並產生希望的感覺。工作人員認為人們可以在自己家庭中的社會實驗室內，學習如何稱職地發揮功能，而且他們也能夠將這些新的才能轉用到自己充滿坎坷、貧困不堪、且索求繁多的生活環境。從我們目前的觀點來看，這些努力似乎沒有考慮到政治因素，因為他們將現實環境排除在外；不過當時，他們的作為確實具有革命意義。第一次，將家庭視為一種療癒力量，而不只是問題的根源。同時，這也是第一次嘗試採用家庭為基礎的治療模式，以對抗青少年犯罪問題。

165　　經過一段時間之後，這樣的工作取向成為一種被公認的事實，也就是所有的家庭都必須參與在孩子的治療當中，因而過去這個住宿中心使用的許多工作模式都必須修改。接案步驟需要修改，家庭訪視成為常用的工作方法，工作人員開始關心家庭成員對於孩子在機構中行為表現的看法。不過，這個改變就跟心理衛生界的眾多故事雷同，最後還是有一個不清不楚的結局。支持這個方案的補助經費用完了，工作人員又轉移到別的關注焦點。該機構搬了家，接著出現經濟危機，最後不得不以關門收場。不過，這個方案的精神卻得以延伸。以積極治療處遇為重點的結構派家族治療，開始沿用此一經驗，從一九七〇年代到一九八〇年代，帶給家族治療領域很深遠的影響。

一九七○年代到一九八○年代的費城兒童輔導診所

隨著家族治療逐漸成為一門流行的學科，以及威爾特威克的經驗也已經成為機構發展史的一個重要部分，這時已有足夠的準備可以設置一個新的機構，結合有關家庭和機構的新觀念。這個計畫的實踐良機就在一九七○年代，費城兒童輔導診所打算成立新部門之時。診所的主管（米紐慶）與建築師一起構思，建立一間擁有開放界限的機構。孩子們可以從門診轉到日間留院，再轉到全日住院，或者依實際需要逆行轉換。全日住院部門留了兩間公寓給家庭短期住院之用。該診所所附屬的兒童醫院，負責孩子的醫療照顧，而診所的工作人員則擔任醫院小兒科病患心理問題的諮詢顧問。診所內的門診部門，觸角已經積極延伸到當地社區中。服務的基本理念就在整頓這個機構，期望能提供一個永續經營的家庭中心照顧和服務。

全日住院部門與我們的討論內容最有關聯，這是一個開放的單位，與家中有「被認定病患」孩子的家庭一起合作。接案的工作延續兩次以上的會談安排，首先由家庭會談開始。此時，家庭成員和診所雙方簽訂一份契約，載明治療的目標，以及雙方為達到此目標所擔負的義務。這份契約強調家庭期待住院孩子改變的內容，以及為了協助孩子能夠順利重返家門，家庭必要的改變。

治療計畫包括了環境、個別，及家族治療等模式。家庭會談中，參與的成員囊括所有協助這個孩子的工作人員：老師、護士、兒童照護工作人員，以及家族治療師。父母被要求到學校觀察孩子的行為，並和老師一起設定學業方面的目標。孩子回家探

訪是治療計畫中的必要部分，這樣的探訪安排並不列為是機構內獎懲制度的一部分，也絕不會因為孩子出現攻擊或反抗行為就被取消返家資格。

　　結案的安排，要從接案時就要開始規畫。孩子通常不適合在全日病房住太久。因此，在初次會談時，就必須討論家庭改變和出院計畫的議題。一旦孩子出院回到家，接下來的治療就轉到門診部門進行，而且在轉換的過程中，也必須邀請病房的臨床工作者一起加入家庭會談。

　　這項工作的背後，隱藏著許多理論，以及不斷產出各種新處遇技巧的演進過程。不過此處最重要的是病房的正式結構，因為它已經成為住宿中心後續諮詢的模式。這個結構可以展現出我們的基本觀點：孩子住進住宿設施時，不管有意或無意，其實機構就已經在進行家庭處遇。如果機構只重視孩子個人，而忽略了隱含孩子行為的家庭模式，那麼治療效果就會大打折扣。機構必須建立開放的界限，將家庭納入孩子在機構中的生活，同時也邀請家庭成員參與臨床處遇。

向前行：住宿中心出現變化

　　此刻我們已走到一九九〇年代，而且當前正面臨的挑戰是如何將住宿中心轉變成一個友善家庭的設施。我們到底要如何將系統的概念轉變成一個有力的工具，能夠影響機構的組成方式，以及執行工作模式的方式？

　　這裡要呈現的案例是一個經由短暫處遇而引發改變的諮詢個

案。我們針對住宿機構所提供的訓練方案，通常會持續一年以上的時間，不過也有一些方案的進行期間非常短。此處介紹這個短期的諮詢個案，其實有其重要意義；因為進行的時間短，就可以仔細強調每一個步驟的細節，同時也可以證明一個短期且密集的處遇，絕對是一個可以開啟改變過程的合宜方式。

瑞吉中心（The Ridge Center）：一個短期的諮詢方案

　　瑞吉中心是一個位在大都會區域近郊的傳統住宿機構。該中心的主管與家庭研究中心（Family Studies）聯絡，要求我們提供諮詢方案以協助他們改善服務品質。按照他的說法，該機構近五年來改變了個人取向的工作模式，目前嘗試將家庭取向納入，成為機構的一種工作模式。不過，他們碰到了一些問題。機構主管要求我們評鑑他們的工作模式，且提出改變的建議。雙方同意這個諮詢方案將持續四天，且整個計畫都在機構中進行。

　　一開始的諮詢，採取平常的進行方式，先由諮詢顧問與該中心的行政主管一起參與預備會議。出席會議的人員包括行政主管、臨床服務組的主管、護理長、社會服務部主任、負責行政業務的精神科醫師，以及諮詢顧問等人。機構工作人員先介紹這個中心，目前收容五十至六十位學齡期及青少年前期的孩子，其中大部分來自非裔美籍或拉丁美洲家庭。這些孩子住在一棟棟獨立的小屋，由兒童照顧工作員負責管理；大部分孩子在中心的附設學校就讀，不過有少數孩子在附近社區的學校上學。每個孩子都同時接受社會工作者提供的個別心理治療及家族治療。

168 　　這次會議產生兩個基本的關注點，中心的主管關心的是住院的期限。根據瑞吉中心已往的記錄，孩子住在中心的平均時間為兩年。中心雖然改變了工作模式，將家庭納入服務範圍，不過住院的期間仍然維持在十八個月左右。因此第一個關注點就在討論下列問題：那一種工作模式有助於孩子不需延長住院時間？為什麼會這樣呢？臨床服務組的主管也關心父母的部分，雖然他們被邀請加入，不過基本上顯得被動且依賴。中心該如何激勵父母，讓他們能化被動為主動？

　　大家同意以這些問題做為諮詢的重點，於是發展出一個四天的諮詢計畫，其中包括評估將會發生什麼狀況，以及針對如何改變的建議。第一天，安排諮詢顧問拜訪中心的每一個單位，分別與兒童諮商員和老師會談，並且與還留在中心的「消費者」——也就是孩子們的家長，召開一次會議。第二天的重點在於接案過程。第三天則關注治療處遇方法，第四天以回饋、討論以及提出一套完整的建議為主。雖然整個計畫是在預備會議中討論出來的，不過確實具有代表性。它的應用範圍幾乎可以適用所有的機構，只不過依據參與人員的適用性以及方便性，施行的細節會有不同。

第一天：拜訪該中心

　　這一天先開始拜訪兒童的住宿地點。整個環境整理得非常整齊，也維持得很好，不過也同樣呈現大部分機構缺乏美學氣氛的現象，同時也相對缺少對於個別孩子的深入了解。每間小屋、或每個教室內，總是看得到寫著生活公約的黑板掛在顯著的地方。

通常左邊一行記錄的是孩子在餐廳的犯規行為或在教室的搗蛋表現，以及孩子因而被扣掉的點數。右邊一行則記錄著孩子的優良行為及獲得的點數。

從這裡可以明顯看到他們處理孩子行為的方式是採用代幣制度，這種情形在一般的住宿中心非常常見。不過做為諮詢顧問的我們卻非常質疑這種工作模式，也認為極不適合兒童發展的原則。孩子們需要有隱私的時間去試驗及摸索生活。這種隨時被監視的感覺，以及必須要為自己每個動作都負責任的要求，在在都剝奪了孩子們的自發能力。不過諮詢顧問並沒有提出任何意見，因為在此狀況下，這個直接的環境其實並不是最重要的部分。諮詢顧問必須定出優先順序，忽略某些不重要的事物。這個原則適用於任何一種處遇，不管面對的是家庭或任何一個大系統。實際上，如果某個機構為了追求改變，因而進行有關內部結構模式的評估時，還是可以適用這個原則。

與兒童照顧工作人員的會議，對他們來說是很新奇的經驗。雖然他們已經習慣會議的討論重點總是以孩子的相關訊息為主，不過卻很少有機會被詢問到對於其他方面的看法。他們談到，每次被徵詢意見時，內心總是滿腹牢騷，事實也確是如此。他們覺得自己沒有受到臨床工作者的尊重，且提供的資料也不被重視。雖然在某些方面，他們對孩子的了解遠超過社會工作者，不過他們卻無法直接與孩子的家人溝通。兒童照顧工作人員向臨床人員報告孩子在住宿期間的行為表現，然後再由這些臨床人員轉述給孩子的家人知道。這些工作人員沒有機會觀察或參與家庭會談，因此他們常是透過治療師的眼光來了解孩子的家庭，以及孩子適

應家庭的狀況。兒童照顧工作人員發現他們無法跨越與家庭之間的障礙，而他們只是將這種狀況歸咎於自己在機構中的卑微地位。

　　諮詢顧問與兒童照顧工作人員討論之後，出現了兩個想法。其中一個想法，認為應該先完整檢視整個機構狀況。雖然有關兒童照顧工作人員與家庭之間的關係性質是由機構內部自己決定；不過重要的是，工作人員的想法應該能被了解，而且應該修正他們的角色功能以更能切合整個中心的最終目標。檢視工作若要具有成效，就必須邀請工作人員、行政人員以及臨床人員都能參與。

　　第二個想法則是關於此「障礙」對家庭的意義。兒童照顧工作人員與家庭之間所存在的距離，會帶給家庭一個訊息：就是關於孩子在機構中的日常生活事件都是「不准碰、不准問、不准干涉，這些都不是你們需要關心的事。」同樣地，這樣的議題也可能是工作人員覺察不到的，因此值得進一步討論。

170　　與教師的會議卻是一個令人洩氣的經驗，特別是在機構想要保持家庭取向的情況之下。一點也不意外，老師們只抱持對父母的各種負面看法。由於老師們對孩子投注太多的精力，認為自己付出許多努力協助孩子對抗過去生活經驗的不利影響；不過他們對於這群受惠的父母卻沒有絲毫同情心。老師們總是強調這些父母不負責任，以及與孩子之間的負面關係，而且將這些批評類推到機構內所有孩子的家庭。聽到這麼強烈的反應之後，更令人驚訝的是，這些老師完全不了解這些孩子的家庭！他們從來不曾邀請家人到學校，觀察孩子上課的情況，或與老師一起討論。僅管這些老師經常批評孩子的家人或他們的居家環境，不過卻答不出任何有關孩子的背景資料。

　　所有關心著同一個孩子的不同成員必須根據刻板印象產生彼此的印象時，我們常常遭遇到的是資料有限卻又合併負面態度的狀況；寄養照顧的狀況每每第一個浮現在我們的腦海。一開始，寄養父母對於寄養兒童的親生父母總是存有負面看法；不過等到他們有機會見面時，這些印象常常就會改變，彼此之間反而可以開始分享資訊，共同為孩子做計畫。若是能增加瑞吉中心老師與家長的接觸機會，應該最有可能改變老師的態度；而也可能促進臨床組主管所期待的目標——協助父母更主動積極。

　　第一個訓練天的下午，諮詢顧問與身為消費者的父母們見面。中心分別邀請孩子正住在機構以及孩子已經出院回家的兩組父母，還有孩子已經住院超過一年的兩個單親媽媽，孩子才剛入院的一對父母；所有這些受邀者都是一時之選。

　　所有父母都是很稱職的觀察者，對工作人員友善，並且認為中心對他們的孩子很有幫助。他們提到工作人員與父母之間的溝通應該加強，不過這些建議大都含糊且不太具有批判性。他們對於這次會議的目標，比兒童照顧工作人員或老師更不清楚，不過如果這些反應是出自忠誠度，那麼其實也可以算是對機構的一種讚許。基本上，這些父母對機構的服務都感到滿意。

　　這場會議雖沒有增加什麼新的資訊，不過諮詢顧問卻覺得有一些幫助。這次會議提供給工作人員十分具體的訊息，了解與家庭對話的重要性，特別是鼓勵父母評論工作人員的行為，以及提出能夠讓家人更積極參與的方式。機構若是能定期舉辦這些工作人員與父母一起參與的會議，那麼或許可以發展成一個很有成效的討論會。

第二天：接案工作

　　第二天的重點在於接案的工作模式。這一天先開始一場接案會談，諮詢顧問及工作人員透過電視轉播直接觀察。這是一個拉丁民族家庭，父母都在三十歲左右，家中除了十歲的「被認定病患」之外，還有兩個年齡較小的孩子。這次會談由接案社會工作人員負責執行，另外還有一位擔任觀察員的精神科醫師參與。一如平常，從轉介醫院轉送過來的檔案資料早已送到，其中提到這個個案可能涉及兒童虐待及疏忽問題。

　　負責會談的接案社會工作員採取和善且輕鬆的方式進行，時間非常短暫，大約只有四十五分鐘。大部分時候，由父母回答問題，並描述孩子的問題，特別是孩子住在兒童精神科病房那段時間的狀況。會談結束後，精神科醫師把孩子留下來，繼續進行個別會談。父母則被帶領參觀整個機構，並被要求填寫住院同意書。接著孩子與父母會合，一起前往孩子即將入住的宿舍，此時事先已有特別安排，當時沒有任何一個孩子留在宿舍裡。接著他們又去拜訪也是淨空的學校，到了那裡，老師重複相同的手續。之後，父母和其他手足離開，孩子則留在中心。

　　諮詢顧問帶領分享統整時間，根據第一次會談的內容，提出一個基本的問題：「如何幫忙父母降低依賴心及提高主動性？」他提到，其實問題的起源已經見於接案會談之中。很明顯，家庭取向的意識型態與促使家庭和機構分離的兩種工作模式，同時並存。

172　　行政主管主張的家庭取向觀點，規定要有一個能包含家庭的

接案過程和治療模式。不過以孩子為重點，加上家庭的邊緣角色，依舊是這個工作取向的最顯著部分。這樣的工作模式等於告訴父母，問題的核心是在孩子身上，而機構不用任何外力的協助就足以應付這個問題。父母被告知，「我們喜歡你們（友善家庭派）」，不過你們無力處理孩子的困難（保護孩子派）。隱藏在清楚意識型態背後的是傳統的工作模式，這是多年來住宿中心一直存在的主要內涵：認為自己有責任保護孩子免於受到家庭的不利影響。

　　當天午後，諮詢顧問親自進行了另一個家庭的接案會談。此次會談持續一個半小時，這樣的時間長度足以指出，與家庭的會談其實是了解孩子問題的一個重要部分。諮詢顧問將重點放在家庭功能，以及家庭維繫孩子症狀存在的角色。他強調家庭和孩子的優勢，鼓勵家庭成員探索可以用來增加父母能力的替代方式，動員手足的支持力量，以改善孩子的症狀。最後一點，他質疑住宿治療的必要性。他對家庭提出自己的判斷，表示他已經看到家庭其實已經具有很好的替代方式；不過，他當然還不是很了解這個家庭或這個孩子，或者他有可能看錯。既然情勢已經是這樣，他要求父母說服他，住宿治療是必要的處遇措施。會談結束時，大家同意機構住院應該是一種有幫助的安排，不過諮詢顧問質疑如果沒有父母的協助，中心是否能成功達到此一預期目標？

　　接下來與工作人員的討論中，強調比較兩種接案型態的不同，包括父母曾經接收到，他們是否應該參與孩子治療的不同意見。第一個接案會談，工作人員帶著探索心情以及尊敬的態度，將父母視為是孩子問題的資料提供者，不過真正的診斷會談則交

由精神科醫師執行，他採取個別方式與孩子會談。家庭會談之後，與父母的接觸開始採取類似商品推銷的方式，工作人員宣揚方案的特點。既然隱私權的規定用以保護住在那兒的每一個孩子，免於受到新加入消費者的盤查詢問，因此新到的父母不被允許進入教室或見到任何一個孩子；而也沒有任何人邀請父母與兒童照顧工作人員交換意見，以幫助他們了解孩子的習性、喜愛的食物、愛玩的遊戲、或面對學習的態度。工作人員不太會去關心新住院孩子的父母親，基本上對他們不予理會，而繼續自己忙碌的工作時間表；同一時候，父母親離開時，可能帶著一種解脫感，相信中心一定會儘全力幫助自己的孩子。相反地，如果他們回到家時的感覺是一種空虛感，也不太會歸咎於機構在他們和孩子之間樹立了一道障礙之故。

第二個個案的接案會談，強調家庭是一個整體，而孩子則是一個次系統。診斷的重點在家庭部分：包括家庭如何運作；出現那些重複模式；手足次系統的運作如何；這個「被認定的病患」如何融入手足次系統及家庭系統之中；是否看到僵化、彈性或其他各種可能性。諮詢顧問鼓勵家庭成員彼此能夠對話；當他們交談時，則採取觀察者的角色。他加入該家庭，支持家庭成員的正向技巧及種種可能的情況，詢問各種問題，毫不掩飾自己對這個家庭的無知，以及呈現自己極力想要學習該家庭的運作方式。諮詢顧問質疑中心的協助能力，以及接受父母急著爭取到住宿治療的心態時，他其實是在傳遞一個重要訊息：「若沒有你們的合作，我們絕對不會成功。」他表達的關切以及對父母能力的肯定，在在表現出他熱烈邀請該家庭的態度，期待他們能夠到中心

與工作人員一起合作。

第三天：治療

　　接下來的重點是治療模式。當天早上由工作人員會談某個家庭；下午則由諮詢顧問會談另一個家庭。第一個家庭的成員包括波多黎各籍的單親媽媽，三十五歲的瑪莉莎、十二歲的沛卓，他住在中心已經超過一年，以及十四歲的姊姊夢塔。

　　這個家庭有一段時間曾經不斷搬家，且每個地方停留的時間都很短暫；在沛卓進到中心之前，也曾經在某間庇護所待了六個月。記錄顯示，沛卓從三歲起就有偷竊行為，剛開始是偷媽媽的錢，然後是鄰居及附近商家。

　　這次會談由工作團隊中的家族治療師負責執行，一開始先以 *174* 親切的方式打招呼。治療師雖然與母親之間的關係很好，不過她幾乎不曾跟十四歲的夢塔直接交談過，整個會談中，夢塔顯得不耐煩且完全沒有參與。沛卓見到母親，顯得很開心；他滔滔不絕地告訴母親，中心其他孩子欺負他的事情。瑪莉莎露出關心的神情，建議他報告老師。之後她繼續告訴沛卓家裡最近發生的一些事情，包括有親戚從波多黎各來探訪他們。接著治療師開始與沛卓討論他最近的表現，接下來的會談重點都在孩子身上。會談結束後，家人就一起到餐廳用餐，然後向沛卓道別，母女一起離開中心，踏上歸途。整個會談對家庭來說，是一次愉快的探訪經驗，其間則夾雜著一些針對沛卓的個別治療。

　　諮詢顧問在與工作人員的分享統整討論當中，提到治療師對這個家庭的態度非常和善，不過整個會談顯得枯燥無味，絲毫沒

有出現任何可以幫助這個家庭改變的優勢。他將原因歸諸於此次會談的安排時機不當，只是毫無意義地安插在孩子住院的期間，既沒有任何必要，也不具有任何情緒的影響力。因為這段時間，與沛卓有接觸的是中心的工作人員和其他的孩子，而家人只是矛盾地扮演訪客身分而已。同一時間，家庭也建立了不包括沛卓的新生活軌道，因而使得他成為家中的外圍成員，就如同他們無法融入他目前的團體生活一樣。

諮詢顧問建議，為了能實際發揮家族治療的效果，通常會先安排一次讓孩子回家探訪，家人可以在週末把孩子帶回家外宿。孩子回到家中，家人嘗試再度一起生活時，舊有的模式就會重新啟動。等到他們再把孩子帶回中心，所有的成員又處在兩個不同世界之間，這時治療師就有機會探討家庭的衝突，挑選出仍然記憶猶新的家人相處問題，討論各種可能的解決方法。

這樣的建議賦予家庭訪視新的意義，以及重新肯定其重要性。根據這樣的改變，有位工作人員詢問，若是孩子因為表現不佳，被取消回家資格時該怎麼辦？她的問題帶出與治療有關的核心議題。如果問題是在孩子身上，而治療的目標是在個人的動175 力，那麼就必須將重點放在違反規範一事。不過如果目標是期待能幫助孩子和家人可以成功團聚，那麼回家探訪絕對是必要的部分，不應該取消。

當天下午，由諮詢顧問會談另一個家庭，主要成員有外婆、阿姨，以及十二歲半的喬安娜，她住在中心已經半年多。喬安娜還在襁褓階段時，媽媽就死於愛滋病；因此由外婆泰莎、阿姨莉莉安協助扶養長大。兩年前，莉莉安搬到外面，與男友同居。從

此以後，喬安娜就來回奔波於外婆和阿姨家，她表示外婆和阿姨對於她該住在那裡或該遵守的行為規矩，有很不同的看法。喬安娜因為上課不專心且愈來愈沮喪而被轉介到中心來。

諮詢顧問邀請喬安娜的個別心理治療師、兒童照顧工作員，以及家族治療師一起參加這次會談。一開始他先提到，因為兒童照顧工作人員只能參加前半段的會談，家人可能希望先問問他，孩子在中心的生活情形。外婆問道，孩子在中心是否有禮貌、表現規矩；莉莉安則關心喬安娜是否有交到朋友，因為她不太談這件事。兒童照顧工作員相當友善，他先介紹中心的生活安排情形，然後才回答她們的問題，向她們保證喬安娜不曾惹過麻煩，而且其他女孩也都喜歡她。不過她仍然顯得非常退縮，且朋友很少。兒童照顧工作員離開會談室時，表示如果還有需要，他可以隨時再過來。個別心理治療師則一直保持沉默，她表示為了維護自己與喬安娜之間關係的保密性，她只想做一個觀察者。

兒童照顧工作員離開後，諮詢顧問變得主動，將外婆和阿姨之間的衝突浮上檯面討論。莉莉安想要孩子跟她住在一起，泰莎卻懷疑她的能力，認為她沒有辦法管好自己的外甥女。諮詢顧問事先已得知阿姨和外甥女之間的關係，且喬安娜很信賴阿姨，因此他覺得應該先了解喬安娜和阿姨之間的關係，以及喬安娜是否有可能出院回家與阿姨同住。他鼓勵兩人開始對話；同一時候，他決定不理會外婆的插嘴，全心專注在莉莉安和喬安娜二人一起 *176* 討論的計畫內容。會談結束時，諮詢顧問的建議是增加喬安娜回莉莉安家的外宿機會，並且建議她們全家三個人一起討論一個好方法，讓喬安娜也有機會回外婆家外宿。

　　會談之後的討論時間，集中在三個主題：邀請兒童照顧工作員加入會談，將個別心理治療和家族治療分開進行的意義，以及諮詢顧問帶領整個會談的方向。諮詢顧問強調兒童照顧工作員參與的策略運用，藉此指出家人有權利知道孩子在中心的生活情形。接著他詢問團體成員，為何要在兩位實務工作者之間畫分出個別心理治療與家族治療，何況這兩位工作人員又都同樣具有這兩種治療模式的完整訓練。經過討論之後，這些工作人員建議，若是能讓其中一位治療師能同時負責個人及家庭取向的治療角色，她應該就可以站在一個更優勢的位置，靈活運用各種資訊。此外也有人建議，有時候也可邀請另一位治療師擔任協同治療者或同儕督導，而不應該將功能分割，或只是為了維持一個謹慎卻可能不太需要的保密權。

　　工作人員特別感興趣的是諮詢顧問的治療態度，他在會談中，主動挑起家人之間的不同意見，而且明顯支持其中一位成員。不過他們也感到困惑，到底什麼是中立和公平？接下來的討論，諮詢顧問提出三個論點，其中兩個跟家族治療有關，另一個則特別針對上述狀況：第一點，將家庭衝突帶進會談之中是治療過程中的必要步驟，若是不能公開討論不一致的地方，這個家庭就可能一直陷在僵局。第二點，「打破系統平衡」的策略，有助於產生當天早上的個案所欠缺的影響力，而且可以鼓舞家庭更主動參與；即使後來，這位經驗豐富的治療師覺得自己需要轉變態度，改為支持不同的家人時，也可以獲得相同的效果。最後一點，因為從某些訊息可以看出喬安娜比較喜歡跟阿姨住在一起，而且莉莉安也比較能了解年輕女孩的心態，因此諮詢顧問比較傾

向支持這兩個人的組合。不過他的選擇不免有些武斷，因為畢竟
他最主要的目標是在打破造成孩子憂鬱情緒的重複模式。

　　有些論點相當複雜，而工作人員可能沒有辦法很快了解，或 *177*
有能力在自己執行時採取更寬廣的模式。不過這場示範的最重要
部分卻是在一個非常簡單的層次。這場示範的接案會談，呈現幾
個重要論點——包括邀請更多的關係人參與會談、探索家庭模
式，以及鼓勵家人積極參與機構活動等。

分析及建議

　　第四天的活動主要在回饋及討論：回顧前幾天產生的論點，
並且提出改變的建議。此處不再詳述最後一天的活動內容，我們
想要提出一個通俗的評論，強調可以適用所有兒童住宿機構的議
題及建議。某些論點可能與特定的機構不相干，有一些也可能無
法普遍運用於所有機構。不過根據我們的經驗，這些議題應該可
以適用於大部分機構，我們也會以概括的方式提出這些建議。

分析

　　這個議題可分成三個類別：以機構為實施的場所、覺知和態
度、工作人員的訓練和取向。某些內容特別針對住宿中心，不過
也有一些內容是我們在前面一章提過，關於家庭友善取向的障礙
因素。這些內容顯示，傳統上，大部分的服務都是針對個人，而
工作人員應該找到自己的方法跨越他們沒有覺察到的障礙，才能
將家庭結合在他們的服務之中。

以機構為實施場所

　　由於機構之間的大小、裝潢、氣氛等等都各不相同，因此要用概括的方式討論實施場所對家庭的衝擊，其實並不容易。不過因為很多住宿中心都座落在遠離孩子住家的偏遠地區，家人往往很難長途跋涉到中心探訪孩子或參加活動。大部分機構都是設立在一個獨立的地方。住宿中心的成立目標就是希望將孩子與熟悉的環境隔離。製造出這種距離，有時被視為是對孩子的一種懲罰，有時則被視為是一種對外界的保護動作；不過可以肯定的是，它絕對是一種用來抵制弱勢貧民區的影響，以及家庭所帶來的致病後果。兒童的住宿機構剛開始迅速成長時，雖然沒有清楚規定住院的時間長短，不過大家的期待卻是愈長愈好，認為這樣才能在孩子返家之前，有足夠的時間幫助孩子做好準備，免於再受到傷害。住院時期盡量讓家庭與孩子保持距離，雖然沒有被公開討論，卻是一個隱含的公認政策。

　　時代已經改變，長期住院已經不再是一個流行的政策。同時為了配合現代的思維，新成立的住宿中心常以小型為主，以十到二十人為理想的服務人數，同時選擇座落在孩子家庭所在的社區附近。不過以往的機構型態仍然存留著，有時因為一些現實因素的考量，譬如機構的空缺名額、特殊的診斷等，不得不把孩子安置到離家較遠的機構。一旦發生這種狀況，一個看似合乎邏輯、實際卻是一種心理層面的障礙就可能橫亙在機構和家庭之間，而雙方卻可能都沒有覺察到。

覺知和態度

第二個部分是有關家庭和機構彼此之間的看法。孩子住在機構，家人通常會出現兩種特殊的主要態度。第一種態度，反抗公權力（譬如兒童福利、社會服務機構、或家事法庭等）強制要求住院的決定。他們痛恨整個過程，連帶也把中心視為敵人，視之為「一個有份量的他人」！

第二種態度則完全相反，他們愉快接受機構的安置，認為是一種用來解決他們與孩子之間問題的好方法，而且視機構如同住宿學校，或是附近地區的最佳安置選擇。他們常常感覺自己無力處理孩子的問題，因此分離遂成為解決衝突的一種可接受方法。假如這是家人的最主要反應，那麼他們就會很高興可以將自己對孩子的責任移轉給中心。他們希望孩子返家時已經改變了，而且也變得容易管教。持有這種態度的家庭，很容易接受以長期治療為取向的傳統機構。不過，如果工作人員的目標是以家庭為對象，那麼就必須先挑戰家人的這些期待，找到適當的方法，讓他們願意參與孩子的治療。

這樣的工作其實相當困難。機構一向反對家庭參與。主張父母親有問題或能力不足的認識論者，就會採取將父母隱身不見的工作模式，或者盡一切可能把他們排拒在外。用最溫和的方式來解釋，這些工作模式是中心用來拯救孩子的一部分方式。若是換成比較具有破壞性的方式解釋，這種工作模式其實反應出機構耽心父母會破壞機構的努力成果。工作人員定出很高（有時甚至不合理）的標準來評估進步情形，將孩子抓住不放，一直等到他們

能確定會有成功的結局時，才肯放手。當然這樣的立意絕對是好的，不過世上能有幾個人可以解決自己在這個世界上所碰到的每一個問題呢？而且隨著時間，孩子及家人都已經慢慢適應他們當前的生活環境，孩子又被送回家時，他們能順利適應轉換階段的可能性就會愈來愈低。另一方面，他們與寄養安置或藥癮方案的拘留安置等狀況並不相同；待在中心的時間愈久，在這段分離期間，案主和家人之間的接觸就會愈脆弱，團聚的任務也就更難達成，即使對於接受治療後已經有很大進展的案主也不例外。

最後一點，不管機構是否有意，無形中卻常常會設立一些矛盾兩難的狀況。工作人員期許家人能夠積極主動，並將之視為家人確實關心孩子的證據；若是家人沒有參與，他們就被標定為不關心或抗拒。不過工作人員並沒有覺察到自己常常傳遞給這些家人「我們會自行解決」的肯定訊息：譬如「我們會好好處理這件事，如果有需要，我們會主動跟你聯絡。」這些家庭必須把孩子帶到機構時，內心常常充滿著失敗和能力不足的挫敗感；若是再面對工作人員傳遞出來的隱含訊息，內心的負面感受勢必更加沉重。家人往往感覺自己不再被需要、且認為自己的參與也不再是那麼必要！

180 工作人員的訓練和取向

這裡討論到，跟機構有關的許多態度，都是透過專業工作人員表現出來的，此處不需再贅述。許多觀念，譬如機構自行處理、對於出院的高評估標準、評估家庭有問題……等，都是負責治療孩子的工作人員提出的假設。我們在本書開頭就指出，心理

方面的訓練通常強調內在的動力和病理部分：譬如忿怒、焦慮、衝突，以及關係處置不當等問題。機構中的治療師協助個別孩子時，常常循著這個模式進行；而他們擴展到以家庭為服務對象時，會在不改變基本取向的情況下建立一些新的方法。通常他們沒有再接受其他的訓練以建立不同的能力，也缺乏技術或經驗可以超脫舊有的模式並且探索家庭範疇中的替代方法。這是一個扭曲的人性取向，反而更加重了反對與家庭建立有效益及充權關係的態度。

建議

　　經過議題的分析之後，我們當然要提出一些建議，其中有一些已經在前面提過。先前的討論包括住宿中心地點的選擇，以及工作人員訓練和取向的議題，後者必須經由專題討論會、個案研討會和督導等方式呈現，以突顯家庭取向的工作模式，使工作人員在協助家庭時能夠更有自信且技巧更純熟。

　　不過我們的建言重點，在於機構層次的工作模式結構。因此接下來要針對接案、孩子住在中心時與家人的接觸，以及結案出院三個階段提出建議。

接案

　　機構應該建立新的工作模式，讓父母的參與成為必要。友善接受家人、給他們選擇的機會、或鼓勵他們到中心探訪……；但是只有這些措施並不足夠，甚至不足以規畫家族治療單元。機構必須傳遞出「期待家人參與孩子在中心的生活」訊息，而且說明 *181*

若是沒有家人的參與，他們的努力勢必會徒勞無功。

　　先談接案的部分，工作人員從一開始就應該傳遞夥伴關係概念。安排一個整天的時間，讓家人可以與所有的相關工作人員見面，包括兒童照顧工作員、老師，以及治療師。邀請家人參觀孩子在中心的生活情形，不管是在課堂上、課外活動或休閒康樂時間。父母親應該要了解孩子在中心的生活情形，而且應該安排一位工作人員陪伴他們參觀，說明他們所看到的事物以及機構所根據的哲理基礎。

　　工作人員也應該抱著孩子是否需要住院的質疑。接案時，工作人員要以一種不確定的態度，指出父母需要負擔申請孩子進入中心的責任。如果中心接受父母的申請，機構就成為這個家庭的同盟，且必須回應家庭所提出來的需求。當然，假如家人的態度是怨恨多過自願，那麼接下來的討論內容就會很不相同；不過不管家人的態度如何，他們都必須以一個積極參與的態度做出決定。

　　這樣的討論，使得接案的重點會放在為什麼要申請住宿治療的理由，以及孩子、家人，和機構的各自目標。討論後，可以整理出一份處遇目標的文字記錄，分別由家人和工作人員簽名同意。這樣的作法可以保證雙方願意一起努力的決心，且讓接案成為治療過程的必要階段。

　　以目標為重心，也可以強調出院結案的條件，同時又能把出院結案的問題結合在住院的過程當中。除非我們認為住宿治療是一種無期徒刑，否則這樣的重點應該非常適當。這樣的作法可以提醒工作人員應該強調家庭的優勢及各種潛在價值，同時給家人帶來有希望的徵象，讓他們看得到黑暗中的亮光。

接案的主要目標在於形成夥伴關係，讓兩個系統在治療的旅程中能結合在一起。其他次要的目標還包括要求家人填寫各種表格文件。這項工作容易讓家人產生一種機構官僚化的印象，降低了雙方都有責任的感覺。只要有可能，應該把這些細節留待第二次會談時間再做。

因為父母對孩子的了解最多，所以應該在第一次接觸時，請 *182* 他們多多描述孩子過去的發展情形，工作人員也應該詢問他們有關孩子的興趣、喜歡的食物、愛玩的遊戲，以及是否有好朋友等問題。此外也要鼓勵他們從家裡帶來孩子喜歡的物品，讓孩子帶在身邊，以做為聯結孩子過去和未來生活的象徵。

雖然讓父母離開中心時能帶著充分被告知的心情，是一件很重要的事；不過他們也不應該認為所有問題都能在此刻獲得充分解決。他們離開時，還要帶著繼續關心的心情，且必須理解工作人員雖然承諾幫助一個遠離親人和熟悉環境的孩子，不過仍存在不確定的變數。從某種意義來說，家人必須感覺到他們已經被允許加入機構，與自己的孩子在一起。

住院期間

一旦孩子住到中心，還需要一些重要的工作流程。基本上，機構必須努力維繫且加強讓家人參與在孩子的生活當中。住宿安置的一個特色是孩子和家人的分離感會隨著時間逐漸增加；情緒的疏遠是一個自然的現象，實在不應該被標定為家庭的抗拒。中心應該透過一些具體的措施拉攏孩子和家人的關係。只是反覆重申家庭應該參與治療，或學習更好的治療技巧，都不足夠。工作

人員應該將家庭視為是所有已公開事件的一部分，態度上也應該表現出孩子好像還是住在家裡一樣。譬如，工作員可以跟家人說，「喬在學校出現了一點狀況，我們搞不清楚為什麼，你們可以幫忙嗎？」這樣的請求可以經由電話、信件的方式進行，或建議家人安排一次學校探訪以討論問題狀況。

　　不是所有的溝通都要討論孩子的問題，即使這確是大部分機構（包括全部的學校）會跟家庭接觸的最傳統理由。討論的問題還可以包括孩子的進展、學習成績、個人的重大生活事件等，譬如：「喬在學校的學習一直很好，不過他似乎不太重視自己的表現。你們是否能前來跟他一起慶祝？此外你們方便帶一點獎品來鼓勵他嗎？」有時，工作人員也可以只是為交換訊息而跟孩子的家人聯絡，譬如：「瑪莉打球時摔了一跤，膝蓋破了一點皮，現在都沒事了；不過她情緒有點不穩，顯得有些害怕。我們只是認為應該讓你們知道！」其實內容是什麼並不重要，一旦這個概念能夠深植在腦海中，工作人員自然能找到許多機會與家庭聯絡。只要能夠說明，每件事都可以產生預期效果，儘管機構處於照顧者的角色，父母絕對還是必須負責任的人！

　　還有一個重點，工作人員與家人的接觸，必須讓孩子知道。喬和瑪莉需要知道工作人員和他們的家人是一起工作的夥伴。孩子住在機構時，有一部分的溝通會出現在兒童照顧工作人員和家人之間，不過臨床工作員除了約定的治療時間之外，還需要擔任與家人額外聯絡的重要角色。有時工作人員會透過電話或信件與家庭聯絡，有時臨床工作者會親自帶孩子回去和家人團聚，這樣的安排也可以爭取到額外的機會，在他們熟悉的環境進行一次治

療會談。家人在自己的地方接待工作人員，可以加強他們的榮譽感。不過重要的是，家人應該將這樣的探訪或在家進行的治療，視為是基於孩子的利益，而不是為了監視他們家或家人。

　　不管聯絡的目的是什麼，工作人員和家人應該至少一個月見一次面，以便隨時重新檢視治療方案，並調整雙方的目的。

出院結案

　　住宿治療確實是一段連續照顧的過程，始於接案、結束於出院結案。回家外宿的機會應該逐漸增加，以試探出院返家的可能性。家人和孩子可以順利相處在一起，且接下來的治療可以採取門診方式時，就可以開始考慮出院。在轉換期間，工作人員最好還是持續保持聯繫。有時，工作員和孩子及家人之間已經建立了深厚的關係，因此若可能，應該讓住宿中心的工作人員參加幾次門診的治療單元，同時探訪這個家庭。

　　機構若能接受這樣的改變建議，大部分孩子應該可以在入院一年內，或甚至半年內，出院返家。當然還是有一些其他的考量因素，譬如孩子問題的嚴重程度、家人的反應，以及孩子的年齡。通常，我們建議的工作模式最適合青春期前期及青春期早期 *184* 的孩子，大約在八歲到十三歲之間。年齡小於此範圍的孩子適合其他不同的治療模式，而且多半不應該被安排住宿模式。至於年齡更大的青少年，則需要修正方案的內容，以便能更凸顯團體的型態，並加強關係中的自主性及選擇性。

　　不過，針對被安排住宿處遇的孩子，不論他們的年紀多大，我們都必須熟悉他們生命中的重要關係人，並且與他們一起工

作。本章提出的工作模式，建議孩子被安排住院時，工作人員應該與家人建立關係，協助他們成為治療的夥伴。根據我們的經驗，這樣的過程有助於孩子、家人，以及他們共同的未來。

第八章　住在機構的兒童 II [185]
——精神科病房——

　　兒童的所有住宿機構中，兒童精神科病房是一個相當特殊的環境，值得用一個獨立的單元來討論；部分的理由是因為來自精神科病房的工作人員一向具有獨特的傳統、工作取向，和地位，而且也因為以都市中弱勢兒童為主要服務對象的醫院常常附設在有特殊屬性和需求的社區中。

精神醫療服務與家庭

　　我們先前提過的大部分機構，工作人員都期許能夠在不受外力協助或干擾之下，獨力執行自己的任務。不過，精神醫療機構的工作人員都各有專長，具有很好的訓練背景，已經習慣於共同的責任和尊重，也都有很強的自信感。某個大醫院的資深主治醫師以一種自我批判的感慨口氣提到，兒童醫療服務工作就像汽車修理廠一樣：「你把有障礙的孩子暫時停放在我們這邊，等我們

幫他修理好之後，再打電話請你過來帶他回去。」

186　　　精神醫療服務以醫療模式為基礎，因此工作人員常習於以個別病人為服務對象。這樣的重點相當自然，而當前的潮流則更結合了以生理基礎為重點的部分。工作人員強調探索害怕、幻想、生氣、混亂等情緒的內在世界，運用重新定義或開藥方，或兩者兼用的處遇方式來協助病人處理這些情緒困擾。

　　說來奇怪，美國貧民區的社會解組現象無形中增強了這樣的工作取向。流浪漢、藥癮、暴力問題逐年增加，社會福利服務已經無法全盤接收這股社會病亂的潮流，而服務於動亂地區的兒童精神醫療人員發現自己正面對著社會變動所產生的各種現象。由於工作人員缺乏這方面的訓練，出現無力感，於是轉而只強調自己專長的領域：探討病人生活經驗的內化結構。個人的內在世界成為診斷和治療的重心時，與病人問題息息相關的社會背景就完全不在工作人員的覺察範圍之內。

　　針對我們所關心的人口群，精神醫療工作人員的特質亦帶來另一個問題。通常，工作人員來自中產階級、喜歡內省、擅於表達、且具有心理取向。而接受服務的家庭則常常來自不同民族的低社經階層，他們的家人也比較採行動取向，且較不會隱藏自己的情緒反應。這些家庭帶孩子到醫院時，常顯得格格不入。某些家庭有語言上的障礙，與工作人員溝通時顯得笨拙；通常他們都有過與助人體系的不愉快經驗，因此最初的反應常帶著懷疑的態度。工作人員向來期待家庭能夠合作且表現尊重的態度，因此極可能將這些家庭的保留態度解釋為抗拒治療。

　　面對這些家庭，工作人員的訓練常常顯得不足，這一點我們

幾乎在每一章都提過。他們不習慣邀請家庭成員參與病房的活動，也不重視孩子回家探訪的安排，或不懂得處理因為分開孩子和家人而自然產生的長久疏離關係。工作人員探討孩子的內心世界結構，並且觀察分析孩子在病房的行為，藉此以認識孩子的家庭。這種情況之下，工作員都只能看到一部分的關係，既看不到家庭成員的直接反應，也只能邀請幾個被推論可能有關連的家人參與治療當中。

即使某些工作人員有心要同時協助家人及孩子，卻受限於自 *187* 己的處理技巧不夠。我們注意到他們最初所做的努力，常常無法將過去經嚴謹訓練習得，有關兒童治療的特有技巧加以轉換，靈活運用。因此，雖然這段時間，家人很少跟孩子在一起，這些工作人員還是會批評家人；工作人員雖然與孩子接觸時能建構友善且愉快的氣氛，不過他們進行家庭會談時卻完全無法放鬆也不具創意。

實際上，要能有效協助家庭，第一個步驟是在概念，而非技術。工作人員必須接受孩子包含在大社會脈絡之中的想法；孩子住到醫院時，也就代表著這個家庭住到醫院。醫院所做的每個動作、孩子所出現的每個改變，不管他們是否留意過，都會在未來與家人的互動中反映出來。帶著這樣的心態，可明顯看出，評估及治療的技巧必須能動用孩子生活中的各種力量，同時改變的目標也必須不只強調這些年輕病患的心理動力和生理狀況。

當然，這並非大多數精神病院的普遍心態。受到當前強調短期住院的潮流所激盪，很多醫院的治療方向逐漸定義在尋求適當的藥物治療，而弱勢兒童被一個地方換過一個地方的作法也成了

典型的處理方法。雖然孩子住在醫院的時間不長，不過緊接著安排在寄養照顧或住宿中心的時間卻可能不斷延長。

　　我們要藉由以下諮詢案例來提出一個不同的工作模式。工作人員提出這個個案時，我們可以看到他們認為「拘留是孩子不可避免的環境」，還有工作人員過度依賴藥物，以及家庭始終居於邊緣地位的種種現象。諮詢顧問的處遇策略破壞了這個現有結構，他不只動員家人參與，並且公開評論及探討原來的傳統方法。

藉由個案諮詢，質詢所謂「不證自明」的真理

　　一九九〇年代，美國東北角某一州的心理衛生部門邀請本書
188 作者之一（米紐慶醫師）參與州立醫院兒童病房的諮詢會議。這個會議的主要目的在提供家庭取向工作方法的範例，以做為全州心理衛生體系教學及討論用途。該部門也關心第七章提到，關於「孩子留在醫院的時間太長」的議題。行政主管常因為這個問題所需要的經費而困擾，不過專業人員更關心的是長期住在醫院對兒童發展的影響。

　　諮詢顧問在剛開始的討論中建議，個案的挑選以住院超過一年的兒童為對象。工作人員最後選出十歲的馬克。馬克住進這家醫院之前，也曾經在另一家精神病院住過一年以上。

　　這次的諮詢為期一天，整個過程分成四個部分。由於環境不同，因此與諮詢顧問在瑞吉中心所採取的步驟也各不相同；不過這兩種工作流程都同樣反映出系統取向的意識型態，不管是資料收集、處遇階段或回饋，都會包涵所有相關的家人以及專業人員。就這個個案，諮詢顧問先會見每天與馬克接觸的工作人員，

然後再與馬克及他的家人會談。會談結束後，他再與一直待在單面鏡後觀察整個會談過程的工作人員碰面討論，並且提出他的建議。第四個部分則開放給更多的觀眾。整個諮詢會議的過程都拍成錄影帶，並且做為全州兒童精神醫療工作人員教學的教材。以下我們摘錄了這個諮詢會議的部分內容，說明過去的傳統治療方法，與強調家庭參與的新治療方法，二者之間的不同。

與工作人員的會議

　　曾經治療過馬克的九位工作人員全都參加了這次會議，其中包括個別心理治療師、兒童諮商員、精神科醫師、家族治療師、教師、藝術治療師、護士、社會工作實習生，以及心理技師——他同時也是這個單位的主管。這個部分持續一個半小時，由於說明馬克的精神病理內容是這個病房所強調的意識主流，所以我們將這部分的會議內容全盤記錄下來。

諮詢顧問：馬克有服用藥物嗎？

189

精神科醫師：有！注意力欠缺過動症是我們最先關心的問題。他來看我們時就已經服用利他能。他離開上一家醫院時，服用的藥物包括四十毫克的利他能、六十克的美立連（Mellaril），以及一天三毫克的克洛諾平（Klonopin），我們以他的攻擊行為和注意力問題做為主要的治療症狀，至於分離焦慮則沒有特別列為藥物處置的重點。

　　一開始，我們先嘗試克洛諾平，一段時間之後就停止，用藥與停藥之間的差異相當明顯。停藥期間，他幾乎無法好好在教室或住宿中心用心學習。

　　接著我們讓他嘗試三環藥劑；他現在服用的便是三環抗憂鬱藥劑，藥量已經到達成人的最高劑量了。

　　他現在的狀況比服用克洛諾平時好多了；不過，就如您所了解，他很容易失去自我控制能力。不過他的確擁有一些忍受挫折的能力，可以從只能持續幾秒鐘的忍受能力進步到整個心理治療會談期間都能持續忍耐、不亂發脾氣。由此可見，若是能提供一個放鬆、舒適的環境，確實能讓他有一些能力參與口語方式的心理治療。

　　最近我們開始合併使用鋰劑及抗憂鬱劑，現在他一天要服用六百毫克的藥量。以目前的藥量，還沒有看到他的攻擊行為有明顯的進展，因此打算再增加藥量。我們期待的目標，一則希望藉由藥物的協助，可以看到他的衝動性能顯著改善，再來也希望他的自我控制能力能持續慢慢進步。

　　至於能在家中學會自我控制的目標，仍然遙不可及。這個部分依然不穩定，也使得馬克的行為一直不能穩定。

　　雖然一定會有許多精神科醫師質疑這個特殊的診斷，以及此處所提出來的治療方法，不過這卻是一種非常具有代表性的精神醫療意識型態。

　　他們怎麼描述這個孩子？馬克，這個十歲男孩，被片斷地切割成一系列的情緒和意識型態，而這些正是藥物治療的特定對象。「攻擊行為」及「注意力問題」是「主要的症狀」，至於「離別焦慮的議題」則「不是藥物要處理的重點」……。

　　這樣的取向又是如何影響到治療的型式？工作人員依賴的是

症狀與某種藥物之間的契合，治療方法建立在不斷嘗試與逐漸接近的原則，一直到找出最理想的組合為止。他們採取的步驟，可能是增加藥量，也可能是合併其他藥物，也就是以目前的藥劑再合併使用其他的不同藥物。若是病人的症狀沒有改善，就表示還沒有找到正確的組合，還需要再嘗試其他的藥物或不同的配對方式。他們的說詞雖然帶著偽科學的確定性，不過實際上整個過程卻是一連串的盲目嘗試。

目標又是什麼呢？透過行為控制的評估，可以看到馬克從藥物治療中獲得的幫助。如果馬克沒有改變，那麼就明顯需要增加或改變藥量。精神科醫師對馬克問題的摘要說明具有強烈的吸引力，兒童諮商員緊跟在精神科醫師的談話之後提到與技巧熟練相關的議題，卻沒有獲得注意。她提到：「馬克學到的技巧愈多，行為表現就會愈規矩。他原本不會騎車，不過現在會了；而且他覺得非常好玩。」對這個團體的成員來說，她的意見聽起來只是一段描述，沒什麼重要意義。心理技師提到自己觀察到的關係現象時，也面對同樣的狀況，「由於住院期間沒有家人在身邊，工作人員就必須擔任代理家人的角色。」這段攸關工作人員介入馬克生活的陳述，仍沒有得到任何的關注。相反地，這個意見只被視為是察覺到空缺現象的一種反應——這真是一種奇特的解釋！事實上，馬克根本就擁有一大家子的家人都關心著他的健康。不過最終，治療的目標卻只注重在馬克的生理部分。

家庭會談

工作人員的會議結束後，諮詢顧問與馬克及他的家人一起會

談。會談一開始，參與的人包括馬克、他媽媽、十二歲的姊姊珍妮絲、阿姨，和另一位阿姨的兒子——八歲表弟喬迪。整個會談進行了二小時。

191　　會談一開始，諮詢顧問邀請馬克描述自己的大家庭，包括每個家人的年齡和關係。根據馬克的描述內容，諮詢顧問仔細評估他的認知技巧及溝通能力。從他所描述的家庭面貌，可以看出成員之間的關係緊密且能互相支持。緊接著，諮詢顧問轉而以全家人為對象。以下這段對話的重點在探討馬克和媽媽之間的關係，從母子之間的對話可以清楚分辨出家庭取向的獨到特色。

諮詢顧問（對媽媽說）：為什麼馬克會到這裡來？（然後很快地又對著馬克說）：馬克，為什麼你會在這裡？

馬克：因為我有問題。

諮詢顧問：為什麼你會在這裡，而珍妮絲不用在這裡？

馬克：因為她的表現比我好，是不是？

諮詢顧問（對著馬克）：你應該問問媽媽，為什麼你會在這裡？

馬克（面對媽媽）：為什麼我在這裡？

媽媽：因為你跟我之間有許多問題，你在學校也有很多困難。（面對諮詢顧問）他只做自己想做的事。（對著馬克）你跟我之間有許多問題；我已經沒辦法處理你在家中的行為。

諮詢顧問：聽起來妳的意思是因為妳無法應付他，所以把他送來這裡。

媽媽：這只是其中一個原因。

諮詢顧問（輕輕地）：為什麼不是妳來這裡？

媽媽（覺驚訝，然後笑了起來）：為什麼不是我在這裡？我不知

道！

諮詢顧問：馬克，你覺得如何？如果媽媽沒有辦法處理你的問題，那麼應該是她來這裡啊！

媽媽（對著馬克）：你覺得我應該來這裡嗎？

馬克：不是！

諮詢顧問：事實上，假如妳一直無法處理馬克的問題，那麼馬克就必須長久待在這裡。所以有兩個理由可以解釋馬克為什麼會在這裡，其中一個是因為妳無法處理他的問題。妳已經準備好要帶他回家了嗎？

媽媽：他有不少進步，幾次獲准回家，他還是一樣不聽我的話、不尊重我。不過有時候……他確實進步不少！

192

諮詢顧問：我要問妳一個奇怪的問題。妳說他有不少進步，妳是不是也有進步？這是一體的兩面，對不對？這牽涉到妳和馬克之間的相處。只要妳有能力照顧他，他們就會讓他出院。如果你們的關係有了改變，他也會跟著變。這是不同的思考方式，妳同意嗎？

媽媽：沒錯……不過我想你抓到重點了，因為這確實牽涉到我跟他之間。

接著諮詢顧問要求媽媽和馬克一起討論。

媽媽（對著馬克）：我希望你留在家中。我決定把你送到醫院時，那時只想讓你待三個月左右，沒想到一待就是兩年。我要你回家，你聽懂了嗎？我希望我們應該相處得更好。

馬克遮住自己的臉，不發一語。看起來他似乎與媽媽或當時的情景毫無關連。

諮詢顧問（面對媽媽）：試試看，讓馬克願意聽妳的話。媽媽直接對著馬克說話，要求他坐好並看著她，然後重複剛才的話：「我希望我們能夠相處得更好。」

馬克：我想去跟喬迪玩。

媽媽：如果你能等一下，這個會談很快就結束，這樣你就有時間跟喬迪玩。

馬克：好吧，我等一下。

諮詢顧問站起身，握住媽媽的手，恭喜她已經能夠成功約束了馬克。這個會談又繼續花了一個小時討論這個主題。諮詢顧問繼續強調媽媽約束馬克的能力，同時刻意強調這段能夠順利處理衝突的時刻。

會談的整個結構注重在諮詢顧問探討核心問題的方式：例如馬克是誰？他有那些關係脈絡？治療該如何繼續下去？

193 　　諮詢顧問利用會談的前十五分鐘與馬克建立關係，他企圖了解孩子對自己原生家庭的認識；就在談話的過程中，他一邊分析馬克的智能、專注的能力、與陌生人的接觸方式、自我概念的內涵……等。最後歸納出以下的印象：一個帶著獨特口音的十歲男孩，注意力短暫，面臨壓力時容易出現退縮反應，不過在一對一的情境中應對適切，他的智能應該在正常範圍。

　　除了對馬克的能力有以上的結論之外，諮詢顧問也檢視他與環境脈絡的關係。雖然他生命中百分之二十的時間——兩年之久——都待在精神病院，不過與自己的原生家庭仍有密切的情感聯結。針對他長期住院一事，諮詢顧問將之重新定義為媽媽無法順利約束他之故，而不是因為他的內在病理問題。功能不良的部

分存在馬克和媽媽之間,兩個人對彼此的行為和思考方式都有很深的影響。醫院的工作人員不曾碰觸過這部分,不曾協助媽媽和兒子建立更好的互動模式,或嘗試從其他家庭成員處得到支持。

這次會談的治療模式是什麼?因為諮詢顧問認為馬克只是系統中的一部分而不是一個獨立的個體,所以他了解若只是單獨處理孩子的問題,治療師必定會忽略了家庭對於孩子行為的影響。諮詢顧問的處遇方向在揭開馬克生活世界中被遮掩的部分。他凸顯出媽媽讓孩子一直留置在醫院的內在現象,鼓勵她挑戰醫院,努力把馬克帶回家。

這裡其實還有許多未被探索的議題,譬如馬克的姊姊在家中的位置,媽媽所承受的壓力,以及來自馬克阿姨或大家庭其他家人的潛在支持力量。這其實只是故事的開始,而不是結局;不過主要的目的是冀望工作人員能夠致力於這個完全不同的思考方式及截然不一樣的治療方式。

再度與工作人員會面

治療會談之後的會議中,諮詢顧問的指導方向與第七章所提到的建議內容相似:包括增加孩子回家探訪的次數;孩子從家裡回到醫院之後,就在醫院進行家庭會談;也安排在家中進行家庭會談;協助媽媽提昇解決馬克問題的能力;支持正向的互動模式,同時探索衝突的部分,協助家庭增加處理困境的技巧;邀請珍妮絲參與某幾次會談;動員大家庭中的某些成員支持媽媽。諮詢顧問建議工作人員立即開始計畫出院事宜,在準備期間先延長返家試住的時間,出院後則安排到家的處遇模式。

對全州的工作人員採取錄影帶的指導方式

最後一個階段則提供給全州，所有兒童精神病院的工作人員詢問問題；他們都已經透過錄影帶方式看過整個諮詢過程。討論當中，提出來的大部分問題都反應出這些工作人員的傳統取向，包括對「病理」的執著，重視家庭對兒童所造成的負面影響，以及努力拯救年幼病患的使命感。沒有人質疑或評論以精神病學觀點看待馬克的問題，讓孩子長久住院所造成的問題，或長期服用藥物所帶來的後遺症。顯然，這些觀察者的觀點與醫院工作人員的工作取向頗為一致。此外，這些成員之間也受限於忠誠度，阻止他們對自己的同僚提出質疑。

在這樣特殊的情境之下，問題變得懸而未決。之後，為了因應逐漸提倡的兒童精神病院短期住院趨勢，全州的系統有了一番重組；因此不到一年，該單位就關閉了。雖然這樣的趨勢帶有正面意義，不過並沒有促成必要的改變。它並沒有改變工作人員的基本態度，降低對藥物的依賴，以及將治療範疇擴及家庭或社會脈絡。

這次諮詢中，並沒有出現與社區相關的議題，不過某些狀況之下，這些議題卻最重要。城市醫院中，弱勢家庭的孩子被帶來接受心理治療，由於醫院和周圍社區之間缺乏接觸和了解，因此常常出現問題。我們將在下個章節討論這個狀況。

精神醫療服務與社區

195

　　收留城市中弱勢兒童的精神醫療服務大都附設在市立醫院內，而他們所服務的社區常常陷在各種問題的困境當中。醫院成為處理社會解組所帶來後果的一種方式，用來協助無家可歸家庭、藥癮或罹患愛滋病父母、或因暴力而分裂之家庭的受創兒童。

　　住進這些市立醫院精神科病房的孩子，通常都是被診斷為行為偏差的個案；這與早年的兒童病患性質極不相同。四十年以前，許多住進紐約市貝勒威醫院的兒童，以「兒童精神分裂症」的診斷居多。他們可能出現不斷轉圈子、扮鬼臉、隨便讓陌生人擁抱、非常退縮、或一些如今已不存在的怪異症狀；現在即使還有孩子出現這些症狀，也只是極少數。當然，這樣的描述並不能囊括現代城市中所有的兒童精神病患族群。

　　為什麼一個並沒有出現明顯精神症狀的城市孩子會被送進精神病院？各種解釋理由當中，其中有一個理由最能貼近當今的社會脈動。我們舉一個真實例子，看看在某天傍晚，某一間城市醫院急診部門發生的狀況。當天傍晚，醫療團隊必須快速連續處理送進來的三個孩子；其中兩個孩子出現自殺意念。經過緊急處理之後，這兩個病人都已返家，交由家人密切觀察，並轉到門診進一步處理。第三個孩子的問題較不嚴重，出現比較沒有危險的自傷行為，不過這個女孩卻被安排住進醫院；這其中的差別在於家庭狀況的不同，工作人員判斷女孩的家人沒有能力維護她的安全。

　　每一個個案，危險性的評估並不全然只以孩子的心理狀態為

標準；相反地，是以孩子的狀態，加上家庭和環境能提供的安全性，二者之間的互動情形做為判斷標準。這樣的判斷標準不一定適合每一個個案，不過卻是評估中不可缺少的內容。面對這種狀況，有些醫院將某些病人非正式地歸類為「寄宿病患」，他們不必經過正式接案程序就可以暫時住進醫院。這樣的安排是特別針對沒有必要住院，卻因為沒有適當安置場所的孩子而設。我們若把這個現象視為是一種社會問題，那麼這個狀況的確令人擔憂；如果我們把它視為是專業人員的一個挑戰，那麼一旦孩子住進醫院，工作人員就應該嚴謹地檢視原有的工作模式。

　　當然，不管在什麼樣的環境，我們認為工作人員都應該找出孩子主要社會網絡中的相關人員，並協助他們。如果工作人員只是把注意力放在病房中的住院病童，那麼他心中必定缺乏清楚藍圖可以指引他如何解決孩子家庭及社區的問題。若是如此，當短期住院的期限一到，他們可能就在有意無意之間，將孩子送到機構安置或寄養照顧。這是當今潮流下常常發生的例子，不過卻疏忽了其他更有效益且更具人性的可能作法，其實工作人員可以期許家庭及社區了解這些議題，同時發掘他們所擁有的治療資源。

　　下一個單元要介紹兩個個案，我們提供諮詢期間，他們剛好住在同一家醫院。要協助這兩個個案，都需要了解他們所在的社區，並與之互動。其中一個個案在我們諮詢工作剛開始時就住進醫院，另一個則在六個月之後入院；從描述中可以看到，引介家庭中心工作模式且由精神醫療人員負責執行之後，個案所產生的改變情形。

第一個個案：拉丁美洲社區

　　第一個個案是一個危機狀況。某一間市立醫院的兒童精神科病房發現自己與周遭社區之間的關係出現問題，他們感覺工作人員對待拉丁美洲家庭的態度有偏差。出現危機的是一個十歲男孩，開著家裏的車在交通擁擠的街道上狂飆了四、五條街，才被警察攔阻下來。他被帶到醫院，顯得神情恍惚且驚慌不已；他的波多黎各籍父母趕到醫院，想要把孩子帶回家時，卻被告知孩子必須留在醫院觀察。第二天他們再回到醫院，精神科醫師告訴他們孩子有過動問題，需要藥物治療，因此必須留院一個星期，以便觀察服藥後的反應。

　　這對父母拒絕這樣的安排，於是醫院將這個個案訴諸法庭。法官判定這對父母有疏忽嫌疑，同意醫院所提強制將孩子送進精神科病房的必要。這對父母把這件事投諸西班牙文媒體，這個個案遂變成一件政治性的「燙手山芋」，引發拉丁美洲社區與市立醫院兩方的對立立場。 *197*

　　為什麼醫院想要提供服務給某個社區，最後卻成為它的敵人？有部分的原因在於不同的觀念和標籤作用，另外一部分原因則在於強調權力的使用、而非探索彼此之間不同觀點的作法。這對父母認為孩子的行為確實魯莽，可能造成自己及其他人生活上的安危，且不願服從父母。他們對孩子的行為感到驚嚇，且氣憤不已；不過更令他們震驚的是他竟然有能力開著車駛過人車擁擠的街道！至於醫院的工作人員，則覺得這個孩子缺乏判斷能力，反映出他有內在的問題，需要進一步調查他的衝動性及缺乏控制

力的問題。他們也批評這對父母，認為因為他們的疏忽而可能危及孩子的生活。醫院以就地代理父母的身分，取代了照顧孩子的角色，而法庭則支持醫療專業的意見。

當然遠在該社區和社會機構採取攻勢之前，其實還是有其他可行的作法。在某個以中產階級為主的鄉鎮，儘管他們面對的是孩子的同樣危險性行為，卻可能視為是一種惡作劇。這時醫院工作人員和家人會以最快的速度安排見面，有默契地討論整個狀況，而孩子的照顧責任也會交回到父母手中；如果想要進一步判斷孩子的衝動問題以及還不太明朗的父母管教能力，通常會採用異於住院的門診治療方式。

這個拉丁美洲家庭也應該接受這樣的待遇。整個狀況牽涉到的議題不只是如何避免社區爆發集體憤怒的情緒，也關係著如何有效協助案主與社區。雖然案主與工作人員的種族不同，醫院仍然應該採取與服務其他地區相同的合作態度，探討個案家庭所關心的議題，並依據其能力規畫適當的解決方法。

第二個個案：具有文化敏感能力以了解移民家庭

198 第二個個案曾經在前一章約略提過。十六歲的莉莉安娜，家中有三個兄弟姊妹。她告訴父母，自己服下大量藥物，不想活了；嚇壞的父母將她送進精神病院接受治療。第一次會談，與他們接觸的是精神科醫師和一位臨床心理師，他們都是技巧純熟且富有同理心的工作人員。他們先了解莉莉安娜的憂鬱問題，以及長久以來與外界疏離的狀況。她一直有被監禁的感覺，父母管教非常嚴格，不准她跟朋友來往，因此工作人員分析她的自殺企圖

其實是表達出對父母的一種忿怒情緒。

　　第二次會談只有莉莉安娜和媽媽參加。由於媽媽只會說西班牙語，所以有一位社會工作者加入會談，為雙方翻譯。媽媽提到一家人於五年前從南美移民到美國，這其間所經歷的千辛萬苦。談話當中，莉莉安娜一直不敢看著媽媽，神情顯得落寞且退縮。接著精神科醫師提到，既然莉莉安娜的英語流暢，她可以幫媽媽翻譯；同時在徵得她的同意之下，請原先的翻譯者退出。這個簡單的動作使得參與者有機會探討母女二人的親密關係。媽媽也同樣顯得憂慮，莉莉安娜顯然想要保護自己的母親。

　　第三次會談則邀請了全家人一起參與，包括父母、二十一歲的哥哥，及二十三歲的姊姊。三個孩子的英語都相當流利，爸爸雖講得不是很好，不過大致能夠表達自己的意思。出乎大家的意料，媽媽竟然也開始用英語交談，且與爸爸的能力不相上下。每當家人之中有人無法充分表達意思時，家中唯一的兒子，總是主動擔任傳譯的工作。

　　會談之中，明顯看出這個家庭的適應一直有困難，而且從離開自己的家鄉之後，他們的經濟狀況及社會地位就每況愈下。父親原本是一個成功的生意人，移民之後，只能擔任警衛工作，目前失業當中。哥哥因為藥癮問題而被關了一段時間；莉莉安娜的姊姊遭受過一場爆炸，目前才恢復健康，也在待業當中；還好媽媽找到清潔的工作，勉強維持家庭生計。

　　家庭資料一一浮現之後，工作人員開始勾勒出新的問題成 *199* 因。工作人員了解，這對心力交瘁且深愛子女的父母，為了維護青少年階段女兒的安全，避免被這個處處充滿危險的生活環境傷

害，同時避免重蹈兩個大孩子的偏差行為，因此嚴格限制老么的行動。工作人員對問題有了進一步的了解之後，處遇重點從原先關注這個青少女病患的問題，擴展到移民及父母無力保護子女所引發的複雜議題。工作人員先澄清了這幾個重要議題，並鼓勵莉莉安娜和父母三人一起討論親子之間操控及自由度的有效模式。同時要求哥哥和姊姊依過來人的經驗指導莉莉安娜的行為；此外也鼓勵這個家庭與自己的家鄉朋友多多接觸，互相支持。幾次治療之後，莉莉安娜的問題逐漸改善，不久就出院了。

　　雖然這個個案不像前面個案那麼引人注目，不過卻是一個典型的問題型態；這個個案提醒我們，精神醫療工作人員可以依據傳統概念和方法做為基礎，完成詳細的 DSM-IV 診斷評估。不過若能拓展他們的觀點，將個人以外的因素也包括進來，就能提供一個更有效的處遇方法以協助家庭和「被認定病患」。最終，這樣的處遇被證明比較合乎經濟原則，可以縮短病患的住院期間，同時也能改善醫院和社區之間的關係。這個單元所舉的例子雖然與拉丁美洲社區有關，不過醫院——社區之間的關係問題，當然也變得更寬廣。儘管美國一直是一個民族大熔爐，不過我們對於多元文化的事物仍然不熟悉，特別是關於弱勢文化的風俗習慣。移民家庭的子女一旦住進精神科病房，工作人員就可能應用既定的診斷分類架構來分析孩子的行為。他們可能不了解，沉默的退縮反應是某些文化的特殊機制，特別是面對一個跟醫院工作人員一樣令人畏懼且不熟悉的權威人士時；或者暴躁的行為，其實是反映出社區面對公權力侵犯到他們生活的一種反應。甚至更具體地說，他們可能根本不懂該如何接近這些家庭或社區中的其他

人，以了解整個實際狀況。

　　或許是無心，精神醫療工作人員對於個案家庭的動力和結 200
構，常常根據優勢文化的特徵，做出傳統的假設。譬如，面對一
個來自低社經地位的非裔美籍病童，工作人員可能不了解其家人
分布全世界各地的家庭圖，也不知道要探索家庭的資源。病人的
家庭結構可能不是小家庭，父母可能也不在孩子身邊。不過，孩
子的祖母、兄弟姊妹、乾父母、或伯叔姨姑等，都可以是孩子的
情緒支持來源；同時他們也可以更具體幫助工作人員了解孩子對
某特定情境的行為反應，而不只是運用所謂的通則，企圖探討孩
子的問題。

　　雖然工作人員當中最好有可以了解當地社區文化特徵、且具
有雙語能力的成員，但是這種機會可遇不可求，而且也不是根本
的解決之道。更重要的是，工作人員願意減慢入院和治療的過
程，並且與十歲有衝動行為孩子的父母、或自殺青少年的家人密
切合作。一個專業的工作人員常會工作過度，而現實狀況常需要
他們能適應新的處理系統，並且熟悉有關人類行為的各種新訊
息。不過醫院的病患，通常主要來自它所在的社區；若是社區居
民大都貧困且來自不同種族，工作人員就必須同時了解該社區可
能的緊張狀況及其所擁有的資源。不管文化之間存在多少混亂或
阻礙的現象，精神醫療工作人員應該與孩子周遭的重要關係人接
觸。要記得，想要橫跨文化障礙，若是工作人員覺得有多困難，
病患就會遭遇同樣程度的困難；而家庭的參與協助，絕對是幫助
工作人員了解及治療問題的一個重要資源。

評論及建議

　　我們可以回歸住宿中心的討論，做為評論兒童精神科病房的
跳板。兒童的住宿中心受到教育單位的影響，同時也受到必須注
意兒童日常生活事件的傳統概念所影響。工作人員了解，他們必
須統整兒童在中心的生活經驗、整理教學和學習的理論、運用權
威，以及練習控制方法等相關事宜；而每個孩子先前在家裡也都
201　經驗過相同的事情。因此，一個態度和善的諮詢顧問與住宿中心
的工作人員之間的對話可以先從家庭對兒童生活的影響談起。工
作人員一開始可能會先採取支持兒童，反對家庭的姿態；不過探
索家庭，也是一個不錯的出發點。

　　另一方面，兒童精神科病房中，工作人員並不重視環境部
分，兒童團體的社會結構，或家庭模式如何塑造出兒童的教學、
學習、和控制。醫院的概念，再加上醫療模式的主張，已經扭曲
了有關診斷、疾病，和個別治療的看法；而由於主宰的精神醫療
實務出版一系列的診斷手冊，以及為了確保第三團體的保險給
付，必須給每個孩子下一個診斷名稱的現實條件所影響，在在都
增強了上述的扭曲觀念。大致來說，這個重點只是一種歸納的結
果，不過對於來自多重危機弱勢家庭的孩子來說，他們並不具備
其他的資源或技巧足以挑戰這整個過程，因此更容易受到嚴重的
傷害。將孩子的觀察內容縮小到神經系統中的不連貫範圍，促使
馬克這樣的孩子，必須從嬌嫩的八歲開始，就住到精神病院，一
直到十歲為止。

　　還好，強迫孩子長期住院的世紀已經走到了盡頭，此時產生一個關鍵性的問題。如果現在孩子待在精神病院的時間只有短短幾個星期，那麼這些單位的結構和取向是否會伴隨產生正向的改變？醫院是否會發展出一個包括家庭和社區外展工作的實務模式？依照常理，值得爭議的是，快速變動的壓力可以提供機會探索並動用外在資源以做為孩子的支持力量，不過這可能不是最主要的影響。在不久的未來，當前強調以行為的器質面做為基礎的取向，再加上持續以藥物治療做為控制手段的工作重點，將會成為主流的勢力。這樣的工作取向雖然已經是一股不可抵擋的潮流，不過卻也不是唯一可行的模式。

　　精神醫療的行政人員和實務工作者應該可以參考家庭醫師所建立，以提供病人集體服務為目標的工作模式。在這個集體式的健康服務取向中，一開始，家庭醫師根據的前提，強調任何一位家人的健康狀況與整個家庭脈絡有非常密切的關聯。依照他們提出的「生理－心理－社會」理論基礎，致力於創造一個合作式的醫療團隊，成員包括家庭醫師，以及熟悉家庭理論及治療的專家。這個團隊形成一個工作小組，彼此分享資訊和專業技術。如果我們能將這種合作式的醫療團隊概念移花接木到心理衛生團隊，那麼就可能擁有一個大有可為的兒童精神醫療病房的運作模式，所有的工作人員可以在一起分享觀點和專業技術。當然，現今大部分的精神醫療病房都已全面組成多專業團隊的運作方式；不過我們提到的模式，強調的是它的共享特性，而不是各專業之間不同技術的混合。

　　將合作式的模式介紹到精神醫療病房，其實可能會帶來嚴重

的分裂後果。病房中的階層制度和地位系統都已經建構完整，而根據我們多年來的諮詢和訓練經驗，也看出精神科醫師對於合作式的工作模式並不感到興趣。常常，我們在某個機構推行訓練計畫，一開始，幾乎所有的工作人員都會出席；不過時間一久，精神科醫師的參與就會變得不穩定。心理技師、社會工作者、精神科住院醫師，和實習醫師都還持續熱烈參與，並且在病房實際操作這項改變。不知不覺當中，我們開始依賴這些工作人員做為推展新模式的支持者；當然這絕對不是一個好的解決方法，通常只會更分化工作人員中不同專業之間的關係。想要有一個好的訓練計畫，以及產生合作式的團隊，必須先能接受當前的現實狀況，並且擬定一套連續的計畫，盡可能吸引更多的工作人員願意積極參與。

　　家庭取向諮詢顧問最好先開始幫所有的工作人員上幾堂理論課程，提出系統思維的主要概念，以及有關家庭結構的一些具體想法，還有這些概念對於兒童精神醫療病房的適用性，及各種可能的治療方法。接著，安排家族治療的專門訓練課程給由心理技師、社會工作者、護理人員，和精神科醫師組成的核心團體，並且開放給有興趣的觀察者或旁聽生。面對這些擁有特殊地位、發展歷史，和可能抱持抗拒態度的精神科醫師，最好的作法是為他們舉辦幾場單獨的討論會；他們可以一起談談對於這個取向的反應，探討家庭工作、個別治療、藥物控制症狀，這三者之間的關係；透過這些討論，釐清他們自己在整個合作式結構中的地位。

203　至於對這個模式特別有興趣的一些工作人員，則可以組成一個推動團體，極力發展家庭和社區工作的特殊專業技術。這個團體，

結合來自不同專業領域的專業人員，將機構的外牆往外推，藉以提高醫院界限的流通性。他們形成一個外展團隊，將關於原生家庭、學校、教堂，和社區的資訊帶入團隊會議當中，創造出一個統整的系統取向工作模式。

　　依這種方式組成的團隊模式，並不是為了改變精神科醫師注重生理層面的取向、或貶低藥物治療方法；相反地，這個模式會將生理取向視為是一部分的觀點，再補充兒童在脈絡中的系統取向，並且允許依照個案的個別情況開放討論，以選出最好的工作模式。這樣的過程必須能夠順應各種不同的觀點，因此整個對話的內容可能會相當激烈，甚至充滿火藥味。不過最終，應該會形成一種比較具有知識基礎且有效率的方法，治療住在兒童精神科病房或已經出院回到家中及社區的兒童。

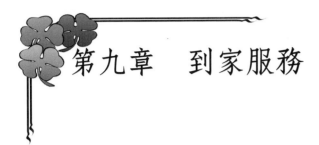

第九章　到家服務

204

　　雖然到家服務有各種不同的型式，不過至少有一個共通的特性：各種型式都經過特別設計，因此所有的服務輸送，主要都在案主的家中進行。這個單純的客觀事實提供了一個特殊的機會，使得服務成為家庭中心取向。工作人員進到案主的家中，此結構內的每一件事物都時時提醒著工作人員，這整個脈絡都是處遇計畫的一部分目標。案主的生活空間和鄰近地區全是他（她）的地盤，這個工作場所擴大了網絡中的家人和其他重要他人一起參與的可能性。此外，來到案主家中的舉動也暗示著服務體制已經逐漸向外延展。象徵正式機構的專業權威光環也漸趨微弱，而家庭生活環境實際狀況的重要性也已經受到認可。

　　本章，我們要討論在各種可能方法和實務之間，能夠產生契合關係的促成因素，以及能夠協助提供到家服務的工作人員增進處遇效果的訓練。我們先談到家服務的發展歷史，說明代表不同方案的各種不同取向，以及根據系統理論、家庭中心觀點所產生的議題。有了這樣的背景說明，接著我們要再針對由州政府心理衛生部門補助經費，為案主提供家庭中心、到家服務的機構，同

時介紹他們所實施的督導訓練方案。

早期的根基及後來的發展

到家服務的發展歷史相當久遠。雖然我們的目標並不在重新
檢視這個領域，不過確實有必要仔細探討這項服務在不同發展階
段的不同特性，以及過去二十年間，具有代表性的幾個方案所具
備的重要特徵。

到家服務始於二十世紀初，志願工作者進到社區幫助貧困
者、同時社工人員也花很多時間到貧困者家中執行任務。不過隨
著專業訓練和服務組織逐漸增多，以及人類問題的範圍越來越複
雜，因此服務輸送的地點漸漸限定在診所、機構、寄養家庭，和
大型機構。

一九七〇年代，又開始回復過去的取向。政策制定者和實務
工作者注意到服務輸送的方式可能會傷害到家庭，特別是弱勢家
庭。他們挑戰原來的工作模式，當時不僅得到社會政治氛圍的支
持，而且許多關於服務效果的數據資料也同樣支持他們的論點。
譬如，有愈來愈多的孩子被安排在寄養照顧，不斷穿梭於各地，
從來不曾再回到自己的家。整個過程不只花費高，對孩子及他們
的家人也沒有助益。改革者建議應該將焦點放在建立家庭優勢，
這樣便能提供一個比較有人性，且花費較少的主流實務工作方法。

一九八〇年頒布的「收養補助及兒童福利法案」（公法九六
至二七二）表達了改革的需求。這個法強調了家庭維繫的價值，
並且刺激投入大量金額，鼓勵建立不同的方案，使得孩子能留在

自己家中、或以安置後能重返自己家庭為主要目標。聯邦政府在
一九九〇年代仍繼續努力推展這個目標,「家庭維繫及家庭支持
立法提案」於一九九三年通過,提供充足的經費給各州州政府,
指定辦理家庭取向服務。這個聯邦立法提案所陳述的觀點和經費
的提供,都支持著下列論點:家庭具有合法接受服務的權利,而 *206*
家庭取向的處遇方法不須再使用一些個人取向的語言來掩飾。不
久之後,國家的氣氛雖然轉變,聯邦政府對這些方案的支持度雖
然下降,不過「到家服務」的工作模式仍然被認可,且被視為是
一個輔助類別,特別是從州政府層次來執行。

　　各種到家服務的方案具有一些共通的特質,至少各方案的目
標是一致的;以案主的家做為提供服務的主要場所,固然是一個
明顯的特質,不過還是有其他一些雖然較不容易達成,卻具有重
大意義的特質:包括將家庭(而不是孩子)視為是主要的服務對
象;希望父母持續參與且負有全責;在提供服務時,能運用家庭
系統、熟悉的住處,和社區資源等要素。

　　方案繼續發展之後,又出現更多具體的特質。這些方案都是
密集、短期的,在幾個星期或幾個月內,提供多次的訪視或「隨
叫隨到」的照顧方式。同一時候,工作員只負責極少量的個案,
通常不超過兩個家庭,這樣他們才能隨時待命。這種處遇方法通
常是危機取向,意指家庭處在孩子被安置照顧的高危險期,而目
標就在幫助家庭能有足夠能力解決自己的困難,避免孩子被強制
安置。

　　避免孩子被安置,是判定處遇成功與否的慣用標準。針對各
種方案的評估研究,指出大部分方案在結束時(有時是一年後的

追蹤）的成功率大約在百分之七十到百分之九十之間。不過，評論者警告，這些研究常常沒有經過嚴格設計，因此，所得到的數據並不夠清楚。

到家方案的經費有不同的補助來源，例如州政府、郡政府，和地方自治市政府各層級，有關社會服務、福利、心理衛生、心智障礙、兒童青少年服務，和青少年犯罪等部門。在一定程度上，不同的經費來源會影響到核心問題的界定，以及服務的類型。譬如，由社會服務和福利部門補助的到家服務方案，通常會針對家庭的基本需求，將服務集中在協助家庭的經濟、家務和生活安排等實際問題。不過，這些方案也可能具備不同的理論背景，決定了工作人員與案主之間不同的互動方式，以及不同的服務類型，而這些並不一定與特定的部門或主要的問題有關。

由於不同的工作取向與家庭中心觀點之間的關係各不相同，以下我們要回顧一些精選出來的方案，簡短介紹分別依據社會學習理論、問題解決焦點模式，以及生態或家庭系統觀點所建立的不同方案。

不同取向的到家服務

社會學習以及技巧改善

社會學習理論發展於心理學領域，建立一些特別的技巧以幫助個人修正行為及與別人的互動方式。麥多塔模式（The Mendota Model），在一九六九年首先以到家和社區方案的方式提供服務，

可以算是早期結合這些技巧的一個方案範例。由於這個方案主要
是在一個以「有困擾的青春前期男孩」為服務對象的機構內發
展；因此，這個新的模式代表的是思考和立場的激進轉變。工作
人員不再只是在機構內治療孩子，如今轉而走向孩子的家中和學
校，讓孩子能繼續生活在他們熟悉的環境中，以維持家庭的完整
性。雖然整個結構的改變相當激進，但是工作模式卻不是如此。
工作員仍然專注在個別的孩子身上，運用社會增強原則以激發孩
子改變自己在學習、遵從指導，及接受限制等方面的行為。父母
則需要得到更多有效的親職技巧，且被要求藉由觀察工作人員處
理孩子行為的技巧中，學習到更好的因應技巧。

　　到家建構方案（Homebuilders），是第一個引起全國注意，以
到家方式為主的家庭維繫方案，同樣也是以上述的重點為其主要
目標。這個方案創立於一九七四年，在華盛頓州西部的塔科馬
市。雖然工作人員在案主家中提供了實際的幫助，運用許多人文
／經驗學派的技巧以加強澄清價值觀及提高自尊，不過這個方案
也先訓練工作人員熟悉社會學習技巧，以增加父母的效能和互動
技巧。一九八〇年代，到家建構方案快速在全國各地推展，或許 *208*
是因為有些言過其實，因此大家對該方案產生了不太實際的期
待。從追蹤的數據顯示到家建構方案和其他的方案之間，並沒有
太顯著的差異；因此許多工作人員開始更彈性地運用各種不同的
工作取向，這個方案遂逐漸失去其耀眼的地位。

　　雖然基本上，到家建構方案的工作取向並非如我們視為當然
的，將家庭結構視為一個互動系統。不過這個方案對於密集、短
期的到家服務模式有非常重要的貢獻。推動該方案的團體極力介

紹自己的工作內涵,並且出版各種資料,使得這些概念具體可見,因此後續的方案也比較容易申請到補助經費。他們的經驗提供了一個很好的範例,可做為日後設計類似「以家庭為中心、到家服務」模式的參考依據。

問題解決焦點模式

問題解決焦點取向由柏格、迪薛若和同事一起發展出來,已經成為當今廣泛流行的一種到家服務模式。這個模式的核心在於強調解決方法,而不是以問題為主。此派別的支持者認為每一個家庭都有一些解決衝突的經驗,不過他們卻覺察不到這些經驗,因為他們都把整個心思放在問題上面。基於這樣的推論,他們提出來的處遇方法集中在回憶過去的正向時光,探索一些具有美好結果的想法,鼓勵重複使用這些有效的解決方法,且加以延伸。工作員以教練和響導的角色自居,傳遞對家庭能力的肯定看法。

這個模式強調對家庭的尊重,在服務某些貧困、遭遇多重危機、且與機構接觸時常有無力感的弱勢家庭時,這是一個非常重要的特質。不過,討論到這個模式的實際執行面及哲學觀時,問題就出現了。就實務面來看,工作員被認為混淆了尊重及充權,與禁止挑戰家庭主動權二者之間的區別。工作員擔心被認為不尊重家庭,因此常常不敢主動訓練家庭或將家庭重新帶到他們沒有覺察到或逃避的領域。更重要的,這個模式表明避免公開探討衝突。前面幾章我們提過,家庭常常受困於自己無法面對及處理不一致狀況的無力感。我們認為,工作人員若不能幫助家庭探索他們的慣有模式、找出功能不良的部分,以及試驗解決不一致狀況

的新方法，那麼就肯定無法幫忙他們建立更好的能力。

生態和家庭系統取向

從某一種意義來說，能夠聯結家庭和社區資源的每一個到家方案都具有生態取向，許多方案都具有這個特性，提供許多不同的環境服務給家庭，目標在增強貧困及命運坎坷的案主使用資源的能力。其中有幾個方案特別引起我們的興趣，因為他們致力於不同層次的家庭需求、問題，和關係，同時也因為他們關心的是工作模式，而不是個人的行為或技巧。

有一個早期建立，且令人頗感興趣的例子，由愛渥華州兒童暨家庭服務機構提供，以在家中治療高危險群、多重問題家庭為目標的方案。這個模式採取生態取向的觀點，探討家庭在社區中的地位；同時以系統取向的觀點評估家庭功能；此外，還採用各種家族治療技巧。史蒂芬提到，

處遇的目標在改變有困擾家庭過去所使用，一直無效的問題解決方法。這些過去慣用的方法都有一個固定的結構，因此需要改變他們堅持的工作場所，考慮是否要堅持在家庭系統內力求解決、還是在家庭與助人系統的接觸點上進行？

這段話值得注意的是，它指出處遇方法應該有彈性、視不同的需要改變服務的層次、同時評估家庭系統內，以及家庭和服務提供者之間常用的重複模式以了解各項議題。根據這個觀點，這段敘述也清楚指出，這些模式的當前結構（而不是個人或家庭的過去史）維繫了問題的存在；想要達到處遇效果，就必須處理這些模式。

210　　　這裡要再介紹由家庭工作中心（Families Work）提供，一個更盛行的方案。這是針對家中有少年犯或難管教子女，面臨被安置危機的家庭。這個方案結合了到家服務的原則，以及結構系統派家族治療的理念，以六個星期為一個循環，可重複進行的密集方式運作，且特別集中在危機階段。

　　　塔凡茲（Tavantzis）和同事提及，大部分的處遇方法都根據個人取向理論來解釋問題的形成；接著他們又提出假設，認為只要個別成員能夠了解自己的感受和改善行為，家庭也就能改變。塔凡茲的方案以家庭結構為重點。處遇的焦點放在干擾家庭生活的當前模式、集中於了解問題何以持續，而不重視發生的原因。

　　　由於服務的對象是以家中有少年犯或難管教子女的家庭為主，因此團體認同的家庭理論，大都與這個狀況有關。他們強調所有可能的失功能部分，譬如代與代之間的界限、家庭內的階層，以及釐清個別成員的權限，以一種了解家庭困難的工作假設接觸家庭。這樣的工作取向對具有相同特質的個案家庭所面對的其他狀況，譬如三代同堂的家庭、有特別年齡層的孩子、或患有藥癮的青少年等，也可以類推運用。針對這些不同的狀況，都可以提出某些特定的假設來說明家庭結構及相關議題。不過，重要的一點，理論的概括性只不過是一個出發點。面對不同的個案，需要了解的重要資料包括這個特定家庭的組織結構，他們慣用的互動模式與遭遇到的困難和潛在資源之間的關係。

　　　對於慣用結構處遇的任何一位專業工作人員而言，這個方案用來協助家庭的技巧，都是耳熟能詳的；在進入改變階段之前，強調一開始「加入」家庭的重要，藉由重新界定行為及設定可行

目標以順利達到改變,並且在家庭會談中促成改變,以作為探索和統整新模式的第一個步驟。不過,也有一些建議主張較大系統的參與。方案設計者提出,經同意之後,可以讓參與者在處遇期間暫停接觸其他服務。除外,支持者也建議,重新建構家庭之前,應該先能把助人者組織起來,而到家服務工作員也應該扮演個案管理員的功能。這些建議雖然較難實現,但都是一些有建設性的意見。

當前狀況

　　前面單元有關方案的簡短介紹當然不夠完整,不過大致可以反應出一九七〇年代以來,到家服務的主要形成力量,以及這段時間所建立的各種方案。提倡在家中提供服務,主要依據下面幾個理由:社會對弱勢家庭的關心,工作員反省過去的服務輸送常常沒有效率、甚至具有破壞性,以及政治氛圍支持改變的決心。雖然所有的方案都同樣具有改善服務品質的心意,但是對於問題形成的理論依據各不相同,採用的工作模式也都以最適合不同案主的需求為考量。

　　目前,到家服務,是協助弱勢家庭時常用的一種工作模式。雖然這些服務方案在接受資助時,都明確表示他們將服務送到個案的家中,不過委任契約的內容卻沒有這麼具體,既沒有詳細說明標準,也沒有要求特定的工作流程。通常會假定服務提供者了解這個服務的基本目的是在幫助家庭解決問題及避免被安置,工作員必須準備運用自己學到的技巧以達到這些目標,而機構則需

　　要動用社區資源以提供必要的「全方位」服務。既然大多數的服務提供者都負責可靠、且經驗豐富，那麼這些想法都會成為合理的假設，不過實際上也都只是針對其中某個論點而已。根據系統取向的家庭中心觀點，本章一開始所提到的基本問題仍然存在：談到到家服務結構的潛力，必須了解的是，意圖和潛在價值，以及實際執行狀況，兩者的一致性如何？

　　評估當前的方案，需要考慮到幾個關注範圍。以下，我們要
212 回顧及整理一些共通的目標，以及妨礙效果的陷阱：

目標	陷阱
增強家庭中穩定的問題解決技巧。	以遏阻危機為目標，成功與否，依據是否能避免被安置而定。

　　也許讀者會覺得奇怪，竟然把避免被安置歸類為一種陷阱。大部分的到家服務處遇方案所公開宣稱的目標，主要以遏阻當前的危機為首，並且能事先防範，避免孩子被帶離家庭。風平浪靜，家庭能夠團聚一起，常是判斷處遇成功與否的標準。

　　不過，這只是短期目標而已；就像到家服務方案評估者曾經提醒此論點的支持者，「效果的評估應該不只是根據避免被安置這個標準，其他還包括家庭功能的品質，以及對孩子成長及發展的衝擊等不同標準。如果家庭再度發生危機時，不會再前來求助，那麼這次的處遇應該就是一個成長的機會，幫助家庭成員學習好的能力控制自己的生活，並且遏止面臨瓦解的過程。

目標	陷阱
了解問題的核心，通常如果不是在家庭內，也是與家庭有關；因此，家庭絕對是一個重要的服務單位。	即使服務是在家中進行，仍然堅持個人是主要的服務對象。

　　一個到家服務的契約內容幾乎都會指示家庭絕對是接受服務的一個單位，不過卻很少具體說明心理層面的服務也是必要的服務內容。反過來，到家服務工作員常常擅長處理被指定的社會和經濟層面問題，能夠動員各種服務及社區資源以滿足案主在居住、福利、交通、必要醫療及家務協助等需求，不過他們卻沒有將家庭取向的觀念延伸到治療處遇上。將孩子單獨視為心理服務對象的觀點，主要受到理論假設、轉介系統、進展評估，以及保險規定等因素的影響而持續存在。

213

目標	陷阱
處遇對象包括原生家庭，並且以建立聯結、充權，和衝突解決為目標，以加強家庭的能力。	工作員不擅長處理互動模式，也無力幫助原生家庭改變造成問題的行為模式。

　　大部分的到家服務工作員不管在心理層次或技巧訓練上，都沒有準備要去處理家庭行為模式的問題，即使是他們看到或了解到這些問題的存在，也常不知該採取什麼措施。通常他們都具有足夠的訓練及技巧協助個人，不過常常缺乏動員原生家庭的技

巧，以及促進系統改變以改善家庭成員功能的能力。

目標	陷阱
協調服務，以減少因多個助人者參與而形成的重複、分裂等現象。	由於不良的溝通、以及因為階層、做決策和統整的隱含權力問題，而持續出現分裂、重複的現象。

　　對於到家服務工作員來說，經常面對的問題包括一連串的指示，以及當臨床判斷建議改變工作模式時如何找到適當的途徑？誰來決定是否修正服務的內容？是否延長服務時間？或暫結某一個個案？到家服務的委託契約內容，彈性如何？如果有足夠的理由支持，是否能將其中幾次的治療安排到其他地方，而不一定非在家中不可？這些問題雖然較常出現在某些特殊個案，不過問題的性質卻是蠻普遍的，因此，工作員應該強調整合整個體系的迫切需要，這樣才能提供一套具有協調性及合作性的服務。

　　本章後半段，我們要繼續談到一個訓練和諮詢的方案，由州政府補助，包含簽有契約以提供到家服務的機構。這裡的介紹並不是為了評估此方案，而是介紹一個範例，說明一個處遇計畫的內容若夠詳盡，就能夠清楚說明整個過程，並且使得處遇方向能夠更貼近服務目標。跟其他各章的撰寫方式相同，為了保護隱私，及強調某些共同的原則，我們特別更改了某些真實的內容。

一個提供訓練及諮詢功能的方案

　　首先要特別強調一點，這個方案是由州政府心理衛生部門籌畫的。雖然有許多不同的部門都簽有提供到家服務的合約，不過心理衛生服務所規定的個案量及必要條件卻具有一些獨特的特質。他們服務的個案通常都是背負著某個診斷病名的「被認定病患」，而到家服務常常被視為是取代住院治療的另類方法、或一種特殊的家外安置模式。經由此部門轉介的家庭，不見得需要經濟或生活安置的協助，不過他們大都需要接受治療。工作員必須具有評估家庭模式的技巧，不過一方面仍需持續注意大家所正式認定的問題，且必須有能力協助家庭找到更好的調適能力。因此本章提到的案例，雖然也絕對會牽涉到大系統的議題，而且絕對是討論的焦點，不過我們的討論重心仍以接觸家庭及家族治療的經驗內容為主。

此方案的起源

　　這個方案出自心理衛生行政管理者對到家服務特性和品質的關心。它的狀況類似於許多其他的機構，這些特定類型的服務，往往比較容易申請到補助經費，這樣的工作合約也比較可能獲得獎勵。通常，由負責的機構提出個別的申請計畫，然後成為州政府委託的服務提供者；不過卻沒有人真正了解服務的正確執行方式。大家對到家服務的看法，除了針對孩子有可能被安置的高危險群家庭，以及從心理衛生機構出院的病患提供服務有共同的認

定之外,其他則各有各的看法。

215　　負責的部門開始與訓練老師頻繁接觸,首先安排一系列的機構拜訪,分別跟這些機構的工作人員討論、並做示範;接著再與機構主管和工作員討論目標及需求。結果發現,大家對於進一步的家族治療訓練有不一樣的態度:某些人極為熱中,有些人則小心翼翼、趨於保守。後者的態度,有部分原因來自政治氛圍的關懷,因為心智障礙患者家庭的倡導團體常會特別關注,任何可能指責到家庭的工作取向。抗拒的態度也可能來自以孩子為工作重點的工作人員,以及將訓練老師視為是家庭維繫運動的其中一份子,他們認為這個運動可能危及孩子的人身安全。

　　不過,心理衛生部門和訓練老師終究排除萬難,共同擬定了一個不需太多經費的可行初步方案。此方案具有兩個相關聯的目標,首先它提供給第一線的工作人員,有關家庭評估及治療的訓練;同時,整個過程會提供一個清楚的面貌,讓行政部門了解機構如何執行服務,以求順利建立標準和指導原則。

方案的架構

機構設施、參與者,和交替循環訓練

　　一開始,負責的部門挑選了兩個區域參與這個方案,每個區域各選出五個機構參與。每個機構挑出兩位工作人員參加訓練;若可能,其中一位以兼有行政主管的角色者為佳。一旦方案結束後,這兩個人選都被期待能成為督導者的角色。

　　該訓練團體包括十位成員,也就是在指定的區域內,每個機

構各有兩位工作員參與；每個團體每個月安排兩次會議。訓練老師隔週與每個團體見一次面，每個地區合計十整天的訓練時間。會議輪流在不同機構舉行，核心的十個成員須全程參與。每個機構都會輪流擔任主人，輪值的那個機構，它的所有工作人員都可透過單面鏡觀察整個治療過程。來自政府部門的心理衛生工作人員也參與其中的幾次會議，並參加討論。

訓練日：課程結構及實際進行狀況

　　輪流在各個機構舉辦的訓練日，一天的課程設計都完全一樣。當天早上，機構團隊中的某位工作員報告某個正在接受治療的家庭個案資料，稍後這個家庭會前來接受現場會談。下午，第二位工作員會放映一卷在個案家中進行治療的錄影帶。整個流程不斷交替進行討論和教學的活動。

　　剛開始幾週，工作員依照他們慣用的型式呈現個案資料：他們描述「被認定病患」提出來的問題，工作員如何判斷他（她）的需求，以及其他家庭成員如何看待這個孩子（或青少年子女）。不過，我們的訓練老師，聆聽這些報告以了解個案狀況時，內心卻存著不一樣的清單。他們除了聆聽「被認定病患」的個案史以外，也注意到其他細節，譬如不同服務提供者的參與，家庭的結構與動力，家庭如何參與在症狀維繫的任務上，以及個別成員的情緒投入狀況。他們也同時留意家庭優勢的指標，工作員在整個治療系統中的地位，工作員對自己治療風格的了解……等等。其實我們也不必太訝異工作員竟然會忽略掉這麼多的複雜現象！畢竟這個訓練的主要目標就是為了擴展工作員對家庭結構及複雜治

療系統的認知。

　　工作員報告完個案資料後，就直接與個案家庭會面。團體成員及訓練老師在單面鏡後一起觀察整個會談過程，訓練老師針對治療過程做實況的內容分析。工作員開始會談家庭時，大家就可清楚看到大部分的工作人員都有屬於自己的獨特處遇風格。他們雖然有支持的態度，不過也同時扮演著關鍵且主導的角色。他們提供的服務，包含了對該家庭的尊重支持，以及問題解決的一貫模式。因此，這個訓練的另一個重要目標是在找尋且發展一些可以幫助家庭改變的技巧。

　　現場治療單元進行到一半時，其中一位訓練老師會進到會談室，以一個協同治療的諮詢顧問角色，加入工作員的治療行列，開啟另一條探索的管道。另一位訓練老師則繼續陪著團體，評論他們觀察到的治療過程。當天早上的活動就在大家分享統整各自的經驗中告一段落。

217　　訓練老師的用意在於利用過程中每一個可能的機會，藉由活生生的臨床教材以歸納的方式教學。訓練一開始，若能先檢視家族治療的理論，應該是一個比較理想的方式；不過由於時間比較有限，因此將重點集中在實際的實務工作上。對參與者來說，密集強調治療工作的細節內容，雖然讓人感到充實滿意，卻也可能帶來威脅感。前面的兩、三次治療會談，督導會議的內容讓參與者感到混淆且憤慨，不過這樣的情緒很快轉變成對整個過程的接納。團體的支持或許是一個重要的因素；此外，兩位訓練老師的分工也很重要，當其中一位挑戰或重新引導治療過程的新方向時，另一位則扮演支持工作員的角色。不管原因是什麼，團體就

是不斷在學習、進步。雖然他們所具有的家庭理論與治療技巧相當有限，不過他們對案主的了解以及敘述家庭資料的風格都變得周密且面面俱到。

到了下午時間，前面兩個半小時由輪值機構的第二位工作員提供在個案家中進行的治療會談錄影帶。觀察過程中，可以不斷視需要中斷、放映、倒帶，不放過任何一個值得注意的細節。討論的內容集中在工作員於治療當中的思考過程，並且考慮到這些概念與實際處遇之間的搭配情形。從這些討論當中，參與者逐漸變得主動。雖然一開始的態度有些遲疑，不過慢慢地大家都成為可以互相評論及批判彼此處遇風格的工作夥伴。

當天的最後一個半小時則開放討論一般性議題。隨著此方案的持續進行，團體成員可以利用這段時間提供他們對治療個案的追蹤報導，並且思索下一步該如何處理。

核心團體中的十位成員，在不同機構之間輪流參與，產生了令人意外的動力。一開始，訓練老師關心的焦點在於如何中斷過程，並喚起工作員的自發性反應，以刺激他們能夠用新方式思考案主問題。不過對於報告個案的工作員來說，其實另外還有一群隱形的觀眾，是團體和訓練老師看不到的。大部分的工作員都是第一次公開在機構同事面前呈現他治療的個案，他們擔心會接到許多批判的回應；特別是對於同時也擔任行政主管的工作人員，*218* 更難面對這樣的困境，他們更害怕面對丟臉的尷尬場面。公開暴露且不被保護的感受，使得剛開始的幾次會談中充滿了緊張的氣氛。不過就如之前所談，一旦團體核心成員彼此熟悉，彼此有能力充當個案報告者與機構工作人員之間的協調者之後，混亂和怨

恨的氛圍就慢慢減少了。我們建議，最好在剛開始時，先不要安排觀察者，讓團體能夠在沒有壓力的氣氛下建立安全感和熟悉感。

　　大致來說，訓練方案輪流在不同的機構進行，以及輪值機構的所有工作人員，在訓練日當天都有機會參與，是這個方案的兩個正面特性。訓練團體的成員發現這些不同機構，治療的個案都具有類似的問題，只是使用的架構和治療模式各不相同而已。有些機構特別強調與其他服務提供者的合作，有些選擇以家庭為重心，當然也有一些則以孩子的問題為主。有些機構擁有日間喘息或住宿的設施，因此可以不必更換治療師，輕鬆將案主從門診轉到到家或住宿服務，並且視需要再轉介回來。參與者有機會拜訪不同的機構，花上一整天的時間詳細討論每一個機構提供服務的方式；因此得以學習從不同的觀點來觀察自己的機構。

　　還有一個意外的正面效果產生，就是訓練日當天的歡樂氣氛。每個機構都準備了豐盛午餐款待參與者和自己的工作人員，因此當天就成了非常特殊的日子，而機構的工作人員也都能參與其間。就某些層面來說，這個家族治療的訓練日子，對每一個當值的機構而言，都成了一股正向、且有激勵作用的力量。

　　兩位訓練老師同時參與，則產生了有趣的教學過程，每一位訓練老師可以各自集中在不同的範疇，採取互補的角色。通常，一位訓練老師專注於工作員的處遇風格，以及思考和實務內涵的契合；而另外一位則強調家庭動力和相關的治療技巧。當然，有時他們也會針對同一個主題做評論。不過，通常他們的注意焦點並不一樣；這樣的安排傳遞出來的訊息不只是兩個人的各自特殊觀察內容，也隱含著在同一個架構內存在多重真實狀況的訊息。

從訓練老師的角度，他們具有接納彼此差異的寬容態度，加強了大家對此訓練方案的接受程度，也鼓勵了參與者有勇氣接受新的 *219* 事物，以及擴展自己風格的決心。

浮現的議題

　　隨著諮詢過程的進展，逐漸浮出一些議題。當然這些議題類似本章前面描述，大部分到家服務方案會出現的一般議題。雖然機構被賦予以心理衛生範疇為重點，且這個訓練方案有特別指定的工作內容，不過關注的焦點仍以機構工作員與個案家庭之間的接觸為主。浮現的議題可分為以下四個類別：處理「在家庭脈絡中，仍以孩子為重點」的狀況；處理原生家庭的問題；了解家庭充權及家族治療之間的關係；妥善協調多個服務提供者與每一個家庭之間的關係。

　　以下我們要提供簡短的臨床個案資料，做為討論家庭系統思考以及相關治療技巧的範例。我們按照上述四個類別來探討，分別舉出特定狀況以說明每一個議題。不過其實這樣的分法也明顯有些做作。如果我們仔細且深入描述，就會發現幾乎所有的個案都會同時出現以上提到的每一個議題。

在家庭內，仍以孩子為重點的狀況

　　不管家庭的特質是什麼，即使家庭動力和孩子症狀之間的關係顯而可見，工作員依然以孩子的特殊問題為關注的重點，不過也並非完全忽略不談家庭。事實上，工作員絕對了解父母一定參與其間；通常父母會以保護者、受害者或症狀促成者的角色出

現，也常被邀請參加治療會談。訓練老師需要挑戰的是「家庭成員處於個別心理氛圍」的假設，也就是說家庭被安排在背景地位，而孩子則被安置在舞台中央。即使治療的地點已經改變成到家服務，主要在家中進行，但是家庭依然不是工作員的處遇重心。

220 　　這種思考傾向的轉變應該進行緩慢，如同我們前面重複提過的，傳統的訓練方法訓練大部分的工作人員以個人為工作焦點，而且行政的運作模式也不允許發生這樣的改變。「被認定病患」必須帶著 DSM 系統所認可的診斷名稱，機構也被約定必須以這個條件為工作取向，一直到病患的症狀有改善為止。不過大部分機構還是存有一種感受，認為工作員其實始終是準備好要幫忙家庭。訓練老師常常看到的是各種處遇方式混淆在一起，在家庭會談中混合了以個人為重點的工作取向，而且在進行當中，一直沒有釐清這些不同層面如何互相影響。

　　以下兩個案例都指出「被認定病患」的特定問題，並且依此做為治療的重點。工作人員深深感受到，這些孩子如果不是正處在、就是過去曾經處在艱辛的家庭脈絡之中；不過他們一直還沒有找到方法了解家庭的運作模式，而且也不知該如何處理孩子症狀隱含在家庭結構內的事實。

問題：九歲被收養男孩出現焦慮症狀。

　　這個個案的家庭包括三個成員：九歲的路德、他的收養媽媽，以及另一位女士，是收養媽媽的朋友，從路德兩歲被收養開始，這個朋友就一直跟他們住在一起。路德有夢魘的問題，有時因害怕的情緒過於強烈，而引發心悸、作嘔的症狀，以致沒辦法

上學。

　　路德兩歲時，他的生父殺死生母，然後自盡；因此由目前的養母收養了他。養母在郵局工作，而「阿姨」則因為從事兼任工作，有較多時間留在家中，且擔任較多的照顧責任。這個家庭已經接受了五個月的治療，目前因為路德的症狀而轉介到家治療。治療的重心不斷遊走於家庭和學校的目前壓力，以及孩子早年生活的創傷經驗之間。養母和阿姨雙雙都參與治療會談。

　　治療師會見這個家庭時，訓練老師和方案參與者仍繼續在單面鏡後面觀察。訓練老師特別提到這個家庭的特殊結構，一位是養母，不過另一位卻是主要的照顧者。在治療會談中，很明顯看出這兩個女人在爭奪誰是「真正媽媽」的地位。她們開始爭論路 *221* 德的行為時，他開始變得激躁不安、且出現呼吸急促的症狀。養母談到住院的可能性，阿姨則堅持孩子應該留在家裡。

　　訓練老師直接加入治療會談，開始討論兩個女人的不同風格。他強調兩個人的重要性及對問題的看法，也提到路德很在意她們兩人的看法，且對她們的不同意見很有反應。隨著會談的持續，路德的症狀慢慢減緩。

　　治療後的討論內容及第二位訓練老師的看法強調出某些觀點。其中一點是這個家庭的不尋常特性，兩個媽媽時而出現不一致的意見，使得男孩左右為難，且引發害怕被拋棄的感覺。由於兩個女人的關係既不是法定的關係，也沒有性愛的情感，因此整個家庭結構一直都不是工作員重視或治療的重點。工作員也曾提到過去創傷事件的影響，不過根本沒有考慮到當前家庭結構的動力關係。這個狀況逐漸明朗時，討論的重心逐漸轉移到家庭成員

維繫路德症狀的互動模式，以及其他一些可行的治療方式。

問題：拒絕上學的十三歲女孩

學校一直關心十三歲葉蘭達的問題。她是一個蠻聰慧的女孩，卻經常有逃學行為。她的家人被轉介到提供到家治療服務的機構。葉蘭達的雙親都在五十歲左右，父親是一個工人，最近剛被裁員；媽媽因為中風而半身不遂，雖然她能聽懂別人的話且參與治療會談時能發出粗嘎的聲音，但是無法用言語表達或用筆談表達自己的想法，只有她先生和女兒才能聽得懂她的意思。

工作員提出一卷在葉蘭達家中進行治療的錄影帶。她努力想要處理她的逃學問題，卻一直無法成功：工作員建立了一套獎懲制度，指導父親每天早上叫醒葉蘭達，並且建議父親盡量每天陪同女兒去學校。這套策略失敗之後，工作員又設計了另一套策略。葉蘭達，這個聰明又有禮貌的小女孩，對工作員一向友善，且從來不曾公開反抗過，不過有時候還是不肯去上學。這場包括了父親、母親，和葉蘭達三人的治療會談，討論重點以學校問題為主，同時探討孩子行為的可能發生原因。

團體成員觀看治療會談時，很明顯感受到治療師是所有在場的人員中最認真的一位。她取代了媽媽做為問題解決者的角色，一直陷在家庭保護者的角色。團體的討論重點先放在治療師的風格，以及她的處遇目標與家庭需求之間的契合程度。訓練老師建議她嘗試改變自己的位置，不要老是扮演核心的角色，或太指導式的作風。在處遇的過程中，多以「問問題」的方式進行；若是自己想要建議解決方法時，應該先慎思而後行。

接著，訓練老師詢問整個團體，對於症狀以及這個家庭的看法。為什麼他們對問題的看法各不相同？團體浮現出來的看法，認為女孩的拒絕上學與她擅於擔任媽媽傳譯者的角色有很大關係，因此可以算是一種保護的舉動。葉蘭達成為媽媽的協助者，她不相信爸爸對媽媽的照顧會做得比她好。這個團體並不認真看待家庭成員之間的不同想法，工作員腦子裡浮出一個想法，認為媽媽是一個神秘的女人，她的想法一直需要透過家庭成員的轉譯，他們都無法直接了解她自己的真正願望是什麼。

團體針對這個家庭，討論的內容及欲了解的部分，主要有三個重點：第一點，團體思索到，在這個家庭氛圍之內，以兒童為重點的狀況，所代表的意義；並探討工作員將孩子的行為視為是對家庭現實及家庭動力的一個反應時，如何才能改變葉蘭達的逃學行為呢？第二點，團體具有運用想像力以發展治療隱喻的經驗。「神秘女人的想法，葉蘭達是一個很棒的保姆……」，都成了引人入勝的影像。工作員和家庭成員可以一起探索那些是這個家庭必要的現象？以及他們努力克服困境時，用了那些失功能的方法？

最後一點，治療師的風格是一個重要的討論焦點。由於一位治療師往往受限於自己的獨特個性；接受訓練，一方面可以探索其他可行的處遇方法，並且擴展工作員的能力範疇。就這個個案來說，工作員留意到自己指導式的風格，並注意到自己若採取比較不重要的位置，可能帶來的好處。不過，在追蹤報告中，她也提到自己的矛盾心情；父親在治療會談期間生病，媽媽變得無助，而葉蘭達又無力處理這個危機。面對這個狀況，她很快做了

223 決定，主動扛起所有責任，並且成功地幫他們解決了這個困境。
對工作員和團體來說，這個經驗不斷提醒著，其實，改變是一件
非常複雜的事！

處理原生家庭的部分

　　工作人員學習以超越個別案主的觀點來探討問題，一開始先
以父母和孩子一起建立的模式為對象。不過，家庭中用來維繫問
題的慣用模式常常會牽連到原生家庭。祖父母、姑姑、伯叔和堂
兄弟們，即使都住在一起或住得很近、或彼此之間的聯繫密切，
卻很少會成為治療的重心。

　　為了說明這一點，我們要介紹兩個個案，其中，原生家庭都
是問題的一部分。第一個個案是外婆牽涉在內。祖父母輩緊密參
與孫子女的生活，是一個相當普遍的現象，而他們與核心家庭之
間的關係絕對是工作員在探討家庭現實狀況時，需要放在心中的
清單。第二個個案，情形比較少見，牽涉到家庭的「親族」。針
對每一個個案，訓練的重心在幫助工作員覺察到這些人物的重要
性，且了解必須將他們包括在治療當中。藉由這些幫助，原生家
庭的成員才有機會成為解決方法的一部分，而不只是問題的一部
分。

問題：十七歲，有對立行為的兒子與母親的衝突

　　這個家庭包括四十歲左右的單親媽媽和十七歲、十三歲的兩
個兒子。過去他們一直跟著媽媽的男友同住，不過媽媽因為考慮
到男友的嗑藥行為以及他對大兒子喬的強烈影響，因此搬出來。

目前他們一家與外公、外婆住在一起。自從搬家以後，喬和媽媽之間就開始了永無止盡的爭執，小兒子則站在媽媽這邊。媽媽和孩子們就在外婆家接受了五個月的治療，外公、外婆一直沒有參與治療。由於安排了訓練老師指導，因此工作員邀請外婆參加會談。

這次會談就跟過去一樣，其中一段時間，媽媽和喬起了爭 *224* 執。訓練老師進來之後，他詢問外婆如何幫助自己的女兒。外婆以一種堅定的語氣譴責女兒太過無能。她認為，女兒因為自己無力保護兒子免於受到男友的干擾而心存愧疚，因此總是把兒子當做同輩，而無法掌控他們。外婆詳細描述著女兒的缺點時，表達能力忽然變得通暢無礙且停不下來；此時她的女兒明顯退縮，且淚水滿眶。喬緊緊抓住機會，搶奪了外婆的控訴者角色。他的批判一樣犀利，而且攻擊也一樣強而有力。雖然媽媽面對外婆的批評時，感受到沉重壓力且啞口無語，卻以非常激烈的反應面對喬的攻擊。兩人之間的對立模式不斷重複出現，此時一直支持媽媽的小兒子也被拉了進來。

這時候，工作員介入想要減緩衝突強度，不過訓練老師卻採取不同的作法。他對著喬，詢問他是否知道自己的態度與外婆很像，以及他如何取代了她，批評並企圖改變自己的媽媽。訓練老師重新定義了男孩的行為，因而改變了母子之間衝突的意義，同時也把外婆拉進來。

這種處遇模式也有缺點。訓練老師了解不該將外婆排拒在外，因此他願意好好聆聽外婆的敘述，並且贊賞她有清楚的頭腦。等到這個新架構被接受，再引進一個生動的隱喻，提供給治

療師和家庭在往後的治療中可以運用。他將男孩比喻為腹語表演者使用的木偶，同時指出「男孩竟然成為自己母親的長輩」這種怪異現象。此時媽媽似乎得到了一些勇氣，勇敢面對自己的媽媽，陳述自從搬回家與父母同住後，一直被貶低能力的沮喪感受。她感覺自己被當做孩子看待，且必須遵守媽媽在家裡所規定的一切嚴苛規矩。

這次治療會談結束後，團體開始探索不同家庭成員參與治療當中，如何釐清重複的模式以及如何改變症狀所代表的意義。動用原生家庭可以帶來更多的資源，更容易促成改變。這次治療之後，工作員持續邀請外婆，固定參與治療。

225 問題：一個出現幻覺症狀，會看到鬼怪的十二歲女孩

十二歲的索菲雅因為視幻覺而住院治療。目前她已經出院，和外祖父母住在一起。索菲雅來自一個大家庭，且住在一個關係緊密的希臘社區中；家庭成員彼此之間的互動關係十分密切。外祖父母與兩個已婚女兒的家庭、和一個兒子住在同一棟建築物。工作員邀請這個原生家庭的所有成員參與治療會談，這場會談在外祖父母家舉行，且徵求家人的同意，錄下整個治療過程。

團體觀察這捲錄影帶的前面部分，索菲雅和媽媽的討論漸漸擴大為一場爭吵混戰：外婆和兩個阿姨站在同一邊，媽媽、舅舅，和外公則站在另一邊。這場爭吵愈來愈激烈，索菲雅突然衝出房間。在場的家人繼續爭執，好像一點也沒有感覺到索菲雅已經離開。治療師感到腦子一片空白，她企圖將這個家庭的討論焦點轉移到女孩的問題，不過卻是徒勞無功，而這個家庭的爭論仍

然激烈持續著。

　　這位治療師呈現這一段治療內容，想要清楚說明她在幫助這個家庭時所碰到的困難，而問題也一直無法改善。團體先讚許治療師竟然能夠把整個家族聚集在一起；他們的出席，明顯有重大的意義。接著，他們進一步關心她的主要困難；既然能夠召集整個家族參與，為什麼她卻沒有辦法將自己對於這個家庭動力的理解運用到治療情境中？真實的狀況如何？她如何協助這個願意全心投入、且彼此關係密切的家庭充權，有能力處理自己的衝突、而且彼此可以互助？團體的所有成員，包括治療師在內，都了解家庭的議題與聯盟有關。家庭成員不管討論的主題是什麼，一概形成小團體，企圖搶奪比較優勢的地位。不過，治療師的重心卻只放在女孩身上，一直努力想要讓家人多考慮及討論索菲雅的問題。既然治療師了解治療會談中所出現的眾多問題都與家庭模式有關，團體疑惑她為什麼不去處理？以及在這個時刻，她可以做些什麼？

　　為什麼她的腦子會一片空白，原因很清楚：治療師明瞭她自己無法自在處理這個棘手狀況，而面對家庭衝突時，她也不知道可以做些什麼。這是團體成員常碰到的問題，也是學習以家庭為服務對象的眾多治療師共同面臨的困境。將家庭成員聚在同一個房間，與案主在個別治療中發怒的情境相比，前者的情緒強度高太多了！不過這種吵鬧卻是這個家庭日常生活的一部分，當然也是索菲雅現實生活中的一部分。每當索菲雅努力向權威挑戰時，即使一開始的態度非常溫和，卻也總是引發了家庭中各個小團體的激烈內訌。

這個家庭的能量及相聯結的感覺，是一個資源，也是一個觸發問題的重要因素。團體討論重點集中在探討工作員面對公開衝突時，如何能夠更自在？同時以這個個案為例說明，工作員可以中斷他們的爭執，向家人指出，他們的爭吵如何影響到索菲雅；然後運用他們的能量及關懷，以探討可能的改變。

家庭充權及家族治療

儘管機構的結構各有不同，不過大家都遵行家庭充權的概念，這個也是到家服務理念中的基本概念，並且被視為是一個主要的目標。不過，這個概念也可能變成一種陷阱。如果「家庭充權」的概念從一個治療目標轉變為一種策略性的正確禱文，那麼有可能阻礙了工作員的處遇效果。某些機構，工作員關心的是，必須尊重家庭如何剝奪自己客觀檢視家庭模式的能力，他們探討家庭的困難，並且幫助家庭轉向新的互動模式。就這些個案而言，這樣的治療方式雖令人欽佩，卻總是徒勞無功。

治療師也常常發現，根據系統理論的某些原則行事，容易碰到困難。譬如，這個理論的其中一個基本信條假定，處在親密系統內的個人行為，彼此之間交錯糾纏。因此他們同意，家庭成員都不可避免地參與了維繫「被認定病患」症狀的任務。這個概念強調系統治療中的權力觀及實務內涵，允許治療師探索互動模式，並且在不同時刻，介入處理不同家庭成員的問題。一位技巧純熟的治療師，應該能夠在保持一種尊重且充權的態度下，有效地探討家庭對其成員行為所該擔負的責任。

227　　就這一點來看，存在著一個問題：責任感的認定與隱含的歸

咎意圖，其間的區隔非常模糊。負有機構權責的主管部門，對於關乎政治色彩的微妙處非常敏感，惟恐工作員在探討家庭成員如何涉入的過程中會「出軌」責怪家庭。因此，到家服務的任務常常就在強調家庭支持，工作員因恐懼而避開探索的方式，或採取多元的處遇模式。不過，由於到家服務的主要目標就在幫助家庭處理問題，因此工作員必須充分了解家族治療及家庭充權之間的關係——同時具備如何實際執行這些想法的技巧。

為了說明這個議題，我們介紹以下這個個案，一個非常複雜的家庭，一直抗拒與工作員討論問題核心的暴力議題。

問題：繼親家庭中，一位青少年的怒氣

伊瑪和傑瑞米在三年前結婚，伊瑪是第一次婚姻，傑瑞米則是二度婚姻，他帶著第一次婚姻的兩個女兒進入新家庭，十四歲的老大蓋兒，對繼母出現暴力行為；由於實在太過暴烈且頻率太高，傑瑞米不得不請警察前來羈押她。這個家庭被轉介到當地的某個機構接受到家治療。

在暴力事件造成危機之後，父親負責協調伊瑪和蓋兒之間的衝突，公開的攻擊行為明顯減少。這個家庭要求機構的工作員，在日後的會談中，不希望再提到該事件，他們可以自己處理好這件事情。

不過在這個明顯的暴力問題之後，還隱藏著另一個問題。蓋兒曾經告訴學校輔導老師，伊瑪的父親，也就是蓋兒的繼外公，有酗酒的習慣，最近幾次來探訪他們時，曾打過她。蓋兒很生氣伊瑪沒有處理這件事。過後，這個家庭仍然若無其事，繼續定期

去探訪繼外公；傑瑞米雖然不願意，卻也無法公然反對妻子。顯然，蓋兒和伊瑪之間的停火狀態其實隱伏著不穩定的危險，不過大家卻只是將蓋兒視為一個製造麻煩且有問題的青少女，這實在是非常不了解整個狀況！

228 　　治療師與該家庭進行了一次會談，訓練老師和團體則在單面鏡後觀察。一開始治療師先詢問這對夫妻目前關心的事，這些資料將決定當日的會談方向及進行的形式。這是該工作員慣用的開場白，意在告知家庭，是由他們自己操控整個處遇過程，而治療師只是在幫助家庭滿足他們表達出來的需求。這樣的方式本身並沒有錯，尤其是做為會談的開頭，更是無庸置疑；不過很明顯地，迄今為止，這樣的方式，卻一直是吸引他們的主要動力。二十分鐘後，治療師介紹訓練老師，並表示他可協助治療師一起來幫助他們時，伊瑪表示反對。她有被出賣的感覺，認為自己有義務保護家人免於受到侵犯。治療師感到訝異，因為他曾經煞費苦心地解釋過為什麼要邀請諮詢顧問。儘管如此，訓練老師還是離開了會談室，而治療師在這個家庭離去前，又花了一些時間安撫並消除他們的疑慮。

　　訓練老師將團體的討論內容集中在兩個主題：如何定義這個個案的「充權」，以及治療的目標是什麼？治療師與這個家庭的互動方式演變成伊瑪（她是家中的主要發言人）的保護網，不過卻一直沒有碰觸到幾個衝突面。傑瑞米的意見和努力一直沒有受到重視，而蓋兒被攻擊的事則一直是待探討的主題。由於家庭充權的觀點相當受到限制，治療師始終有意避開幾個嚴重的衝突，因為他覺得自己一直在幫忙維持家庭的和平狀態。

　　當然這絕對是一個複雜個案,其中有三個家庭牽涉在內:新形成的繼親家庭,父親和他的兩個女兒,以及繼母和她的原生家庭。哪一個家庭需要充權?為了達到最大效果,當然是所有家庭都需要;處遇的方向應該考慮到每一個家庭的需要,以及他們彼此之間存在的衝突。

　　訓練老師討論這個個案時,指出有好幾個方法可以幫助這個複雜的家庭達到充權目標。在維持系統觀點,關心「部分」與「整體」的關係時,同時也必須介入處理家庭系統中的各個部分。他們建議治療師幫助這個家庭與原生家庭之間,建立比較清楚的界限,如此便能充權這個繼親家庭。他們還可以使用家庭的設施以強化不同的成員組成和次系統:譬如與蓋兒的單獨會談,只包括兩個姐妹的會談,伊瑪和傑瑞米的夫妻會談──藉由這樣的安排,伊瑪可以公開談到在這個繼親家庭中的挫折感,而傑瑞米也可以在得到支持的情況下,直接質疑太太犧牲了蓋兒的權益以保護自己的父親。

　　此處並不需要用到一些特殊的技巧。重要的是,工作員必須 *229* 能看到這個家庭當中,千變萬化的議題;並且能夠將重要的議題帶入治療會談中。當然,在處理這些令人痛苦的事情時,他們必須找到平衡點,也能同時支持及尊重家庭成員。不過,如果治療師只是等著家庭成員自己提出一些難解的問題,那麼他很難會有突破;最終,他對這個家庭的幫助也必定非常有限。

　　工作員安排固定時間到家中,是一個有利的點。他們可以保護孩子,且能夠動員家庭成員,在不必逃避探討破壞性模式的狀況下,形成一股治療的力量。尊重家庭復原力,以及長期維持家

庭權力的家庭充權，需要這樣的平衡；若少了這一些，治療將無法進展。

多個服務提供者協助同一個家庭

到家服務團隊負責將服務送到個案家中，同時視需要運用原生家庭和社區的資源。不過，要能有效運用這些多重服務，關鍵點在於是否具有判斷力、節省力及協調力。理想上，應該以到家服務團隊做為一個核心，這樣便能夠防止服務輸送的分裂和重複，因為這些服務經常造成家庭過度負荷，且減緩進展速度。

依據節省原則來平衡需求是一個過高的要求，我們也發現到家服務的工作員常傾向於要求過多。他們以關注家庭脈絡為焦點的態度，有時會轉而重視如何維繫與眾多服務提供者之間的多重聯結關係。因此到家方案變成一個維持現狀的行動，在危機期間能夠支持家庭，同時努力保持先前服務結構的完整性。由於到家的概念大都源自對於服務分裂現象的關心，因此面對這樣的結果，常出乎大家意料之外、且感到遺憾。工作員發現自己處於一個立場不穩定的位置，雖然負責執行到家服務，卻不能改變由其他機構所提供的輔助服務。

230　　我們可以從以下三個個案看到這樣的模式，同時也要提出其他比較有效率的結構方式。第一個個案，主要描述多元服務所帶來的問題；不過另外兩個個案卻混合了多個重點，主要描述臨床議題和處遇方法——特別是與擴展工作員個人取向的工作內容——不過也是建立在多元服務的氛圍內。從這幾個個案的討論，強調如果新的領悟和技巧要能有效，改變思考內涵和治療模式的同

時，也必須能夠重整系統內的其他部分。

問題：九歲女孩的厭食症

第一個個案，藉由錄影帶展示，重點在於「被認定病患」——九歲的珍妮特。她患有厭食問題，目前與外婆住在一起；珍妮特是眾所囑目的唯一焦點，包括醫院、學校、營養師、精神科醫師、小兒科醫師、外婆及到家工作員都牽涉在內。

她在兒童病房住了五個月，六個月前回到家後，就進入一間以收容特殊需求兒童為對象的學校；在那兒，老師監督她的進食量，以便能遵照營養師開出來的菜單。珍妮特也接受兒童精神科醫師的個別心理治療；醫師裁定到家服務工作員不准單獨與孩子見面，認為會干擾到他的治療，而且也不回覆到家服務員的聯絡電話。

工作員持續與學校聯繫，常常在晚餐時間探訪珍妮特一家，協助監督珍妮特的進食情形，同時鼓勵外婆，努力把食物一口一口送進珍妮特彷彿枯萎了的身體內。

訓練老師與團體一起觀看錄影帶時，強調多元服務的提供所引發的議題：誰有權力決定這類個案的治療重點及工作模式？以及到家服務工作員處在非常無力地位。透過個別心理治療及嚴密外力操控進食量的方式治療厭食症，並不被大家認可是一種最好的工作取向；不過這並不是討論的重點。只是太多人的眼光都停留在孩子身上，團隊的工作一直受到他人制定的規則和界限所操控，且視之為理所當然。團隊並沒有與個別心理治療師接觸，而且沒有任何人處理外婆拒絕自己的女兒——也就是珍妮特的媽

231 媽——進到屋內所造成的緊張狀況。九歲病人陷在媽媽和外婆之間的忠誠問題，卻從來沒有人探討過。

　　團體的討論探討階層、協調和決策面結構改變的必要性。一開始，要在一個多元服務輸送的複雜領域中加入一個有效的系統處遇方法，需要到家服務工作員有更多的充權準備。得到機構的支持之後，他們可以先召集主要的服務提供者舉行一個聯繫會議，以檢視有問題的狀況內容；工作目標在於塑造一個重新充權的到家服務工作員，以及一個提供有效系統諮詢的討論會。這樣的新結構組成後，這些不同服務的提供者加倍複製了彼此的努力成果，同時也增加了孩子對他們的依賴，且忽視家中具破壞性的緊張關係。討論及審查整個狀況的目標，是在幫助珍妮特及其家人制定一個更清楚、更有統整性的計畫，用一個重新結構的方式看問題時，需要考量那些部分必須削減？而那些部分必須增加？

問題：兩個「不可能」的孩子，分別為八歲、六歲，而媽媽希望將八歲孩子送到住宿機構

　　這個家庭包括離婚的媽媽和三個兒子，分別為六歲、八歲、十四歲。父母親在老么兩歲時離異，父親遠離家鄉。母親是一位能力很好的業務員，不過她表明自己在家中卻被年幼的孩子打敗了！

　　除了這位到家服務工作員之外，大兒子有一位治療師，八歲的兒子有另一位治療師，而六歲及八歲兩個孩子則另有一位精神科醫師負責為他們的過動行為開藥方，提供利他能藥物。所有參與的治療師都被邀請加入這次治療單元，而除了精神科醫師外，

其他治療師都應約前來。治療一開始，還是持續慣有的模式；八
歲孩子在會談室中東奔西跑，老么跟在後面跑，大哥在他們後面
追著，媽媽則大聲喝斥。八歲男孩的治療師要求他坐下來，媽媽
起身追上他，把他拉回座位，用一種強壓的方式緊緊抱住他。這
些過程發生在治療會談的前十五分鐘。

　　單面鏡之後，其中一位訓練老師對團體提到，媽媽跟孩子一
樣好動，她對孩子的每個動作都會加以反應。在進入會談室參與 *232*
之前，他告訴團體，打算使用平常用來處理年幼孩子的方式處理
這三個男孩的問題。

　　訓練老師進到會談室後，他對八歲的男孩說，他觀察到他很
能跑，不過懷疑他是否真的夠強壯。他要求他盡可能用力打他的
手；男孩打了他，訓練老師很訝異竟然一點也不痛，他表示或許
因為是第一次，不敢太用力；要求他是否能再多用一點力氣？孩
子打了四次後，顯得有些累，而訓練老師還是重複要求他做同樣
動作，再一次表示他們雖然年輕卻不見得力壯。孩子們覺得這個
遊戲蠻好玩，訓練老師要求媽媽站起來，量量誰最高時，孩子們
都笑了起來。接著他要媽媽把老二抱起來，高舉在半空中，然後
又要求孩子們用同樣的方式抱起媽媽。之後，訓練老師開始跟媽
媽交談，孩子們則安靜地退到會談室角落，開始玩起玩具。

　　單面鏡之後，另一位訓練老師討論到這個處遇方式的特點；
他改變了大家認為孩子「具破壞力且力氣大」的印象，且將大家
所認為的問題「正常化」，同時利用媽媽的操控能力製造出階層
的感覺。治療師未經直接討論就傳遞訊息，雖然看似適用於孩
子，不過全家人也都能充分了解。

會談繼續進行，媽媽談到她與兩位個別治療師的關係。她覺得他們很有幫助，特別是在她發脾氣、想要打孩子時，她常常會打電話給他們。她提到這些時，孩子們又開始爭吵，接著又重複慣有的模式：媽媽大聲吼叫，大兒子想要安撫每一個人，年齡較小的兩個孩子開始奔跑，媽媽則在後面追逐。訓練老師要求媽媽坐下來，這樣他才能繼續跟她談話。他請她不要做這麼多，因為他看到她太辛苦了。她聽了後，開始談到前夫與他們住在一起時的家庭生活，他的暴力行為，以及孩子們如何聚在一起保護著她。她擔心八歲的兒子跟父親一樣暴力，覺得自己有責任控制他的攻擊行為，免得日後造成不良的後果。

233　　　訓練老師與團體和個別治療師討論之後，指出八歲的男孩與媽媽彼此會激怒對方。如果工作員視孩子的問題只是好動，只專注在個別治療、藥物、或安排他離開家，而不去探討母子之間的關係，那麼這樣的治療必定不會有效。這樣的處遇，無法協助這個家庭能繼續住在一起，或避免媽媽與年幼兒子日後繼續出現相處的問題。

八歲男孩的治療師被問到，是否能先暫停治療兩個月，讓到家服務工作員有時間及空間協助這個家庭，幫助媽媽降低對事情的情緒反應。老大的治療師則被要求繼續治療這個青少年男孩，不過應該跟到家服務工作員合作，彼此交換資訊、一起計畫、評鑑治療的進展。至於媽媽提出來的要求，有關住宿治療的安排，則先擱置一旁，以便空出時段嘗試這個更具統整性的工作方法。

除了這些建議之外，團體的討論還集中在下面三個重點：第一個重點在探討適合用來協助年幼孩子的技巧；第二個重點在討

論不直接處理病人問題時，可能碰到的困難；治療師若不能覺察到這一點，就可能處在「被病人需要」的需求點上，且找到理由說明自己為何不能放手。

最後一個討論重點則屬於不同層次，關於工作員對於心理衛生部門的指示是否接受的問題。他們真的擁有權利，可以建議其他機構的治療師暫停治療嗎？根據假設，來自州政府的個案管理員，負有維護家庭接受治療的權利，且可以要求家庭中的個別成員接受個別治療，那麼到家服務工作員是否具有特權挑戰這個權利？這個問題確實是大議題中的一部分，牽涉到臨床判斷的角色、到家服務個案的決策範疇，以及服務輸送的協調。

問題：十三歲的「懼學症」女孩

本章及本書其他章節都提到了好幾個無法上學、被診斷為逃學或畏懼症的案例。孩子們的問題常常會藉由這樣的方式表現出 *234* 來，而教育和社會福利體系看到這個現象時，就會將這些孩子或青少年轉介給適當機構接受治療。這些個案雖然存在著某些共同的思維，不過當然也具有個別的特徵，其中有些會隱藏在家庭的歷史及結構之中。如果工作員一開始能夠先了解造成並維繫症狀存在的某些可能模式，必定會有一些助益；不過接下來的治療則一定要包括這個特別的孩子和他的家庭。

這個個案，轉介給到家治療，重點放在單親媽媽的十三歲女兒身上。蓮恩已經有一年沒有到學校，她顯得焦慮且害怕，儘管在家的行為都沒問題，不過每當離開媽媽身邊就感覺焦躁不安。媽媽關是韓國人，與一位美國軍人結婚，並隨他回到美國定居。

十年後，這對夫妻選擇離婚，而蓮恩的拒學症也在父母離婚後一年開始出現。

蓮恩一直在看精神科醫師，他採取個別心理治療，並且開藥以減緩她的症狀。關有憂鬱的問題，也在服藥當中。團隊與媽媽和女兒都有不錯的關係。他們對蓮恩症狀的看法與精神科醫師的看法一致，認為是內在衝突的結果；而他們對家人的協助則是嘗試提供支持，直到蓮恩獲得改善為止。工作員鼓勵關參加英語課程，並且建議她勇敢走出去接觸其他的韓國人。

訓練老師從單面鏡後觀察治療會談之後，提到媽媽和女兒之間的相互依賴關係。她們緊靠著坐在一起，密切回應對方的姿勢，且彼此糾纏在一起。其中一位訓練老師進到會談室時，他問她們是否非常親密。她們笑了起來，表示同意。他要求蓮恩坐到房間的另一端，並且用一種開玩笑的語氣詢問她們是否能夠忍受這樣的分開。關，參與了這場遊戲，她坐在有輪子的椅子上，將椅子「滑行」到女兒身邊。訓練老師將她們標定為連體嬰，並問她們是否能洞悉對方的心思。她們回答應該是媽媽比較能了解女兒的內心世界；不過訓練老師並不同意，指出蓮恩之所以常常不去上學，是因為她必須減輕媽媽的寂寞感。此時，症狀被定位在媽媽和女兒之間的互動關係上。

235　　　團體開始探討如何將被認定症狀視為是對眾多相關影響力的一種反應：包括關移居到一個新文化以及她長期存在的錯亂感，將離婚視為被拋棄所產生的憂鬱情緒及驚慌失措，以及母女之間的強烈情感聯結。他們認為蓮恩的症狀是她面對媽媽的悲傷和自己的不安所引起的一種情緒反應，用來維繫她們兩個人都渴求的

親近感。這些症狀給了她很好的藉口留在家中。

　　團體一起計畫如何繼續幫助這個小家庭，他們建議治療師探討關和蓮恩如何維繫彼此的症狀；主要的目標在於增加每個人的自主能力。他們建議的治療方式，有時雖也會採取個別的型態，譬如採用工作員原本的建議，鼓勵關走入韓國人的社區，不過大部分的處遇都還是維持蓮恩和關一起的型態，探討她們的需要和害怕，以及她們變得比較獨立時可能出現的怨恨感。

　　討論內容涉及系統的了解以及臨床的技巧，不過，就跟其他的案例類似，整個計畫會面臨某些可能的困難。「以每個家人的藥物治療為重點，監控藥量及藥效；持續以個人取向做為探討問題及解決問題的方法」，這樣的工作重點，仍然同時存在案主心中以及心理衛生體系之內。不過，到家服務工作人員的工作仍包涵在這個複雜的組織結構之中，而且他們並沒有現成的途徑提供治療上的改變。他們幾乎不跟負責這個個案的個案管理員接觸，與開藥和監控藥量的精神科醫師也沒有任何關係。這個狀況跟其他許多狀況一樣，多個服務提供者分別對個案要求不一樣的溝通方式；其中，計畫和改變可說是集體決策的成果。除非到家服務工作員能夠清楚傳遞並實際執行他們的臨床判斷，否則就不可能順利根據這個新的領悟繼續提供治療。

此方案的延伸意義

　　這個方案是一個不斷進展的工作。不過此刻我們知道，如果到家服務要能達到最大的效果，必須認真思考某些議題；我們也學到，工作員探索新的途徑以及學習新的技巧時，訓練方案的形式可以刺激及支持他們。最重要的關注領域在於工作員的取向和技巧，到家服務的執行規定，以及大系統的運作功能。

236

工作員的取向及技巧

　　顯然，如果到家服務想要成為一個協助家庭的有效模式，而不只是一種服務的類別，就必須加上家庭動力和家族治療的訓練。從到家服務工作人員與家庭第一次見面開始，就必須評估家庭結構，且應該具有了解家庭關係動力的技巧。每個個案的檔案都會按照被認定兒童案主的姓名筆畫整理歸檔；不過，受過良好訓練的工作員必須負責的範圍包括了解維繫症狀存在的模式是什麼，以及找到可以做為治療資源的家庭潛力。接案的格式和工作流程都應該可以促進這個工作取向順利進行。

　　工作員在進行家族治療會談時，必須具備豐富的技巧和能力，並且能夠敏銳地將它們結合在一起。工作員應該要回應案主需求和充權家庭的願望，而不只是提供家庭所要求的服務。充權家庭其實是一個非常複雜的過程，包括支持他們的需求，挑戰他們用來維繫問題的重複模式及對外界服務提供者的依賴，以及尊重家庭的復原力和改變的能力。

到家服務的執行規定

　　到家服務的提供必須具有彈性，主要決定於臨床判斷的告知。尤其是，治療的地點不應該因為經費的性質而強制規定；到家服務常常被解釋為服務的輸送一定只能在家庭中進行，而不只是主要在家中進行。在剛開始接觸時，個案的家可能是一個特別適合提供服務的場所，不過工作員應該要有彈性及動機，視需要 *237*而改變地點。他們認為應該鼓勵家庭成員提高責任感和自主性時，也可以安排在其他地方進行治療。

大系統的角色

　　資助到家服務經費的贊助單位常常無法明確說出要求的標準是什麼。當然，他們對於到家服務工作人員的必要條件、工作進行中的督導制度，以及在職訓練，都有一定的要求，同時也特別關心工作員是否有足夠的準備以協助家庭。而政府單位的工作員也必須評估他們的監控系統是否能促進或妨礙了案主家庭建立適當能力，並且能與機構的工作人員一起合作，以及調節控制和自主之間的平衡。

　　這個方面，就跟其他部分一樣，來自大系統的服務提供者必須面對重複、分裂，以及地盤保衛等議題。此刻，我們跟其他許多觀察者都了解，家庭常是未解決混亂現象的主要犧牲者；如果到家服務的工作員沒有力量改變工作模式，那麼不管他們怎麼努力，都可能徒勞無功。家庭接受治療時，到家服務工作員應該被視為是個案管理員，具有權力整合協調不同的服務；根據實際需

要，要求停止其他提供者的服務；並且擁有決定是否應該延長或
終止服務的決策權。

訓練的架構

　　最後一點，我們再回到到家服務工作員應該接受家族治療訓
練的論點上。我們已經了解這個方案有一個特別有效的架構。一
開始只是嘗試擴展到更多的機構，希望證明這是一個非常正確的
架構，可以產生正面的氣氛，並且加強新思考和新技巧被接受及
推廣的可能性。這個方案相當周詳，不過並非意謂這套架構不容
易複製，相反地，其中某些原則非常適合外推，應用到其他更單
純的情境。

238　　　對於所有相關的機構而言，公開性質的督導制度是一個嶄新
且有高成效的經驗。過去，督導的執行方式，主要是透過口頭報
告，極少工作員有機會觀察到同事治療個案的實際過程。剛開始
時，公開督導的方式會令人感到不自在，不過這種感覺很快就會
減低。至於持久的效果則是來自工作員，彼此共同刺激的感覺，
相互討論及支持的機會增加，並且透過機構散播新理念和技術。

　　這個方案中，把不同機構混合在一起的作法，增添了一項重
要的面向；不過，若有機構想要複製這個過程的進行原則，倒不
一定需要超越機構自己的界限。機構最好能夠購置攜帶型攝影
機，方便在案主家中錄影；這樣，不管是督導或在職訓練，都能
強調現場的實際狀況。開放某一面牆壁裝置單面鏡，更是一個不
容忽視的關鍵；不過只要能找到地方進行這個方案，那麼就絕對
可以產生許多學習的機會！

　　這個方案，就跟本書提過的其他訓練方案一樣，新理念和技術的引進必會帶來抗拒，且產生一些不安；不過，根據我們的經驗，整個過程會不斷有進展。隨著新理念與實際狀況的結合，工作人員會得到更多的自信與技術，整個氣氛會豁然開朗，工作人員獲得刺激，某些工作模式也會有改變。接下來要面對的重要問題是，訓練老師離開時，如何延續這個過程。這部分需要先將各種改變統整到機構的結構中，由某些已經獲得新技巧的人員負責承擔責任，繼續探索新的途徑，並且擔負訓練新進工作員的任務。

　　如果，我們要面對的重要挑戰是如何繼續執行這個新的工作取向，那麼本章提到的到家服務訓練方案可能具有最佳的條件：每個機構中，至少有一個以上的團隊成員可以負責延續這項工作；而機構中的其他工作人員，至少也曾經在輪值的訓練日當天接觸過這個工作取向；公開督導和團體討論的制度都已經建立等等。至於某些還沒有發展完善的機構，系統性家庭中心取向治療的訓練效果是否能夠持久，則有賴於領導者的堅定立場，以及工作人員的肯定態度；他們服務家庭時，一方面要幫助孩子和他們的家人處理當前所面臨的問題，另一方面又應該同時協助他們建立更好的能力以面對未來任何可能的挑戰。

第十章 後 記

239

　　本書一開始提到安琪的故事，談到她歷經寄養照顧、早年被性虐待及身體虐待、藥癮、未滿二十歲就未婚懷孕、無家可歸、被強迫與孩子分開等滄桑的生命過程；其實對於在美國以弱勢家庭為服務對象的工作人員來說，一定都很熟悉類似安琪這樣的故事。她代表著成千上萬的人口，不只出身卑微、又缺乏資源改變命運。如果最終她能夠奮鬥出可能的成功機會，通常也只是因為她接觸到某個處遇方案，因而有機會將她分散各處的家人聚合在一起，並且將只是片面滿足他們需求的各個協助者整合在一起，因而產生的效果。

　　關於最後要提到的總結，我們有兩個選擇：一個是強調之前所提過，有關專業的議題；另一個則是討論社會和政治氛圍對於服務弱勢家庭的態度。不過，其實這兩點都是非常值得探討的議題。

　　本書提到有關專業的議題，有非常廣泛的看法，當然也有精闢分析的內容。我們對此議題抱著樂觀的看法，因為我們堅信家庭擁有尚未被利用的資源，而且絕對有機會動員他們所具有的優

勢。此外也把主要的重心放在環境脈絡，以及建立知識體系；強調不管是貧者或富者，每個人的內在生命都會受到其所附屬的小系統及大社會系統所操控。這樣的生態觀點會產生幾種不同的方法，用來檢視生活貧困、需要有人協助解決問題的弱勢人口。我們根據過去五十年來所發展的系統思考論點，強調家庭是一個系統，它不只可以塑造出其成員的行為，也具有足夠的潛力，能夠以正確的支持態度幫助自己。

　　我們將這樣的觀點運用到寄養照顧、藥物依賴、住宿中心、精神病院，及到家服務時，不得不承認自己是在違逆當前的潮流，反其道而行！不只是因為這個態度可能阻礙了成長的機會，也因為專業人員和政策制定者不確定該如何繼續向前走；光靠著善意以及為家庭解決問題的動機並不足夠。改變，必須建立在仔細的規畫基礎。因此，本書的主旨就定位在這個層次。我們嘗試提供概念、案例、個案資料、以具體的方式說明思考內涵、並且針對工作人員在協助弱勢家庭時可能碰到的各種狀況，提出各種具體的處遇策略。我們期待這些教材能夠有效引導實務工作的方向。

　　不過本書結束前，我們還必須提出一個具有社會和政治色彩的意見。社會對於弱勢者始終抱著缺乏善意的態度，嚴苛批評、有時又帶著優越的種族主義。這種態度根本不適合於協助那些遭遇不平等待遇、又想要自己扶養孩子的命運坎坷婦女。儘管民主社會十分肯定協助弱勢者的助人理念，不過大部分人仍認為弱勢者的貧困是因為他們本身缺乏意志、又不努力，因此必須自我負責。整個國家看待他們的心情是不耐煩的。人們只是用嚴苛的態

度批評過去令人失望的結果，卻又提不出適合未來的可行計畫，或具體可行的方法。長久處在這樣的氛圍，這種一向只會削減家庭能力和分裂家庭的工作模式就不可能會改變。因此，最後的一句話就免不了要牽涉到政治議題：目前最重要的一件事，必須徹底改變我們對於弱勢家庭長久以來的苛刻態度；因為這樣的態度不只使得處遇工作無效，甚至造成傷害；同時也會使得原本就很困難的助人專業工作變得更複雜！

參 考 文 獻

As courts remove children, lawyers for parents stumble. (1996, June 10). *New York Times*, pp. 1, B8.

Berg, I. K. (1994). *Family based services: A solution-focused approach*. New York: Norton.

Berry, M. (1994). *Keeping families together*. New York: Garland.

Bryce, M. E., & Lloyd, J. C. (Eds.). (1980). *Treating families in the home: An alternative to placement*. Springfield, IL: Thomas.

Coontz, S. (1992). *The way we never were: American families and the nostalgia trap*. New York: Basic Books.

Egelko, S., Galanter, M., Dermatis, H., & DeMaio, C. (1998). Evaluation of a multi-systems model for treating perinatal cocaine addiction. *Journal of Substance Abuse Treatment, 15*(3), 251–259.

Fahl, M., & Morrissey, D. (1979). The Mendota Model: Home–community treatment. In S. Maybanks & M. Bryce (Eds.), *Home-based services for children and families*. Springfield, IL: Thomas.

Fein, E., Maluccio, A., & Kluger, M. (1990). *No more partings: An examination of long-term foster family care*. Washington, DC: Child Welfare League of America.

Foster Care Committee of the Mayor's Commission for the Foster Care of Children. (1993). *Moving toward a spectrum of care: Foster care services in the child welfare system*. New York: Mayor's Commission for the Foster Care of Children.

Foucault, M. (1965). *Madness and civilization*. New York: Pantheon Books.

Haapala, D., & Kinney, J. (1979). Homebuilders' approach to the training of in-home therapists. In S. Maybanks & M. Bryce (Eds.), *Home-based services for children and families*. Springfield, IL: Thomas.

Kinney, J. (1991). *Keeping families together: The Homebuilders model*. New York: Aldine de Gruyter.

Makarenko, A. (1973). *The road to life: An epic in education*. New York: Oriole.

Maybanks, S., & Bryce, M. (Eds.). (1979). *Home-based services for children and families*. Springfield, IL: Thomas.

McDaniel, S., Campbell, T., & Seaburn, D. (1995). Principles for collaboration between health and mental health providers in primary care. *Family Systems Medicine, 13*, 283–298.

Minuchin, P. (1995). Foster and natural families: Forming a cooperative network. In L. Combrinck-Graham (Ed.), *Children in families at risk*. New York: Guilford Press.

Minuchin, P., with Brooks, A., Colapinto, J., Genijovich, E., Minuchin, D. & Minuchin, S. (1990). *Training manual for foster parents*. New York: Family Studies, Inc. (Available from National Resource Center for Family Centered Practice, School of Social Work, 112 North Hall, Iowa City, IA 52242-1223)

Minuchin, S. (1984). *Family kaleidoscope*. Cambridge, MA: Harvard University Press.

Minuchin, S., Montalvo, B., Guerney, B., Rosman, B., & Schumer, F. (1967). *Families of the slums: An exploration of their structure and treatment*. New York: Basic Books.

Nelson, K., Landsman, M., & Deutelbaum, W. (1990). Three models of family-centered placement prevention services. *Child Welfare, LXIX(1)*, 3–21.

The Prevention Report. (1992, Fall). *New approaches to foster care and permanency planning* (Special Issue). Iowa City, IA: National Resource Center on Family Based Services.

Sharkey, M. (1997). *Family to family: Bridging families, communities and child welfare*. Baltimore: Annie E. Casey Foundation.

Stephens, D. (1979). In-home family support services: An ecological systems approach. In S. Maybanks & M. Bryce (Eds.), *Home-based services for children and families*. Springfield, IL: Thomas.

Tavantzis, T., Tavantzis, M., Brown, L., & Rohrbaugh, M. (1985). Home-based structural family therapy for delinquents at risk of placement. In M. P. Mirkin & S. L. Koman (Eds.), *Handbook of adolescents and family therapy*. New York: Gardner Press.

索　引

F

R

in family systems　家庭系統內的～，20-21

in residential centers　住宿中心內的～，158

V

Videotapes, in training　錄影帶，訓練用的～，112-113

Violence. See also Child abuse　暴力（亦請參考兒童虐待），22-24，58

Visitation. See also Home visits, during foster care　探視（亦請參考寄養照顧期間的回家探訪），116-117

W

Wiltwwyck School for Boys　威爾特威克男子學校，161-165

Women. See Adolescents, pregnant; Perinatal substance abuse program　婦女（請參考青少年，懷孕；周產期物質濫用方案）

Y

Youth Aliyah residential centers　猶太青少年的住宿中心，160-161

國家圖書館出版品預行編目資料

弱勢家庭的處遇：系統取向家庭中心工作方法的運用／
Patricia Minuchin, Jorge Colapinto, Salvador Minuchin 作／
劉瓊瑛譯. -- 初版. -- 臺北市：心理，2002（民91）
　面　；　公分. --（社會工作；12）
參考書目：面
含索引
譯自：Working with families of the poor
ISBN 978-957-702-512-8（平裝）

1.社會工作　2.家庭輔導

547　　　　　　　　　　　　　91006964

社會工作 12　**弱勢家庭的處遇──系統取向家庭中心工作方法的運用**
ᴧᴧᴧᴧᴧᴧᴧᴧᴧᴧᴧᴧᴧᴧᴧᴧᴧᴧᴧᴧᴧᴧᴧᴧᴧᴧᴧᴧᴧᴧᴧᴧᴧᴧᴧᴧ

主　　編：Patricia Minuchin、Jorge Colapinto、Salvador Minuchin
譯　　者：劉瓊瑛
總 編 輯：林敬堯
發 行 人：洪有義
出 版 者：心理出版社股份有限公司
社　　址：台北市和平東路一段 180 號 7 樓
總　　機：(02) 23671490　　傳　　真：(02) 23671457
郵　　撥：19293172　心理出版社股份有限公司
電子信箱：psychoco@ms15.hinet.net
網　　址：www.psy.com.tw
駐美代表：Lisa Wu　　tel: 973 546-5845　　fax: 973 546-7651
登 記 證：局版北市業字第 1372 號
電腦排版：亞帛電腦製作有限公司
印 刷 者：正恒實業有限公司
初版一刷：2002 年 5 月
初版四刷：2009 年 3 月
ᴧᴧᴧᴧᴧᴧᴧᴧᴧᴧᴧᴧᴧᴧᴧᴧᴧᴧᴧᴧᴧᴧᴧᴧᴧᴧᴧᴧᴧᴧᴧᴧᴧᴧᴧᴧ

本書獲有原出版者繁體中文版全球出版發行獨家授權，請勿翻印
Copyright © 2002 by Psychological Publishing Co., Ltd.
定價：新台幣 350 元　　■有著作權‧侵害必究■
ISBN 978-957-702-512-8

讀者意見回函卡

No._____

填寫日期： 年 月 日

感謝您購買本公司出版品。為提升我們的服務品質，請惠填以下資料寄回本社【或傳真(02)2367-1457】提供我們出書、修訂及辦活動之參考。您將不定期收到本公司最新出版及活動訊息。謝謝您！

姓名：_____ 性別：1□男 2□女

職業：1□教師 2□學生 3□上班族 4□家庭主婦 5□自由業 6□其他____

學歷：1□博士 2□碩士 3□大學 4□專科 5□高中 6□國中 7□國中以下

服務單位：_____ 部門：_____ 職稱：_____

服務地址：_____ 電話：____ 傳真：____

住家地址：_____ 電話：____ 傳真：____

電子郵件地址：_____

書名：_____

一、您認為本書的優點：（可複選）

❶□內容 ❷□文筆 ❸□校對 ❹□編排 ❺□封面 ❻□其他____

二、您認為本書需再加強的地方：（可複選）

❶□內容 ❷□文筆 ❸□校對 ❹□編排 ❺□封面 ❻□其他____

三、您購買本書的消息來源：（請單選）

❶□本公司 ❷□逛書局⇨____書局 ❸□老師或親友介紹

❹□書展⇨____書展 ❺□心理心雜誌 ❻□書評 ❼其他____

四、您希望我們舉辦何種活動：（可複選）

❶□作者演講 ❷□研習會 ❸□研討會 ❹□書展 ❺□其他____

五、您購買本書的原因：（可複選）

❶□對主題感興趣 ❷□上課教材⇨課程名稱_____

❸□舉辦活動 ❹□其他_____ （請翻頁繼續）

| 廣 告 回 信 處 |
| 台 北 郵 局 登 記 證 |
| 台 北 廣 字 第940 號 |

（免貼郵票）

心理出版社 股份有限公司

台北市 106 和平東路一段 180 號 7 樓

TEL: (02) 2367-1490
FAX: (02) 2367-1457
EMAIL: psychoco @ ms15.hinet.net

沿線對折訂好後寄回

六、您希望我們多出版何種類型的書籍

❶□心理 ❷□輔導 ❸□教育 ❹□社工 ❺□測驗 ❻□其他

七、如果您是老師，是否有撰寫教科書的計畫：□有□無

　　書名／課程：＿＿＿＿＿＿＿＿＿＿＿＿＿＿＿＿＿＿＿＿＿＿

八、您教授／修習的課程：

上學期：＿＿＿＿＿＿＿＿＿＿＿＿＿＿＿＿＿＿＿＿＿＿＿＿

下學期：＿＿＿＿＿＿＿＿＿＿＿＿＿＿＿＿＿＿＿＿＿＿＿＿

進修班：＿＿＿＿＿＿＿＿＿＿＿＿＿＿＿＿＿＿＿＿＿＿＿＿

暑　假：＿＿＿＿＿＿＿＿＿＿＿＿＿＿＿＿＿＿＿＿＿＿＿＿

寒　假：＿＿＿＿＿＿＿＿＿＿＿＿＿＿＿＿＿＿＿＿＿＿＿＿

學分班：＿＿＿＿＿＿＿＿＿＿＿＿＿＿＿＿＿＿＿＿＿＿＿＿

九、您的其他意見

＿＿＿＿＿＿＿＿＿＿＿＿＿＿＿＿＿＿＿＿＿＿＿＿＿＿＿＿＿

謝謝您的指教！

31012